母礙父營

父母的溺愛
對孩子來說是傷害

你口中的為了孩子，到底對誰有好處？

孟津的流量可達一萬三千秒立方公尺，再加入洛、沁的二千秒立方公尺，共為一萬五千秒立方公尺，但各支流漲落或不同時，再兼庫上建節制閘門，[315]則全河流量總不致超過一萬五千秒立方公尺。同時又查勘建庫地址，謂以孟津上七十五公里之八里衕衕為最宜，另有孟津上三十五公里之小浪底，百二十公里之三門峽，[316]都各有缺點。至涇、渭上流，依李儀祉《陝西涇惠渠報告》：「涇河上游歧分二股，西股名涇，北股名環。[317]環河流域黃土層之廣厚，冠於西北，該處累經地震，原崩土裂，川遏谷壅，夏季水漲，隨流沖下，而涇河最大洪量，由計算推測，可達每秒一萬五千至一萬六千立方公尺，黃河洪水與泥沙之為患，多由於此。」經過查勘，庫址則以邠縣上游石橋頭為最優。[318]總之，停蓄不過分河的變相，兩者不同之點，前者是點的宣洩，後者是線的宣洩；前者是先後的宣洩，後者是同時的宣洩。換句話說，同是從「不與水爭地」的原則變化出來。至於黃河水庫有沒有缺點，李協的意見是：「治水之法，

---

[315] 報告說：「攔洪水庫之異於滾水壩者，以攔洪壩下，例設多數空洞，不設閘門。」（據《圖說》七六頁引）

[316] 谷口三郎也曾主張在三門峽附近築高堰，貯留三分一之洪水，見「圖說」一一七頁。

[317] 據《水道提綱》六，涇水流至長武縣，有馬連河北自慶陽府合環縣、合水、寧州、真寧諸川來會，水勢始盛，此水源多流巨，與涇水埒。馬連河之一支名環河，出環縣東北。按報告所稱的環河，是包全馬連流域而言。

[318] 由二十四年至此一段，均見《圖說》七五一七六頁。

有以水庫（reservoir）節水者，各國水事用之甚多，然而用於黃河則未見其當，以其挾沙太多，水庫之容量減縮太速也。」[319]張含英雖指出「按永定河官廳攔洪庫之計畫，預計三十年可減少其容量三分之一，黃河各支流如建水庫，或亦似之」。但他又以為如應用溝洫制度來治黃，五十年後必有可觀，到那時即使水庫失效，也沒甚要緊。[320] 按黃河沙粒極細，約有百分之八十以上可漏過二百號篩子，[321] 為長久計，這一點也應顧慮到的。

（4）溝洫　倡議溝洫治水的經過，已見前第十四節下三項，論其用意，與水庫同是減少河流的水量，所不同的，水庫是聚川流的水於一個連綿的廣大面積，溝洫是保留田中原有的雨水（不是導引河流以開溝洫）於無數的細小面積。這種方法，李協極力贊成，[322] 他在論水庫的短處（引見前條）之後，接著說：「然若分散之為溝洫，則不啻億千小水庫，有其用而無其弊，且有糞田之利，何樂而不為也。」[323] 張含英也表示同

---

[319]　同前引《科學》九二〇頁。

[320]　《治河論叢》六七－六八頁。

[321]　同上一〇七頁。

[322]　他在《華北水利月刊》四卷五期及《陝西水利月刊》所發表的文章，我手頭無本，據《治河論叢》（六四頁）說，「其論溝洫之體與用，又似由排水而轉變為灌溉」。

[323]　同前引《科學》九二〇頁。

樣的意見，[324] 大致認為「若溝洫增加，以占地畝之面積百分取二計之，則五公分之雨水，可以盡容納於溝洫之中矣」。不過他仍提出「西北階田必須以政府之力，督令人民平治整齊，再加溝洫，方為有效」[325]。可是依席承藩最近發表的意見，梯田問題還須等待考驗。[326] 吳君勉對這種治法的評價，則謂「只宜行之於黃河上游。若中游以下，堤身高於地面，武陟以下，絕鮮入黃支流。雖有溝洫，於黃河之防洪防沙無與也」[327]。據我的看法，溝洫如應用於水利灌溉，自當別論。如目的在用以治黃，則洪流的來源既常發自涇、渭，洪流的醸成又由於短期間的急風暴雨，那麼，下游溝洫對防河所生作用，當然不會很大。上游處於急雨驟流的惡劣情況下，其作用也怕因而減低，犧牲百分之二的田畝，只來支援兩三日的危險，似乎不太值得，何況它的收效還須經過實地試驗呢。回憶一九五〇年八月蘇聯部長會議曾決定：「不用永久性灌溉渠制，而代之以臨時水渠，這種水渠僅在灌水時期運用，過後便予填平，以符合動力耕種和種植農作物之需」。[328] 可知，用溝洫法來治黃是有問題的。

---

[324]　詳細可參《治河論叢》六〇－六五頁。

[325]　同上四〇頁。

[326]　《科學通報》七四頁。

[327]　《治河圖說》七四頁。

[328]　一九五〇年八月二十一日北京新華社電。

　　上古曾否利用過溝洫來治黃，這裡不可不附帶加以討論。李協曾說：「昔者禹治降水，兼盡力乎溝洫。後世儒者頗有謂禹醼二渠，後至周定王五年，凡千餘年而河始一徙，且當時未有堤防，其所以能安瀾不犯者皆溝洫之功。而河之敝也，亦自周衰井田廢，溝洫之制始弛。此說也，雖未或盡然……」[329]現在且勿論溝洫制是否可以治黃，我們先須確切指出舊觀點的錯誤，才能掃清前途的障礙。「二渠」是黃河的兩支，不是溝渠的「渠」。〈禹貢〉本非治河實踐的紀錄，只因後人誤信為異，於是恢復「禹河」的爭執，經歷了二千餘年而仍未打破。如果今人又誤認黃河千年不變確是治溝洫的成效，則當討論這種制度時候，總會帶先入為主的成見，不可不徹底解釋清楚，其故即在此。我們固知「禹」是人化的神格，但依據傳說的性質，未嘗不可作為「先民」解釋，住在黃河上游的漢族祖先，從現在一般田間習慣來看，相信有過用溝洫灌田的工程（但不是周禮那種整齊呆板的溝洫，即，「井間廣四尺、深四尺謂之溝……成間廣八尺、深八尺謂之洫」），正如《禹貢錐指》三七所說：「禹盡力乎溝洫，導溪谷之水以注之田間，蓄洩以時，旱潦有備，高原下，皆良田也。」可是他們的目標只用溝洫來灌田，不是用來治黃，那時的部族各據一方，遇有水患，方謀以鄰為壑，斷不能有怎樣高度互助的精神，開溝洫以替下游減除水患

[329]　同前引《科學》九一八頁。

的。因此，溝洫是否可以防黃河大漲，我們不能據以往的傳說來判斷。

（戊）堤防　潘季馴《河防一覽》引〈禹貢〉「九澤既陂」，認為禹治河已用堤，但〈禹貢〉不是真實紀錄，這個證據應該存疑。相傳埃及第十二朝的亞門能哈帝曾想出辦法，使得尼羅（Nile）河整個流域得以種植，且建築兩岸的長堤，把河水宣洩於莫里司（Moeris）湖，是世界上最早的河堤紀錄，確可追溯到元前二千年頃。齊桓公葵丘之會，時當元前七世紀中葉，有「無曲防」的禁戒，[330]算是中國最首見的河堤，其次則《韓非子》的「白圭之行堤也，塞其穴」。大約上古時地廣人稀，人民摸準了黃河的汛期，可先期躲避往高處，事實上無築堤的必要。後世生殖日繁，人稠地狹，「不與水爭地」的呆板做法，就難以繼續施行。再從地勢來說，「砥柱以東，峭壁橫河，水從石出，名曰三門，總而計之，寬不過七八十丈，關鎖洪流，勢甚湍急」[331]，也無須乎堤。但「至孟縣，兩岸漸無山岡，河面寬闊，約計數里，北岸之武陟縣，南岸之滎澤縣，始有堤工防衛」[332]。尤其到了力求增加生產的今日，堤防雖屬消極性的抵抗，其萬不可缺，已盡人皆知，往日對堤防是非的爭論，[333]我

---

[330]　《孟子·告子篇》下。
[331]　均《經世文編》九九李宏疏。
[332]　均《經世文編》九九李宏疏。
[333]　嘉慶十四年六月鐵保等奏：「自昔談河，必以疏導為上策，以堤防為下策，此

們已用不著多費唇舌。要討論的只是堤防應怎樣運用的問題。

　　賈讓以「只知築堤」為下策（說見第八節），獨至潘季馴則專主「以堤束水，借水攻沙」，但他的《河防一覽》又說，「堤欲遠，遠則有容而水不能溢」，「束水」之見，已涉動搖（參第十三節下五項）。李鴻章早疑其未可深恃，諸青來卻以為「後之治者……莫之能易」[334]，對治河史顯未經過深入的了解。武同舉還看出束縛之害。[335] 李儀祉所論更結合實際，他說：「當二十二年非常洪水之時，平漢橋上游河床之沖刷亦頗甚。唯開封附近，反多淤澱之處。蘭封以下，遊墊尤多。本會水文觀測，亦頗能證明龍門淹關河床漸淤，有恢復洪水前舊狀傾向。彼龍門以下，河床之寬，僅六百公尺，兩岸壁削，尚且如此。故知流量含沙及河床之縱坡，在在均與河床之高度有關，不僅河寬而已，專事增培堤身，是否足以長保輸沙入海，維持河防於不敗，實為疑問矣。」[336] 此外山東河務局又發表過一篇《冀魯豫三省黃河根本修治辦法》，大致稱，由孟津附近起至魯省防守下界止，長約一千二百里，就現有的堤防，留用一岸，其

論誠然。前古地廣人稀，不與水爭地，隨處皆可疏導，聽其流行。迨後城村稠密，豈能移民以讓地？加之漕運往來，尤須多方調劑，地勢既不能不爭，則堤防又安能不重？今之從事堤防，勢有不得已也。」（《續金鑑》三六）

[334]　《治河圖說》一二四頁。
[335]　同上一二〇頁。
[336]　《治河圖說》七八頁引《黃河概況及治本探討》。

餘一岸另築新堤，主旨無非修堤束水，逼溜沖刷。[337] 工程很艱鉅，而能否收到預期的成效，實在毫無把握。

「雖有堅厚石堤，能保河之不決，不能保河之不溢。」[338]《河防一覽》雖做出每歲加高五寸的補救，清雍正七年，也有同樣規定，結果必築垣居水，只是挖肉補瘡，非長期之計（參第十四節上一項）。張含英曾提出「如能將沿堤身高度作有規律之增加，亦可為攔洪之用」，但他跟著說，「兩岸之灘，經一次漫流，必淤高一次，而堤頂亦必隨之而增，仍非根本之圖」。而且他提出這種意見，是在「陝縣以上既無蓄水之裝置以資攔束暴洪」的前提之下，[339] 顯見加高堤身之無補於事，不必再行辯論。

堤的方式，就堤距來區別，有遙堤和縷堤。賈讓稱齊地作堤去河二十五里，趙、魏亦為堤去河二十五里，[340] 司馬光稱滄、德界有古遙堤，[341] 那是古代傳下來的遙堤。縷河堤的名稱首見於《宋史・河渠志》，熙寧七年，歐陽玄《至正河防記》稱作縷水堤，後來又省稱縷堤。這兩種堤式之合併，近世稱複式河槽，李協說：「河流之橫斷面，有所謂單式（single profile）、

---

[337] 《圖說》七八頁。
[338] 《經世文編》九七裴日修《治河策》下。
[339] 《圖說》七七頁。
[340] 《漢書》經二九。
[341] 《宋史》九二。

複式（double profile）之別焉。低水洪水同納於一槽者名曰單式，尋常水位納於一槽（名曰本槽）、洪水或非常洪水令迴旋於較寬之槽者名曰複式」。[342] 單、複怎樣應用，大抵須看環境地勢為取捨。

堤何以決？陳潢認為：「皆由黃水暴漲，下流壅滯，不得遂就下之性，故旁流溢位，致開決口。」[343] 這雖然是河決的一個理由，卻不是河決的唯一理由。當漲潮浩浩而來，本挾有萬夫不當之勢，如非嚴重的壅滯，阻不了它的來頭。然而黃河流勢常常在變動，遇著流勢頂沖，有一處的堤防力量擋不住，便會決口。這樣的決口，乘著巨洪奔騰，就很容易牽動大溜，釀成改道，即使下游暢通，有時亦無所補救。所以固堤的工作仍然鬆懈不得，其中最要的是杜截串溝，張含英已有詳說，[344] 這裡不再複述（參看第十四節下五項之 9）。

以上所說防河不可無堤，是從一般性出發，海口要不要築堤又是另一個問題。黃委會《工作綱要》稱：「於泥沙入河之後，應使之攜澱於海」[345]，好像淤澱在海口便萬事大吉，這個問題牽涉太廣，必須從長計議，萬萬不可操切從事。黃河雖已

---

[342]　同前引《科學》九一四頁。
[343]　《經世文編》九八。
[344]　《治河論叢》一六九－一七五頁。
[345]　同上三八頁。

改由山東出海，然拿雲梯關的往事來比觀一下，未嘗不是無益的。靳輔治河時，南北兩堤都築至雲梯關，乾隆二十九年高晉奏廢海口堤防，[346] 阜寧、安東的人民對他大肆攻擊。後到嘉慶十五、十六年，又將海口堤一再展築，[347] 賀長齡以為「海口長堤之功，現有成效」[348]，他的意思大約指恢復之後，阜寧、安東、山陽方面漸告安靖。可是自嘉慶十八年（一八一三年）至道光二十三年（一八四三年），三十年間豫省共鬧了大決六次，卒演成咸豐五年（一八五五年）之改道，是不是下游太過緊束因而牽累到上游呢？關於雲梯關海口的淤澱過程，靳輔說：「雲梯關者不知名自何時……往時關外即海；自宋神宗十年黃河南徙，距今僅七百年，[349] 而關外洲灘遠至一百二十里，大抵日淤一寸。[350] 海濱父老言，更歷千年，便可策馬而上雲臺山，理容有之，此皆黃河出口之餘沙也。」[351] 陳世倌說：「海口，每

---

[346] 《乾隆東華錄》二一。

[347] 《清史稿·河渠志》一。

[348] 《經世文編》一〇〇。

[349] 按照寧十年（一〇七七年）的決口，遞年即塞斷，河之長期會淮，實始於金世宗大定二十年（一一八〇年，見前十及十一節），比熙寧更後百年，計到靳輔死那一年（一六九二年），也不過五百一十餘年。

[350] 如依靳輔作七百年計，每年連閏三六五日，（365×700）共得二五五，五〇〇日，每里一百八十丈即一萬八千寸，一百二十里共得二，一六〇，〇〇〇寸，以前數除後數，每日應淤八寸以上，靳氏所稱日淤一寸，顯有錯誤。如改為五百年計算，則每日約淤一尺二寸。據張含英的猜想，「約二年又六個月可使長六十五公里之海岸進海中一公里」（《治河論叢》一〇六頁），是每日可推進三尺四寸有奇。

[351] 《經世文編》一〇一。康熙二十七年三月清帝問靳輔海口淤塞從什麼時候起？

日潮汐二次，以堤束水，潮至則沙隨水進，潮退則沙留堤根，日積一寸，積數十年計之，其沙日引日長，愈久愈堅。……今自雲梯關至四木樓海口，且遠至二百八十餘里。夫以七百餘年之久，淤灘不過百二十里，靳輔至今僅七十餘年，而淤灘乃至二百八十餘里。」[352] 又徐端說：「自乾隆四十三年迄今（嘉慶十年），歷二十八年，其間漫溢頻仍，得保全瀾者僅止八年。……查雲梯關以下……海口淤沙漸積，較康熙年間遠出二百餘里。」[353] 就中徐端的數目許有錯誤，今比較靳、陳所報告，由康熙中到乾隆二十一年，海口實伸出一百六十餘里，但這正是海口有堤的時期，我們能不能夠就此判定海口築堤可以避免淤塞呢？有人在問，這短短六七十年，為什麼沖積特別加速？可不可信？我的答覆如下：康熙中靳、張相繼治河，河流通暢，出事較少，也許那時候流量攜帶之沙泥，多被推送到海口去。反之，黃河中途出事越多，則頓挫越多，大量沙泥已於半路上沉澱，試檢閱（第十四節下）當日河事表，就可體會出這種情形了。那麼為什麼海口會淤澱呢？前人說海沙逆上，是

輔答稱：「據土人云，從明代隆慶年淤塞至今，每海潮來一次，即增一葉厚之沙，故漸至壅塞。」清帝說：「此言甚屬虛妄；凡內河遇海潮來時，水壅逆流，及潮退則壅積之水，其流甚疾，即微有停蓄之物，亦順流刷出，何有沙之存積耶？」（《康熙東華錄》一〇）其實河水被海潮頂住，沙便停下，潮退時斷不能把停下之沙，完全刷去，否則海口不致有淤了。

[352]　同上《文編》一〇〇。

[353]　《續金鑑》三三。

誤會的；明吳從憲說：「河潦內出，海潮逆流，停蓄移時，沙泥旋聚。」[354]《淮南水利考》說：「海口本自無淤，近日之淤，以黃沙而然。……海水遏淮水不得流者每日有八時，黃沙能無停乎？」[355] 陳潢說：「河挾沙而海潮逆上，安得不澱？傍岸徊溜，尤易停淤。」[356] 又《河渠志稿》說：大通口（即康熙年間稱黃、淮出海之口）「潮汐往來，黃水交接之藏，淤沙勢所不免。」[357] 再觀珠江三角洲當潦水時期，每逢朔望潮盛，洪水之消退即大受阻滯，那可見海潮阻力非常之巨。潘季馴以為「上流既急，則海口自闢而無待於開」[358]，不但有點外行，也與他自己所稱「縱乘潮退施工（挑浚），而一沒之後，濁流淤泥，隨復如故」[359]，互相矛盾。

　　黃河的山東海口又怎樣呢？自光緒五年以後，如朱採、潘駿文、盧法爾、[360] 毓賢、孫寶琦等都主張海口築堤（見第十四節下四項之 5），李協的意見跟他們很接近，[361] 唯德國方修斯

[354]　《明史》八四。

[355]　《錐指》四〇下引。

[356]　《經世文編》九八。

[357]　《續金鑑》一七。

[358]　《明史》八四。

[359]　《河防一覽》。

[360]　他固然主張接長河堤入海，將沙攻至海中，但他又說：「今無論挑在何處，其海口必須有機器挖沙，不能恃水自刷。」論據上也有矛盾。

[361]　同前《科學》九一六頁。

的「黃河治導計劃」卻以為海口之修治，如但為治導下游，排除水患計，則非必要之事，且引法國的塞因河、英國的克萊得河為例。[362] 民二十三年《黃委會查勘海口報告》說：「利津以下，洪水比降漸陡。由寧海至河口，其平均降度約為六千五百分之一（濼口至利津約為一萬分之一）。其最下之三十公里，比此數更大。距河口二十公里處，其比降為五千七百分之一。此誠世界河流中特殊情形。……河水至此，便如入海，尚有何不暢之可言？至於小龐莊、石頭莊等處之決口，決不能歸咎於尾閭之不暢。因在此等處決口時，洪水之前波，尚未達到濟南，遑云海口？」[363] 後來武同舉也說：「河出鹽窩，驟解箝束，放水四出，尚嫌不暢。若再加鉗束，抬蓄水勢，與海潮爭高下，結果如何，殊難逆料。……嘉慶又接築新堤至大淤尖海口，堤距縮小，則真箝束矣。嘉慶以後，河迄不利，水壅不下。清安一帶，河底淤高至二三丈，非其明驗耶？」[364] 對海口竟可不治，說得非常透澈。還有可慮之處，依前文所引「傍岸迴溜，尤易停淤」的話，恐怕河沙又結集於海堤的兩旁，容易積成高灘，結果還是加速了海口的淤澱；假使河口往別處改道，築堤用過之勞動、財力，豈不是白費？又假便以堵塞來強迫河水仍

---

[362] 《治河論叢》一六〇頁。

[363] 《圖說》八六頁。

[364] 同上一二〇頁。

走原口，是不是順水之性？而且這樣子做法，利害比較如何？李儀祉以為利津以下，不用築堤，[365]他的見解顯比往日已有改進了。

　　海口築堤一事，所關不止於海口方面，且牽動到上游。安立森認為「河身愈延長，坡度愈趨平坦，將使上游河槽，更為難治。」[366]又張含英剖析咸豐改道以後的大勢說：「光緒九年以前，山東中下游既無堤防，故無所謂沖決，只有漫流而已。……夫如是則上游之患自少。故河南雖在清代河患最烈，然自北徙而後，除民國二十二年外，僅有三次。[367]嗣以山東之堤防漸固，而決口之次數遞少。民國而後，漸移至冀魯之交矣。今則又上移而至於冀豫之交，不數年後，或更進而完全至於豫省，亦未可知。」[368]即是說，下游束緊，上游宣洩必減慢，宣洩不靈，必至潰決。其次，從單純的經濟觀點來看，淤地日積似乎可以增加生產，但同時河口日向外延伸，流域越長，則宣洩越滯，而內地災害也會越多，為千百年長時期打算，怕還是害多利少的。

　　歸納起來說，我以為海口不必築堤，應聽任黃河自流。如

<hr>

[365] 同上八七頁引《黃河概況及治本探討》。

[366] 同上八七頁。

[367] 依十四節上一項之5，計同治二年、同治五年、同治七年及光緒十三年共四次，張氏漏計同治二年。

[368] 《治河論叢》二〇三頁。

果它拋棄了甲口而往乙口改道，那可能是甲口淤高不合水性，我們當趁隙把甲口加工挑浚，等到乙口不適於它自流的時候，它總會復尋到甲口來。如此往復循環，實行下游浚治的方針，似可以減慢河口的沖積，是較為持久的辦法。

（己）**淤的問題**　海口之淤，具詳前文，但一般河身的淤，又怎麼辦呢？黎陽河高出民屋，淇口（那時淇水還南入黃河）水出地上五尺，[369] 西漢末期河身的淤高，已頗為嚴重。到了明末清初，開封河比地高丈餘。[370] 近代改道之後，魯河在光緒元年時河身去水尚高二丈及一丈四五尺不等，不及十年，兩岸高者離水不過四尺，低者僅二三尺。[371] 光緒二十五年盧法爾報告稱，堤外地較之堤內之灘，低一尺至七八尺。[372] 又先一年齊東舊城崩陷入河，至民二十三年時，其魁星樓拱門高出地面僅五尺，由此推計，平地淤高應不下一丈。[373] 又據張含英民二十一年調查所見，黃河鐵橋北岸西邊的水面，比堤外背河地面高出三公尺餘，再東而開封北岸之陳橋，水面更較地面高六公尺。[374] 有人說，拿張氏所見跟明末清初來對比，還不算怎樣

[369]　《漢書》二九。

[370]　《河防一覽》及《經世文編》九六。

[371]　《歷代治黃史》五引光緒九年陳士傑奏。

[372]　同上《治黃史》五；又同卷二四頁注稱：「黃河奪大清至今六十餘年，逐年淤墊，已高出河身十餘丈矣。」顯有錯誤，實是河身比地面高二至十公尺不等。

[373]　《圖說》九九頁。

[374]　《治河論叢》二四四及二四〇頁。

嚴重。我們又須知經過一回大汛，舊淤也可能刷去多少，然而刷於此者聚於彼，甚或送至海口，並沒有減輕河身的負擔。所以如何對付 —— 即使以後能大大減少沙泥的沖下，舊淤的問題，我們仍不可不開動腦筋的。

　　對付積淤，在理論上，挑浚本來是積極的正宗法門，《春秋》魯莊公九年（元前六八五年）冬，浚洙，賈魯治河，以疏、浚、塞三事並舉，[375] 古人不是不講求挑挖的。明嘉靖之後，治河的人卻不太主張，萬恭《黃河治法》稱：「舊制列方舟數百如牆，而以五齒爬、杏葉杓疏底淤，乘急流沖去之，效莫睹也，上疏則下積，此深則彼淤。」[376] 這種浚船爬沙（又稱搜沙）的方法，當然徒勞無功，我們也不贊成。潘季馴所顧慮的是「沙底深者六七丈，淺者三四丈，闊者一二里，隘者一百七八十丈，沙飽其中，不知其幾千萬斛？而以十里計之，不知用夫若干萬名？為工若干月日？所挑之沙，不知安頓何處？」[377] 浚確比疏、塞。難於見功，加之，他提倡以堤束水以水攻沙，自隆萬起遂無人講求浚治。[378] 清康熙帝曾稱：「治河上策，唯以深浚河身為要，諸臣無言及此者。」[379] 必是他感覺到河身高出地

---

[375]　《元史》六六。

[376]　《圖書整合·山川典》二二三。

[377]　《河防一覽》。

[378]　《金鑑》卷首。

[379]　《康熙東華錄》一四，康熙三十八年。

面的非常危險，才發出這種言論。武同舉曾說：「黃河塞決大
工，修堤之外，並須挑河。平時河流不涸，未聞有大挑者，唯
大決奪流之後有之。蓋河驟決則流緩沙停，決口以下之全部，
往往墊淤，故須通體大挑，以暢去路。」[380] 張含英對挑浚，大
致表示不贊同。[381] 我則以為將來的防淤，固須注重科學方法，
但對於已成的舊淤和現時過渡的新淤，從徹底治黃著想，要不
應置之不理。森林培植、谷閘建設等等只能減少大部分的沖
刷，還不能根絕泥淤，森林又非剎那即辦，陳潢所說「疏濬烏
可竟廢」[382]，究是經驗有得的名言。總之，時期越久之淤積，
施治越難，處過渡時期，仍應一面試行分淤、簡化挑浚、採取
有限度的施工等工作，像武同舉所說，「如將河槽測有縱橫斷
面，則可知其各部分停淤之狀況，而間段施以挑工」[383]，不可
過於鬆懈。至於季馴所提的理由，在封建時代委實難以解決；
可是人民覺悟現既逐漸提高，加之工具進化，交通便利，他覺
得不可能的已變成次要問題了。

　　這一時期雖然短短的二十多年，可是民二十二年那一次河

---

[380] 《圖說》一二一頁。

[381] 《治河論叢》五七－六〇頁。

[382] 《經世文編》九八。

[383] 《圖說》一二一頁。張含英在陳橋渡口所見岸壁切面，最上層黏土約厚七公寸，
　　　次為四公寸之沙，又次為二公寸之黏土，又次為二公寸之沙，又次為一公尺之
　　　黏土，又次為二公尺之沙，又次為三公寸之土，至於水面（《治河論叢》二四〇
　　　頁）。

患，其水位之高，流量之巨，直超過歷來的測量紀錄，豫冀兩省交界地方的決漫口，竟至有五十餘處之多，生命、財產的損失嚴重，為七八十年來所未有。

海口的變遷，不計決入徒駭河、滔二河、小清河等，根據資料統計，最少也有八、九次，表示近海的河道，很不安定。黃河之侵向北方，則以民十四年轉向無棣縣滔二河出海為最可注意。

這一時期，也曾經開始了小小的水文測量工作，由於反動派政府沒有當作一回事，不久便以次裁廢。

同時有一派知識分子還算相當努力，或從科學觀點出發，提供此後治黃的意見，或蒐集歷史上已有的資料，寫製成種種書說圖表，作為河務人員的參考，就最低限度講，總可說已構成今後大力治黃的一個雛形。

第十五節　自辛亥革命至抗戰前

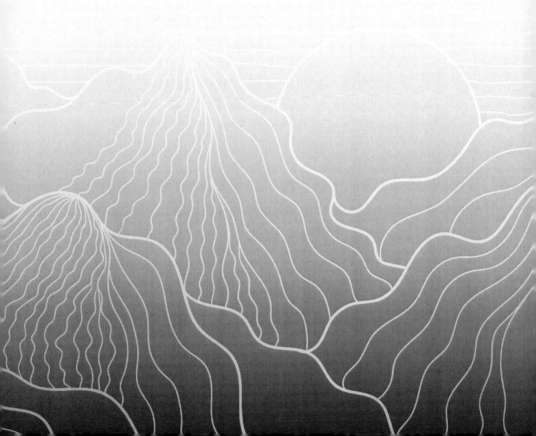

第十六節　結論

　　從地面有流水時期起，直至現在，已不知經歷了幾千百萬年，反之，黃河有史文可考的時代，不過二千餘年，比例起來，恐怕還不到千分之一，這真是少得可憐了！說要研究黃河變遷的歷史，談何容易。然而這種缺陷，不單僅止於黃河，宇宙內自然界任何一物，它的歷史，都處於相同的處境，生物學家、地質學家，以及許多其他科學家，卻不因存在著缺陷而退縮，而停止研究。反轉過來，更奮勇地、忍耐地向前去探索，以期揭開宇宙的祕密。那麼，我們要探討黃河的歷史，並不是冒昧的事。比方能從已知的紀載，得出黃河變遷的一個結論，按著唯物辨證論來推演，則要顯影它過去的模糊陰影，倒也不難。

　　現在，我們且慢談荒古時期的變遷，先談一下有史文以來的變遷。在我未著手研究的時候，腦海中滿以為前人們，尤其是清代的樸學家，對於河務研究，已經有了相當成績，剩下來留給我們的工作，只把它集合起來，稍加以整理，便可得到雛形，用不著九牛二虎之力。可理想還是理想，不透過實踐是不了解當中的曲折的。前人的成績雖然是有，但中間卻留下好幾段空白；最大的空白要算北朝初期，幸而那時河患確然很少，倒不要緊。其次，由北宋遞到金，由金遞到元，都各各空白了好幾十年，對於黃河變遷的實況，關係很大。又如北宋文獻，傳下來的資料還算豐富，可是沖開的遊、金、赤三道河，從哪

處地方起，到哪處地方止，我們總弄得不太明白，那因為宋人偏重理想，不重現實，所以留下了缺陷。

這些缺陷是不是無法彌補呢？我們如從手頭所有的資料，認真詳細分析，再加上合理的推斷，也未嘗不可了解它的大致狀況，至於詳細情形，則無法補充了。前賢曾有話，讀書須從無文字處領會；清代的學者像胡渭們，探討非不用功，可是在補缺方面，卻未盡他們的能事。現在我們就特別注意這一點，就是想把黃河變遷的歷史，弄得更完整些、更清楚些。

另一方面說，讀書又不要過於拘泥。《公羊傳·文公十二年》，「河千里而一曲也」。《爾雅·釋水》，「河出崑崙虛，色白，所渠並千七百一川，色黃，百里一小曲，千里一曲一直」，只說千里一曲。讖緯書的《河圖》卻說：「黃河出崑崙山東北角剛山，東以北流千里，折西而行，至於南山，南流千里，至於華山之陰，東流千里，至於植雍，北流千里，至於下津，河水九曲，長者入於渤海。」[384] 又《淮南子》「河水九折注海而流不絕」，才說河有九曲。然而，據汪中的話，古代的「九」是虛數，也就是複數的表示，並不一定有九個曲。依照現代的實測地圖來看，除去古代所稱黃河的重源不計，甘肅以西雖有兩三折，卻非先秦人所能了解，甘肅以東，太曲實在只

---

[384] 《初學記》六。

有三個（寧夏、陝北及陝東）。如加上黃河古道濟水的二曲（乘氏、壽張），也不過五曲。至如清代治河人員常常以為黃河性好坐彎，這也許是專就短距離來論，因為黃河那五個大曲，完全被自然山脈所束縛而形成，並非黃河的本性如是。

人們既認河性坐彎，因而有「逢彎取直」的處治方法。但從長期的河史來看，黃河自身也有「取直」的本性，跟一般的「水性」無異，這是向來所沒有人注意到的。黃河的取直性，以河南東部表現得最為明切。在滎澤以上，河仍多少被兩岸的山勢所束縛，當然不能十分透露它的個性，一入豫東，便可不同了。豫東又可劃分三段來講，即上段、中段及下段。

河自東周在滎澤附近沖開一條新道（見前第七節），經過後世的原武、陽武、獲嘉、新鄉、汲、胙城、滑、浚等州縣，向東北而去，這段總幹路一直行走了一千六七百年，並沒有什麼變動。其變動的樞紐，則在金大定六、八兩年（一一六一一一六八年）之河決，經過那兩回河變，黃河已漸固定其出曹、單而東南會淮的趨勢。然而從滎澤東北至滑、浚，又東南折向曹、單，就地形來看，實構成一個九十度的直角，是多麼彎的路，是多麼逆水之性，自然而然，那段總幹要發生動搖了。動搖的開始，先見於豫東的下段。

「下段」所指是浚、滑、汲及胙城（今延津北三十五里）。

宋代的「北流」（即流向今天津出海那一段路）約於金大定二十年（一一八〇年）斷絕了，黃河離開濬、滑，也可說是同時的事。[385] 後到明昌五年（一一九四年），灌封丘而東，河更離開汲、胙。換句話說，河既改向東南出海，那總乾的尾部便逐漸向南擺移，省去拐彎而採取較直捷的路。

「中段」單指延津。河床既離開胙城，便又南向延津靠攏，《看河紀程》稱黃河故道在延津縣（北）二十八里，明天順間（一四五七－一四六四年）遷於於家店。於家店在陽武古倫集東四十里（參前文第十三節上注45及59），即今圖封丘西南河岸之於店，《河南通志》則以為成化十五年（一四八〇年）河才徙出延津縣南（參前文第十三節上）。按賈魯治河時（一三五一年）河已從封丘荊隆口經過（參前文第十二節），即今圖封丘西南之荊隆宮，在於家店東十五里（參前支第十三節上注59），由延津北邊折向荊隆，是一條拐彎的路，今南擺向於家店至荊隆，是再直沒有了。

「上段」包括新鄉、獲嘉、陽武、原武那幾個縣。《錐指》四〇下疑黃河離開新鄉是至元間事（一二八六或二一八八年），尚沒有找出確據。《獲嘉縣誌》稱黃河舊在縣南四十里，天順六年（一四六二年）才淤；《原武縣誌》卻以為早淤於洪武十五年

---

[385] 某時代黃河離開某地，多是大略的猜想，可參看前文第十一、十二、十三各節。

（一三八二年），兩說不同（以上都見前第十二節）。陽武、原武
舊日俱在河的北邊，洪武十五年河始徙出陽武之南（見前文第
十二及第十三節），正統十三年（一四四八年）再徙出原武之南
（見前文第十三節上注 35）。

由前引各種資料，可見這段總幹的轉變，開始於一一六六
年，約完成於一四六二年或一四八〇年，經過三百年的長遠時
間，是慢性的取直，人們所以總沒有注意到。其轉移的開始，
在最東的下段，中間隔開了約百年，才牽動到上段，又再經過
約二百年，然後完成上、中兩段的轉變。其轉變過程及結果，
則由原武、陽武、獲嘉、新鄉、汲、胙城、滑、浚等東北向的
走線，改而為原武、陽武、鄭、中牟、延津、開封、封丘等東
向的走線。試把這段新總幹的緯度檢查一下，即見得必所取的
途徑，總不出北緯三十四度五十三分至北緯三十五度之間。即
是說，南北相差不過七分，就使用人工來施行取直，結果恐怕
不會更好。這一個改變，顯然表現著自然的規律性，從改定以
後至現在止，快要近五百年。

再看一看咸豐五年以前，會淮的路線，從蘭封東南折向清
口，整體並不算彎曲。會淮後，才跟著淮水東北折而入海。奪
渦則較為彎曲了，所以比較少見。奪潁比奪渦拐彎越大，故奪
潁更少。總之，無論奪渦、奪潁，路途都是迂曲（固然還有別

的原因），時間不會很長。

更來看銅瓦廂改道後的東北路線，下至利津為止，大致仍可說是取直的。其轉變較多的，只是將近海口那一小段，因為那裡無堤，所以它隨時揀著最合適的路線來走。明白了海口變遷的原因，就能知道堤防是萬不可少的消極防禦（但海口除外），不過治河卻不能專靠堤防而已。

綜合前頭的討究，我認為在長距離的地域之內，除非遇著天然阻隔，黃河自己會保持著取直的本性。前人所稱河性坐彎，最高限度，只可適用於短的距離。

另外，我們不要被一種似是而非的資料所迷惑；例如《黃河年表》有過黃河決溢的統計，《中國水利史》把它列成兩個表，表（甲）以河道變遷為次，表（乙）以朝代為次，兩表裡面都分為「溢」、「決」、「決河」、「大水」四個項目，[386] 固然是努力作出的成績，對研究黃河史的人們也很有幫助，然這樣的統計，表現實際到什麼程度，我們能不能重視呢？清代《東華錄》曾說過，「溢」是漫堤而去，「決」是潰堤而出，河防官員應受的處分，後者比前種嚴重得多，所以除非真的無可掩飾，每遇「決」的時候，清官也當作「溢」來申報，其實堤防到後世已相當加高，「溢」是很少見的。論到古代，許多地方或還沒有築

---

[386]　一〇一一一〇四頁。

堤，那麼，「溢」就自然比後代較多。古人用字又不像後代那樣嚴格，「溢」跟「決」可有什麼分別呢？新垣平對漢文帝說，「河溢通泗」，依後代「溢」、「決」的區別，就應解作「河決通泗」（參前文第八節）。何況史志上所記的「河溢」，有時更與黃河無關呢（見前文第十二節）。

「決」跟「決河」有時也無法劃分的，「決口」若不是立時堵住，總會沖開一條去路，它跟「決河」就只程度上和時間上的不同。黃河上游沒有很宏偉的冰山，據近代人考察，它的暴漲，都是由於河套以下各支河流域的霖雨所釀成的結果，在堤防未修的地方，就會隨處氾濫；換句話說，跟著是「溢」。那麼，「溢」在上游又頗為常見的。

因為那些項目，本來沒有什麼嚴格意義上的區別，從該著作來看，也不容易得到可靠的理論。再論到分期觀察，怎樣才叫做黃河大變，我在導言裡面已提出疑問了。「變」或「不變」其間夾雜著許多人事的問題，倘若沒有釐清，就無從看見黃河的真相。

分朝代來觀察又怎樣呢？那更令人難以滿意。然而我在以前各節，不是大致分朝代來敘述嗎，那又怎麼說？這正是我需要再次鄭重宣告的一件事。寫本篇的主旨，只在先把歷朝史志剩下來的黃河史料，有時參考私家的著述，整理清楚——

當然不容易做得圓滿──供治河者參考。原來錯誤的加以辨明，原來含糊的替它解釋，原來缺乏的設法補充，為便利進行及討論起見，所以不得不暫採斷代分期的辦法。總而言之，這不過第一步的試探性研究，還未踏上討論整個黃河真相的軌道。如果要做第二步的工夫，即使將有史文時期的三千餘年並作一期，像前頭所說，也未免覺得太短。現在，談中國政治史的，大家都承認往日斷代的敘述，不能代表國家性、民族性、社會文化性，難道自然界的歷史，還可跟著封建時代來作分割嗎？

其次，以前的黃河著述，大致是收集的性質多，辯論的性質少。胡渭的名著《禹貢錐指》，本來是經解，不是專論黃河，但關於黃河那部分，即附論歷代徙流一卷，可說具有融合性、創作性的優點。話雖如此，綜合起來，總不免有些偏差，別的著作更無容論了。這種弊病，種根在過信前人而缺乏懷疑性，〈禹貢〉一篇尤蒙蓋了上古黃河的真相，發生很大的障礙。它的寫成大約最早不出元前五世紀，而人們看作元前十八世紀的事實；它記黃河的經行，應是東周（元前五六世紀）以後的實況，而人們看作商代以前的實況；它本來參雜著神話、理想和現實而構成，人們信作確有其人、確有其事。這樣先後倒置，真偽混合，它如何影響我們的真實社會發展史，現且不論，單是對於治河論的發展，阻力已很不少了。

　　關於黃河的專著和雜著，這裡不能也無需一一加以批評，唯清人所著《行水金鑑》及《續行水金鑑》，其中一部分是綜合性的編年體裁，倒不可不略淡幾句。《金鑑》溯源上古，明以前的資料，勢必須加以剪裁；至明代的事實，雖以《實錄》為主，但仍雜採明、清人的著述，讀者對於某一年黃河發生過什麼事變，尚能一覽而知，就現在而論，還算它是河史參考的佳本。《續金鑑》繼《金鑑》而作，包括雍、乾、嘉三朝的事情，奈編輯技術，遠不像原書那樣高明，只有把官文書匯在一起，毫無條理，又不會將黃河的重要事變，分年作為提要來闡述。如果所收入的官文書沒有提及某一事件，或雖提及而非始末具備，讀者就無從得知，簡直不合於編年史的體裁。今後學者們倘有意續纂，那本書就非大加刪改及添補不可。

　　黃河的利用，從近代的眼光來看，比之長江流域，總落後得多，難怪人們都覺得它只是中國的敗家兒，它的光榮歷史似乎已成過去了，沒有復興的希望了。漢族的文化以黃河流域為搖籃，隨著部族勢力的伸展而伸展，那時候地理環境的影響還相當大，它在上古具有加速漢文化發展的勢力，這是人所皆知的。古人傳下「四瀆」的名稱，他們所知，是不是恰止四個，這裡不要討論。但《爾雅》說：「江、淮、河、濟為四瀆」，更晚的學者或說「江、淮、河、漢」，漢只長江中游的一道支流，漢可以當一瀆，那末，對上游的金沙江、嘉陵江又怎麼辦呢？

瀆的真義不是「獨流入海」，我在第七、第十節中已有辨正，然而總必源遠流長，才會派濟水充任一瀆的位置。濟，古文作泲，據《漢書·地理志》，它到河南郡滎陽縣，分流為狼湯渠，行七百八十里而入潁；又甾水出泰山郡萊蕪縣，東至博昌入泲，汶水出萊蕪縣，西南入泲，如水出齊郡臨淄縣，西北至梁鄒入泲，泗水出魯國卞縣，西南行五百里至方與入汶。[387] 濟水在〈禹貢〉又稱沇水，據《漢書·地理志》，出河東郡垣縣東北的王屋山，東南至武德入河，軼出滎陽北地中，又東至琅槐，行千八百四十里而入海。總括起來，它的上游能分出支流，行七百多里的狼湯渠，它的下游又接受了甾、汶、如、泗好幾道的支水，它的本身更走了一千八百多里才入海去，這樣的巨川，到了唐代，忽然不能維持下去，斷絕了，在古今中外水文篇裡面，再找不著別個相等的例子，那是多麼的怪事！俗語說得好，「見怪不怪，其怪自敗」，妖怪不過人們心理誤會所造成。同理，歷史的怪事，也相信是誤會所造成。我們不必作冗長的討論，只就前面所引幾條《漢書》剖解一下，便得出如下可疑的兩點：（一）濟水跟黃河會合後，才分出一道狼湯渠，以大括小，我們是不是應該說黃河分出為狼湯渠，才與事理相合。（二）濟水不能自黃河左岸，潛伏在黃河下面；或更直捷

---

[387]　泲原論作「沛」，據段玉裁說校正。按《北齊書》二三，「或國之肺腑」，可見「沛」和「市」是常會互訛的。

地說，沖開黃河——到了黃河右岸，還自成為一個專流的道理。但如果說黃河分流為濟水，那便毫無問題。依著這兩個疑問，尋求解決，我相信東周以前的黃河，本來流經滎澤，形成一個蓄水湖，跟濟水入河的會口恰相去不遠。過了滎澤，河的正流循著開封那條線，東北向廣饒縣附近入海，中間再分出支流，通入潁、渦各水（即狼湯渠等）。到東周河徙後，正流打滎澤北岸沖開一條新道，流向現在的河北省，同時，滎澤——開封的舊道，仍保持著相當流量，但大流已改趨東北，「河」的名稱漸被其專占，剩下來舊道的分口，因跟濟水會河點相近，人們遂誤會舊道繫上接濟水，因而替它加上「濟水」的名稱，且引起伏流的傳說。日子過得久了，舊道的流量不足，中間斷絕了一段，唯下流仍然接納甾、汶、如、泗各水，自成一流域，水文的現象改變，前人沒法了解，於是更引起再伏再見、三伏三見的妄說。簡單來講，濟就是東周以前的舊黃河，〈禹貢〉的「河」只是東周以後的新黃河，「河」、「濟」不過黃河的兩支分流，並不是「兩瀆」，二千多年來路不明的怪物「濟水」，到現在可算揭出它的真相，沒有蘊藏著絲毫祕密。

　　由黃河右岸分出的支水，經常是侵入淮河流域。元末，雖築斷了賈魯河的上流，但遇南決的時候，仍然靠著淮水作去路。乾隆末年，阿桂曾說：「滎澤、鄭州境內土性尚堅，距廣武山甚近，堤頭至山腳，一千四百餘丈，其無堤之處，遇黃河

水勢長至一丈以外，即由山腳漫灘，歸入賈魯河下注。」[388] 這可見黃河下游與淮水的關係怎樣密切。最近，徐近之寫的《壽縣古淮河道》，大致說在壽縣東邊發現古淮河道，它的存在可能遠在第三紀以前，其南有瓦埠湖，常淮河水漲或黃河氾濫來到時，洪水灌進瓦埠湖，水退後全區被普遍淤塞，[389] 又是黃、淮糾纏不清的一個重要說明。總之，黃、淮二水的下游，在上古及其以前常糾纏不清，淮水下游是黃水南侵的地帶，同樣，現在的河北省，在某些時間也是黃水北侵的地帶，當秦朝尚未統一，在漢族的勢力範圍圈內，只可說有三瀆，河、淮與江。

近代人的看法，江、河比重，當然江勝於河，可是比量它們舊日的歷史，則無論政治上、經濟上，江所負的使命都遠趕不上河那麼重要，活躍的時間也不像河那麼長久。除了最近百年以外，只有從東晉南渡造成隋文平陳止及南宋一朝，江才算對南朝充任了兩個時期的艱鉅任務。

黃河呢，它的光榮日子太長了。西漢都長安，「漕從山東、西，歲百餘萬石，更底柱之艱」[390]，這是關中要靠黃河運輸來供給糧食的憑證。東漢洛陽，同樣利用黃河，不在話下。兩晉時代王浚伐吳，杜預給他的信說，「自江入淮，逾於泗、汴，

[388] 《經世文編》一○○。
[389] 《科學通報》二卷六期六三八－六四○頁。
[390] 《漢書》二九。

自河而上，振旅還都，亦曠世一事也」[391]；桓溫北征，「以譙、梁水道既通，請徐、豫兵乘淮、泗入河」[392]；苻堅南侵，「運漕萬艘，自河入石門，達於汝、潁」[393]；又劉裕伐魏，大軍入河，自河浮渭，既取長安，又自洛入河，開汴渠以歸彭城，[394]這些事實都顯得河、汴、淮的交通，在那時成為南北戰爭運兵、轉餉的大動脈。隋煬帝開運河，無非擴大前人的成績，在南方他經營通濟渠，避免迂繞徐州，縮短汴口、江都間的水程，在北方他把沁水連線到衛河，可以直航涿郡，黃河更握著貫通南北的樞紐。以後經歷了唐代三百年，關中的取給，一天沒有汴河便感受到嚴重威脅。北宋的情形，差不多跟李唐一樣。由金而元，黃河正道繼續著南移，最後遂河、汴（包括著古代濟水最西那一段）合併，汴水的故跡才不可復見，然而黃河又再起來擔任別一處的任務。自明之永樂，直至清之咸豐，北京取給於江浙的稻米，經過四個半世紀，都要靠黃河下游的一段，作為漕運銜接線。如用更明顯的字句來表示，則兩漢、隋、唐、北宋和明、清七大朝代，黃河皆擔任著艱鉅的任務，其間較為沉寂的，只有北朝及金、元兩時期各約二百年，光榮的歷史那樣悠久，長江能夠比得上嗎？

---

[391]　《晉書》四二。
[392]　同上九八。
[393]　同上一一四。
[394]　《宋書》二。

二十世紀的交通工具，突飛猛進，黃河往日的任務，好像一去不復回，然而一方面的退縮，就會形成別方面的突進，例如黃河由接濟長安、開封，到明代忽變而接濟北京，那就是一個例子。何況運輸之外，黃河還可勝任其他的角色，所以我們相信黃河的將來，總不會比以前為落伍。如果應對黃河，能夠做出較穩定的設計，使它不至於隨處橫決，單是消極方面，我們的生命、財產已是獲益無限了。

　　綜合這回編撰所得的理論，有幾點值得再提一下。錢泳《履園叢話》四〈水學〉裡面說：「治水之法，既不可執一，泥於掌故，亦不可妄意，輕信人言。蓋地有高低，流有緩急，潴有淺深，勢有曲直，非相度不得其情，非諮詢不窮其致，是以必得躬歷山川，親勞胼胝。昔海忠介治河，布袍緩帶，冒雨衝風，往來於荒村野水之間，親給錢糧，不扣一厘，而隨官人役，亦未嘗橫索一錢，[395] 必如是而後事可舉也。如好逸而惡勞，計利而忘義，遠嫌而避怨，則事不舉而水利不興矣。」那一串話是往日治河人員所常常做不到的。

　　漢武帝臨瓠子決口，「令群臣從官自將軍以下，皆負薪寘決河」[396]。元世祖時，「復置都水監，俾守敬領之，帝命丞

---

[395] 《明史》二二六〈海瑞傳〉並沒說他擔任過治河事務。
[396] 《史記》二九。

相以下，皆親操畚鍤倡工，待守敬指授而後行事」[397]。明嘉靖四十四年，朱衡督河，「廬於河畔，撫循十萬眾，與同甘苦」[398]。康熙二十三年，清帝巡視清口，「步行閱視十餘里，泥濘沒膝」[399]，同時，「於成龍監修河務，嘗身立淤泥中，竭力督催，故人皆奮勉」[400]。乾隆末，河南青龍岡西壩猝蟄，河水大溜下注，河督李奉翰竭力搶護，跌入金門，被纜格傷，幾至隕命。[401] 又清代治河人員的生活，「凡督官員所住之屋，皆系草舍，簡陋不堪，蓋一以自罰，一以示與民同甘苦也。總辦之屋，僅稭牆茅頂，天寒之時，重障一席足矣，至營哨等官之所居，則只有窩鋪而已」[402]。從這些例子來看，又知道治河領導者，必須身親力為，與人民同其甘苦。

論到運用人民勞動，現在人們知識逐漸提高，大家都曉得非勞動不能爭存，衛國才可保家，動員百十萬人民來防河，比之往日，固然不算一件難事。然而賈讓曾指出，「民常罷於救水，半失作業」為三害之一，[403] 金世宗大定五年，尚書省調夫數萬浚運河，世宗諭以「方春不可勞民，令官籍監戶、東宮、

[397]　《元史》一六四〈郭守敬傳〉。
[398]　《經世文編》九六。
[399]　《康熙東華錄》一七「康熙四十九年十二月」下。
[400]　同上一四「康熙三十九年七月」下。
[401]　《乾隆東華錄》三八。
[402]　《治河論叢》一九六頁。
[403]　《漢書》二九。

親王人從及五百里內軍夫浚治」[404]。又張矑改革山東民夫經年在堤的舊制。[405] 我們對於積極的增加生產，更不可不設法兼顧，應該怎樣一面可以使大汛時比較安定，另一面又可減少上汛的人夫，自是今後急須商討的方案。

掃除主觀，深入民情，則如陳潢所稱：「臆度之言，又不若經歷之言之親切而己試也，故凡田夫、老役，有所陳說，皆宜採聽，以備參詳。」[406] 明宋禮截汶入運，正靠汶上老人白英的指授，可作深入民情一個最好的榜樣。

最要的是寧夏以東，整個河防應有統一的領導，然後事權專，事權專然後不容易發生亂子。金藻說：「欲水患消除，必專任大臣而輔之以所屬，責成於守令而僱辦於糧裡，不宜他官分督而有失厚利。某處繫上游水匯，某處是下流支港，應分某水以殺其勢，應闊某岸以緩其衝，應浚某河以會其流，某處閘壩宜修，某處塘堰宜築，應復舊，應新開，非專官而能之乎？」[407] 對於治河權不宜分割，說得頗為透切。

關於這事，李協早年也提議過，他說：「若政局統一，特設一總機關，畀之以黃河行政之全權，可以指揮各省於河務有

[404] 《金史》二七。
[405] 見第十四節下六項。
[406] 《經世文編》九八。
[407] 錢泳《履園叢話》四。

關係各地之縣知事。由此總機關，畀各省水利局以分權，以督促其進行，又於陝州、大慶關、蘭州等地，各設河務學校一所，指授講洫、畔柳及道路之方針，一年畢業，每縣各派學生四人至十人，視其轄境之大小，及與河務關係之廣狹，畢業歸裡，授以田畯之職，優其俸餼，使之指揮農民。」[408] 現在水利部與各省區的職權，如何劃分，我毫無所知，只以為李氏之意見，是值得參考的。

　　我覺得治河領導之統一，對於掃除舊日地域惡性，尤有極大功用。上古堤防少，河之所至，便成災害，人們恨不得其自行遠離。何況封建時代，多挾著自私自利、損人益己的觀點，每遇問題發生，便各執一說，勢不相讓，流弊遂釀成黃河之肆虐，阻礙治河之進行，下面試舉出幾個例子，以作炯鑑。春秋初期，齊桓公會諸侯於葵丘，申明約束，無曲防就是五命中的一項。《孟子》斥白圭「以鄰國為壑」。[409] 東漢明帝永平中議修汴渠，或以為河流入汴，幽、冀蒙利……議者不同，南北異論」。[410] 元成宗大德元年，河決杞縣的蒲口，派尚文前往視察，他回奏主張不塞：「會河朔郡縣、山東憲部爭言不塞，則河北桑田盡為魚鱉之區，塞之便，帝復從之。明年，

---

[408]　同前引《科學》九二三頁。
[409]　均《孟子‧告子篇》。
[410]　《後漢書》二。

蒲口復決，塞河之役，無歲無之。」[411] 明時長垣、東明二縣原有三壩，「在長垣利在洩水，不肯閉塞，在東明懼其受淹，堅欲堵截，兩相掣肘」[412]。「唐家口為黃河要害，在考城、曹縣之間，兩省居民，互相盜決。」[413] 又萬曆二十一年蘇家莊之決，「或謂先淤後決，或謂先決後淤，南直、山東，交相推諉」[414]。「近世銅瓦廂之決，故道雖不可復，但當時翁同龢、潘祖蔭等不主張復故，[415] 內容實帶著地域意味。更有「異地之官，競護其界」[416]，如萬曆二十九年河決商丘，「時議皆欲勿塞，山東、河南二中丞議論不合，廷推即以河南中丞曾如春總督河道，不使齊人有異議也」[417]。最甚的則持極端個人主義來對付治河，漢武帝元光時，河決瓠子，東南注鉅野，通於淮、泗，「是時，武安侯田蚡為丞相，其奉邑食鄃，鄃居河北，河決而南，則鄃無水菑，邑收多。蚡言於上曰：江河之決皆天事，未易以人力為強塞。……於是天子久之不事復塞也。」[418] 又「（王）莽恐河決為元城塚墓害，及決東去，元城不憂水，

---

[411] 《元史》一七〇〈尚文傳〉。
[412] 《金鑑》三六引《河防一覽》。
[413] 同上三二萬曆十六年引工部覆奏。
[414] 同上四二。
[415] 《清史稿·河渠志》一。
[416] 謝肇淛《雜記》。
[417] 《金鑑》四二引《河南通志》。
[418] 《史記》二九。

故遂不堤塞」[419]。總括來說，正所謂「小民各私其身家，水有利則遏以自肥，水有患則鄰國為壑，是其勝算矣，孰肯揆地形之大局，為永遠安瀾之計哉？」[420]

就使撇開那些最壞的影響不論，領導不統一，對於治河也有許多窒礙。張含英曾痛快地說：「治河猶脈絡也，一處不暢，則全體停滯，應統籌全域性，斷不能節節為之。然黃河下流河南、河北、山東三省之河務局，分別成立，各不相謀。即以冀、魯之交而論，出險之次數最多，而其最大原因，厥為口決河北而患在山東。山東以職權所限，不克越界整理，河北以利害較輕，鮮能促起注意。」[421] 又說：「劉莊為第一險工……地在河北，決口則盡淹山東，故山東人民極注視之。以地域關係，莫可如何。近數年來劉莊、李升屯、濮陽等工莫不如是。冀省則以利害之較小也，關係又不若是之切。魯省府既不能修冀省之堤……」[422] 換句話說，治河行政，應自甘肅以東，下至海口，通全流域為一區，備地區固不能不授以協理之權，但究應如何調節，自應詳細講求，作為長遠可行之規制，庶不至因小節而貽累大局也。

一九五二年九月九日廣州中山大學

---

[419] 《漢書》九九中《王莽傳》。
[420] 《折獄奇聞》三。
[421] 《治河論叢》七七頁。
[422] 同上二三〇頁。

附錄

一、關於利用賈魯、惠濟二河來臨時
防洪和將來交通的管見

　　一九五二年的秋間，我曾用《從黃河變遷的研究得出一項治黃的管見》的題目，寫成一篇底稿寄給《新黃河》，後得函覆，已列印數份分送各處參考。今年七月根治黃河的綜合規劃已經公布，我們自無事喋喋。不過鄧子恢的報告說：「但是為了防備在這些（三門峽等）工程完成以前發生比一九三三年更大的洪水，還必須在下游採取一系列的臨時防洪措施。」又傅作義說：「……同時要防止在三門峽水庫完成以前黃河發生嚴重的決口和改道。這五六年的時間，非常重要……」[423]是這幾年時候下游的防洪措施，依然不能絲毫鬆懈的。另一方面，據程學敏說：「當報告中所擬的工程全部實施以後……黃河全河的通航以及由黃河連結淮河、衛河的計畫都將成為可能。」[424]周立三也說：三門峽水力樞紐建成以後，「黃河下游幹流也將可通航輪船，而衛河、運河及淮河支流與黃河水運擴大溝通，構成一個四通八達的水路網，來分擔這個地區不斷增長的鐵路貨運」[425]。是三門峽水庫築成以後，專家們都以為黃、淮應有

---

[423]　一九五五年八月號，《新華月報》。

[424]　一九五五年七月二十一日《光明日報》，《黃河綜合利用的偉大計劃》。

[425]　一九五五年八月八日《光明日報》，《技術上最可靠、經濟上最合算的治黃方案》。

通航的可能。由於這兩點的提示，我再檢閱舊稿，覺得除刪去蕪辭繁節之外，還可把它以臨時防洪措施和黃、淮經濟交通的姿態而提出，下文就是刪削舊稿而成。

在咸豐五年改道以前，黃、淮的溝通直可追溯到有史文記載的初期，或更再上溯不知若干年，它倆的匯口或在淮的中游或在淮的下游，關係本來很密切的。據古代紀錄，除去屈指可數的幾度大決之外，黃河並沒有怎樣搞亂淮河的水系，其搞亂實始於元而酷於明、清，內裡本帶著不少人為的原因。經過八百年的災難，江淮之人對黃河就感情很壞，大有市虎相驚的神氣，這也怪不得的。

在未提出我的管見之前，先得說明我並未實際做過黃河的工作；可是我所根據的理論，也並非完全出自空想，而是從幾千年來黃河自然的趨勢和前人治河確有成績的經驗，觀察出來的。而且它能夠切合中國現時的經濟條件，不需要怎樣偉大的工程，那麼，我們多做一點防洪預備，總會多一點好處。

這項管見，大致說來，是「有限制地減黃入淮」。或人問我，淮系被黃河侵占，將及七百年，幸而銅瓦廂改道，黃、淮分家，正是一件欲求不得的好事。最近，政府透過千百萬人民的勞動、血汗，治淮快要完工，你卻提出分黃入淮，不是無視大勢而且是極之冒險的計畫嗎？我們須知黃是淮的一個鄰

人，同時也是一個敵人，如果不將那個鄰而兼敵的黃河，安頓妥帖，淮總不能有一刻安枕無憂的。明人「治河即以治淮」的口號，依我看來，目下還十分適用著，不過含蘊的意義不同罷了。本不相通的伏爾加和頓河，蘇聯已連線起來，互通運輸，引沁入衛，明人反對的很多，[426] 現在卻已完成引黃濟衛；何況黃之分流入淮，向來多是自然的而非人工的呢。

　　李協說：「今之歐美治河者，大抵宗自然之論。……然所謂自然之論，非捨棄科學，乃正需科學以闡明自然，因乎自然以改良水道。所謂自然者無他，即《孟子》所謂水之道，而今之所謂水性也。」[427]《黃河變遷史》經過全部整埋之後，我開始感覺得黃河確有向東南分流的自然性，故將一部分暴漲減向淮系的提議，是順水之性而不是逆水之性。

　　李氏又說：「故善治河者在與河以機會，使之自治，非箝制束縛之也。」[428] 將暴漲減入淮系的提議，即在黃河脫離束縛後的第一個關頭，再給它自治的機會而不是加以箝制。

　　我說前人確有成績的就是東漢王景，讀過歷代河渠書志的可說無人不知，但得力在什麼地方？從來很少人搔著癢處，這是治黃而不能深入了解黃河變遷史的一個大諷刺。景以永

---

[426]　《明史》八七。

[427]　同前引《科學》七卷八九五頁。

[428]　同上九〇三頁。

平十三年（七〇年）治河功成，《後漢書》一〇六本傳記載得很簡單，只說：「十二年夏，遂發卒數十萬，遣景與王吳修渠築堤，自滎陽東至千乘海口千餘里。景乃商度地執，鑿山阜，破砥績，直截溝澗，防遏沖要，疏決壅積，十里立一水門，令更相洄注，無復潰漏之患。」又同書二《詔書》只稱「今既築堤理渠，絕水立門，河、汴分流，復其舊跡」。後人批判的遂各立一說，有以為急於漕運，[429] 有以為使民隨高而處，[430] 有以為用長堤間隔河、汴，河得以束水攻沙，[431] 似乎都未找出王景成功的祕訣。

經過王景施工，八百多年，黃河並未鬧過什麼大亂子，直至唐景福二年（八九三年），始從千乘改向較北之無棣入海。[432] 從這來推測，景的遺跡，唐代仍當多少存留。今考後漢乾祐三年（九五〇年），盧振請沿汴水訪河故道陂澤處置立斗門（斗又寫作「梪」、「竇」、「陡」，意義相同，廣義即是後世之「閘」），水漲溢時以分其勢；[433] 宋太平興國八年（九八三年），視河官請於滑、澶二州立分水之制，節減暴流，一如汴口之法；[434] 又

---

[429]　《錐指》四〇下。
[430]　同前引《科學》七卷九〇一頁。
[431]　《水利史》一一頁。
[432]　《錐指》四〇下。
[433]　《圖書整合・山川典》二三〇引《河南通志》。
[434]　《宋史》九一。

元豐六年（一○八三年）都提舉司言，今近京唯孔固斗門可以
洩水下入黃河，[435] 大約都是所見或所聞的漢人遺法，也就是
說，五代、北宋的人尚能知曉汴渠有分減黃河暴流的作用。王
景之水門洄注，最要是使汴跟黃的水量增減，能夠隨時互相調
整。元祐四年（一○八九年）梁燾奏：「聞開汴之時，大河曠歲
不決，蓋汴口析其三分之水，河流常行七分也。……既永為京
師之福，又減河北屢決之害。」[436] 他說得不錯。汴、濟都是無
源之水，整理好汴、濟而黃河便得安堵，那不是靠合理的分洪
靠什麼？但附帶著就起了減少正流泥沙的作用。[437]

　　現在再來談談減黃入淮的理由。光緒年間修的《曹縣誌》
七：「大抵漢唐以前，河、濟、汴三水分流，各有歸圩，五
代以後，三水合一，無所容受，是以歷年沖決坍沒，氾濫洋
溢。」歷史事實正好用來說明理論。由東漢到六朝前半葉，黃
河的分流有濟、汴，濟之北大支自行出海，南小支會泗入淮，
汴除本系會泗入淮外，中途再分入穎、渦和睢，在中國歷史中
分流最多而廣的時代，黃河偏偏最安靖。後世談治河的卻不求
甚解，認為黃河斷不可分，那就因不深入研究黃河史，所以理
論跟事實相背馳。

---

[435]　同上九三。
[436]　同上九四。
[437]　參《再續金鑑》一五八引劉鶚《治河續說》及前文第八節注 102。

我急要鄭重宣告的，分減當然不是隨處可以適用，王景成功的地方，完全在分減於上游。陳潢《論審勢》說：「重與急之患，又非即於患處治之也，必推其所以致患之處而急圖之。……如有患在下而所以致患在上，則當溯其源而塞之，而在下之患方息。……又有患在上而所以致患者在下，則當疏其流以洩之，而在上之患自定。譬如困賊於圍中，而不開一面以分其志，以緩其憤，則將激其必死，一旦潰圍而出，不可收拾。……勢之為言亦不一，有全體之勢，有一節之勢。」[438] 上游來勢很凶，力足以牽動大局，那就是全體之勢。黃河剛從豫西峽谷被解放出來，正要度著它的放浪自由生活，一不如意，就摧毀了人工的、軟弱的拘制而任意胡行。比方黃河奪潁或奪渦入淮，並不是非這樣不行，但南岸既被沖破，水勢自然向那邊轉進。如果不在上游分流，洩其憤怒，那就無異乎困賊於垓心，逼令潰圍。因此，釜底抽薪的方法仍應用之上游，只謀下游的疏解，直是遠水不能救近火了。李協說：「今後之言治河者，不僅當注意於孟津 —— 天津 —— 淮陰三角形之內，而當移其目光於上游。」[439] 張含英說：「治下游所以防患，治上游所以清源。……能於上游攔阻洪水而下游增固堤防，則漫溢沖決之患自免矣。」[440] 王景治河的成功，即在注重上游，以分流

[438]　《續世文編》九八。

[439]　同前引《科學》九〇五頁。

[440]　《治河論叢》三二頁。

來宣洩，用意也是攔阻洪水，兼顧下游。至如朱熹所說，「下面之水既殺，則上面之水必洩」，[441] 那只可適用於平時，不可適用於突變的洪漲。

　　一方面由於黃河分流入淮，確有過二千多年不斷的歷史；另一方面由於了解了王景的成功，實在整理上游的汴、濟，我所以建議在豫省中部分洪入淮，即以這兩項為重要根據。同時，也因為這樣子辦，才可以消除其暴漲的威脅，根於此一觀點，分洪當然越近西邊越好。但滎澤以上，北岸都無可分的尾閭，汴渠又早已消滅，所以我要在南岸的賈魯、惠濟二河打主意。

　　乾隆四十九年（一七八四年）阿桂的《豫境河道難建減水壩疏》稱：「豫省黃河，自滎澤下至虞城，計程五百餘里，堤長共九萬四千三百丈，向無分洩之路。……今查豫省堤工，滎澤、鄭州境內土性尚堅，距廣武山甚近，堤頭至山腳一千四百餘丈，其無堤之處，遇黃河水勢長至一丈以外，即由山腳漫灘，歸入賈魯河下注。……其堤南洩水各河，除睢水河久經淤塞，唯賈魯河一道是洩水要路，發源於滎澤縣之大周山，由鄭州、中牟、祥符、尉氏、扶溝、西華等州縣，至周家口入沙河，自沙河經裔水，入江南太和縣境，至正陽關淮河，歸洪澤湖。其

---

[441] 《錐指》四〇下引。

又惠濟河一道，即賈魯河之分支，歷中牟、祥符、陳留、杞縣、睢州、柘城、鹿邑，入江南亳州境內之渦河，可達淮河，亦歸洪澤湖。此二河離黃河大堤，自十三四里至四五十里不等，綿長數百里至千餘里不等，現俱窄狹，間有淤墊，如須減黃，必須大加挑浚。」[442]

細讀這段文章，我們首先見到清代雖沒有明文規定減黃入渦、入潁，而實際確有那一回事。其次，這事不過偶然一提，可惜的是不再作深入研究，付諸實施，也許實施之後，於清代的河患，能夠有多少補救。回頭再說正文。那二河既逼近黃河，挑挖二三十里的接通新道，實際無甚困難。現時雖沒有汴渠，然而這二河就是往日汴的分流所經，減黃入賈魯和惠濟，跟舊日分黃入汴，並無不同之處。

武同舉說：「開封上下二三百里間，以南岸為最險，最險地域，安可分流？設如立壩，開壩減水，勢必崩潰。即不崩潰，淮胡能受？」[443] 這些話似乎言之成理。首先要辨明的，我所提的只減暴漲部分之水，不是隨時分流，則第一點可不必論。減水壩的方法，古今中外都曾應用，未聞開壩必會崩潰。而且現在所提的減水閘，隋、唐、宋行之數百年，何嘗鬧過奪流的大變？則第二點實屬過慮。下游洪澤存水若干，往日探查

---

[442] 《經世文編》一〇〇。

[443] 《治河圖說》一二二頁。

須時，現在電信剎那即達，同時淮水流域各地的雨量又可隨時報告，可能減水多少及抵達下游所需期日，都能夠立刻計算出來，第三個疑點尤不難以人力克服。我們試問，為什麼南岸最險？不是黃河有趨向那邊的自然性嗎？如果不錯的話，我們就不該完全攔阻著它，應給它以多少自行其道的機會，光和它作死對頭，打硬仗，是費力而不討好的。

　　一般人所謂南岸最險，大致不外如張含英所說：「河南一段河身甚寬，河挾泥沙而至，必淤澱於斯，[444]河流必極散漫，洪水一來，則生危險。故黃河六大變遷決口之處，皆在河南東部。」[445]不過六大變遷皆在豫東之說，實有誤會。胡渭所標黃河五大變，包含著許多錯誤，我已有別文論及。明弘治七年一次斷不能算作河徙，王莽始建國三年及宋仁宗慶曆八年兩次都發生在舊日河北省地面，不屬豫東，只有東周、金大定（約大定二十年，不是明昌五年）和清咸豐那三回，才算大變，發生於豫東區域。我們更須知黃河大變遷常在豫東，幾乎是必然性（那就是前人所說的「豆腐腰」）。黃河出口只得渤海和黃海兩途，譬如由渤海移到黃海，或由黃海轉入渤海，當然屬於重要

---

[444]　一九二九年陝縣之最大含沙量為百分之二十二點六二，開封為百分之三點八二，張氏據此，認為大部之沙必盡澱於河南（《治河論叢》第二四三頁）。張氏後來又猜想陝縣全年平均含沙重量為百分之二點〇二，濼口為百分之一點〇六，其差即盡沉於兩地之間（同上第九四頁）。

[445]　同上第二二〇頁。

的變徙，然而渤海與黃海的中間，被山東半島各山脈所隔絕，黃河是沒法通過的。因之，它出了豫東之後，要從北向南，就只有鉅野那一條路，漢武帝元光三年河決瓠子（今濮陽北），東南注鉅野，通於淮、泗，即從這條路經過。反之，它要自南方轉向北方，也不外道一條路，舊時濟水的正道，即從鉅野北出壽張。黃河如再進至冀中或蘇北，它的變動範圍，越受自然條件所限制。始建國三年的變動，河口是自今天津附近南移到魯北，又慶曆八年的變動，河口是自魯北徙向今天津附近，都在渤海的範圍，並不是渤海與黃海的出口交換。我們由此更覺悟得黃河重要變遷之常從豫東發動，純受地文環境所規定，與河身之寬，泥沙之澱，倒無多大相關。這些黃河變遷動因的認知，極關緊要，因為在汴渠一千五百多年的歷史當中，浚、滑以西，黃河並未闖過大亂子，同時也並沒有因分流之故沖入汴渠而造成普遍災害的紀錄。我們由此推理，不能不認汴渠之存否，與黃河南決有密切相關，如果減黃入賈魯、惠濟來替代汴渠，未見得是冒險。假使認為冒險，難道漢、唐、宋的長期經驗還不能作保證嗎？《漢書・溝洫志》曾載賈讓的話，他說：「議者疑河大川難禁制，滎陽漕渠足以卜之，其水門但用木與土耳。」古人治水的技術、工具，平均標準較低，行之數百年尚未出過岔，難道二十世紀科學昌明時代，還不能作有節制有限度的洩黃而保證其安全嗎？我尚未進行科學調查，不敢據片

面的認知斷定（參看「導言」），強調黃河有一半偏向東南流的特性，然如最近莫爾札也夫所說，「A.H. 科茲洛夫在他《卓越的中亞游移河》一文中，已經提到羅布泊變遷的原因在於孔雀河始終要向東流這個特性。羅布泊後來的歷史已經證實了這預言」（《地理知識》一九五五年十一月號三四一頁），是川流中可能有偏向某方流的特性的。

　　張含英的大旨是不主張分水，但他卻又說過：「（民國）十八年之最大流量，開封、灤口較陝縣為小，其間且有汾水[446]及伊、洛各河之流入。十八年之平均流量亦然，即泥沙量亦復如是。八年最大流量，陝縣亦較灤口為大，且亦無決口之事發生。於此可見河南一段河身之寬，已作蓄水及澄清池之用，其影響於治河者如何，是堪注意者也。」[447]河寬已能發生這樣的影響，上游能夠再減洩，則有益於下游更可知。況據張氏調查，鞏縣大水時，洛水受黃河倒灌至黑石關，約五十里，[448]武陟西的漭河，有黃河一部分的水流入，夏季黃、漭不分，[449]再東為沁河，也曾受黃河倒灌的影響，[450]在河道逐漸放寬，還表現那麼嚴重

---

[446] 「汾水」或是「沁水」的誤筆。

[447] 《治河論叢》一〇一頁。

[448] 同上二四八頁。

[449] 同上二四五頁。《圖書整合・職方典》四一八記灉水的一支，「自莽山來，或呼為莽河，俗作蟒」。又《金鑑》一六一引周洽《看河紀程》稱，白漳水即灉的一支，自莽山來，或呼莽河。漭河即舊日的莽河，也就是現代濟水的南派。

[450] 同上《論叢》二四四頁。

的現象，正說明宣洩以越西為越好。河患「若一發決，即為害江北」[451]，治黃即以治淮，那麼，用淮救黃是很應該的。

有人提出異議，說長垣已有溢洪堰，豫備分減暴洪期內多餘之水，犯不著在南岸最險的河南，再來一個分減，以免發生意外。這一說也言之成理，但從黃河的歷史和近世討論治黃的各家言論來看，黃河北岸也不見得沒有險處。早在光緒十一年，延茂已奏稱：「泰山之陰，南高北低，愈淤則北愈下，設一旦奪運河而趨天津，合之直隸七十餘水，同一尾閭，倒灌之患，不堪設想。」[452] 辛亥革命之後，提出相類的意見的倒還不少，李協說：「昔河奪大清，深入地內，今則復現牆頭行舟之狀，若不根本圖治，奔突潰決，不南病徐淮，即北犯冀州。南則皖蘇之災，不堪設想，北則天津商埠，將成澤國。」[453]《歷代治黃史》六說：「設在上游北岸潰決，必奪北運而直趨津沽，南岸潰決，必灌汶泗而禍及江淮。」又《淮系年表・水道編》說：「綜之，豫燕魯三省黃河，斷無久而不變之理，北徙南徙，皆在意中，北徙奪運，必達天津，南徙奪運，必達江蘇與淮接，如南徙奪渦、潁、睢，一則直接奪淮。」是北徙和南徙同有一樣的可能。長垣溢洪堰至東阿陶城埠才歸入正河，

---

[451]　同上二四三頁。
[452]　《光緒東華錄》八〇。
[453]　同前引《科學》九〇〇頁。

要通過濮陽的南邊，濮陽恰是北徙必經之地，就整個國家的利害而說，我們要照顧南方，跟同時要照顧北方是應該一樣看待的。此外，聽說長垣溢洪堰的應用年度，是頗為短期的，[454]如果它已失效而上游的攔淤、蓄水的工程還未完成或尚未充分發生效用，則我們多作一個救急預備，對河患那樣嚴重影響於國家和人民經濟的，不是浪費而是必須。還有一層，長垣溢洪堰所通過，當然有些是串溝遺址，但並非歷史傳下來不可缺少的川流，不拿來做溢洪堰，盡能利用做耕地，以增加生產的。賈魯二河可就不同，它有它的長久歷史，它擔負著那方面的排水工作，平時缺少不了，我們只求借它來分擔一種它可能擔負的任務，不是浪費地面，更不至於妨礙生產。兩相比較，減黃到賈魯二河，可以救豫中之急，減黃到長垣溢洪堰，可以救豫省極東端和冀、魯之急，各有其作用，兩不相妨，算不得是多餘的工作。張昌齡曾說，從孟津以下進入平原，河道加寬，如伊、洛河不發生洪水，由陝州而下，洪峰應逐漸降低，一般在陝州的一萬至一萬二千秒立方公尺的洪水，到灤口時，可減低到七八千。[455]那麼，洪峰到長垣當然不比滎澤那麼高，亦即是長垣減洪已比不上滎陽那麼吃緊。我們對防洪最好是多備些抵抗工具，一關之後，繼以二關、三關，就使有主要、次要之分

---

[454] 《地理知識》一九五二年十月號二五九頁稱，只能用十餘年。
[455] 《科學通報》一九五三年七期二五頁。

別，次要也是不可忽略的。

或者又說，北岸已有沁黃滯洪區，地點不相上下，豈不是具備同等的效用？按沁黃滯洪區的界限怎樣，應用怎樣，我手頭沒有絲毫資料，無從比定，相信是在沁水口附近，可無疑問。如果不錯，則與引黃濟衛區域相隔很近，後者會不會受到它的影響？論到尾閭，沁黃滯洪區是沒有的，如果一時滯水太多，能不能夠作安全保證？北岸滯洪的生產損失似總比減入賈魯二河為大，不從南岸著想而從北岸著想，大概也是挾著擾亂淮系的害怕，但我覺得那是不必要的。

所顧慮的，黃河水多帶泥沙，會有人提出清代嘉慶末年「毛城鋪以下之洪灘河，太谷山、蘇家山以下之水線河，均已淤成平陸」[456]，來作嚴重的教訓，那豈不是大有礙於已成的治淮工程？按乾隆二十六年七月河決中牟，分入渦、淝，裘日修奏，「黃水至潁、亳已無甚泥濁」[457]，即是說，泥淤多已墊於渦、淝的上游，不至侵入淮河正幹。我們雖不強調那個例子，但依近代治河的理論，減和決不同，減水的勢緩，浮泥很易沉澱，則裘氏的話不會大錯。總之，我們治河的希望，只求勞動、財政做到最高限度的節約，並非要求不勞而獲或一勞永逸。唐代宗時，劉晏寫給元載說：「河汴有淤，不修則毀澱，

[456] 《經世文編》一百《黎世序疏》。
[457] 《續金鑑》一四乾隆二十六年九月。

故每年正月，發近縣丁男塞長茭，決沮淤，清明桃花以後，遠水自然安流。」[458] 宋人治汴淤的詳情，也有《宋史》九三可供參考，尤要的是，大中祥符八年（一○一五年）定令汴河淤澱，每三五年一濬。這裡對前文必須作重要補充的，我們表揚王景治河的成功，並不是說經過他的施工，後世就七八百年坐享其成，在這長時期當中，南北朝及唐、宋仍需要人民無數量的血汗勞動來繼續支持著王景的功勞，只是他最初抓緊重點，給後來作一個好的成規而已。

依同樣的理由，分減黃河入賈魯、惠濟，淤澱是必不可免的，我們並不否認，反而以為這樣一來，於正河淤澱問題，也未嘗無所補救。黃淤既多停留在豫東，而豫東河面寬廣，挑浚較難，現在把黃河暴漲的一部分，也是週年攜淤最多的部分，分到賈魯二河，使淤的面積變成長狹的線形，等到每年淺涸時期，截斷進水，施行挑挖，那麼，關於人夫的徵發，施工的分段，挑出來的泥沙怎樣調撥，怎樣利用，以冀壅沿岸的田畝，都比之挑挖黃河正幹，便利許多。沈夢蘭《五省溝洫圖說》稱：「每歲須挑淤三五十尺，二不便。然河淤足以肥田，故並河淹地，年來多得豐收。今東南種地，冬春必薾河泥數次以冀田畝，以間時三五日之功，而獲終歲數倍之入，實二便也。」[459]

---

[458] 《舊唐書》一二三《劉晏傳》。

[459] 《經世文編》一○六。

恰可借來說明分淤於賈魯二河之有利。

　　減流入賈魯、惠濟二河，除灌溉、航行外，更有一項好處，就是可以減少凌汛的災害，為前人所沒見到的。凌汛多在二月（如一九五一年利津王莊之決），汛期較短，含沙量幾是全年中最小的時候，流量甚小，流勢也緩，[460] 它何以會釀成災害呢？據張氏的解釋：「黃河流域氣候不同，其在潼關約為北緯三十四點六度，東行，出河南境則轉向東北，海口約為北緯三十七點九度。故河中冰解之期，斷難相同。河南冰解則順流而下，將近海口則天氣嚴寒，朔風緊吹，冰尚難溶，而所來之冰塊勢必壅積不下。且或重行凍結，因之阻止河流，水位逼高，時有泛溢之患」，「設堤不堅固，經此漫溢，或即再生潰決之險」。[461] 張氏因謂「若能將此量之一部引導他流，則凌泛之險，可以安然渡過」[462]。現在利津的溢水堰，固可替下游減去危害，但上游如有賈魯二河分流，實際更可多一度攔阻。這二河的最北極端，都在三十五度以南，下游更繼續向南流去，泛水進入，不會再度冰結。張氏從前所擬引用的徒駭河，[463] 上源在三十六度之北，以後更向東北流，比較似不如賈魯二河之穩當。揣測張氏不敢提賈魯二河的原因，常為那時淮系受病

---

[460]　《治河論叢》一七九頁。
[461]　同上及一七六頁。
[462]　同上一八三頁。
[463]　同上一八五頁。

已深，恐怕分黃入淮，越增加淮系的痛苦，現在可不同了。在政府領導之下，淮系整治快報成功，凌汛時候，黃河含沙量甚少，淮系各支源也在低水位季節，即使分入較多之水，不會發生什麼大害，我提出這一項意見，算不上冒險吧？

其次，道光二十三年的最大洪水量是因黃、沁同時並漲，結果經中牟向南洩去（見前十四節下），先從滎澤減水，就可避免其下沖中牟，總可算應付最大洪水辦法之一。

又其次，溢洪堰的應用，現時還有缺陷的，比方東平湖滯洪區可分洪三千秒公方，但據說，「去年只用過一次，進洪口和出洪口都立刻發生了嚴重的淤塞現象」[464]。我們多作些意外之備，也不見得毫無益處。

更從經濟和交通來說，河、淮轉輸，自春秋前起至咸豐改道止，幾乎未有斷絕過，歷史足計二千多年。蘇聯本不相通的窩瓦河和頓河，也連線起來以利轉運，我們原有通運很久的河、淮，反要把它堵絕，豈不是一件極其可惜的事！引黃濟衛原以利便中北兩部的經濟交流，減黃入淮更可以利便中東兩部的經濟交流，如果減黃入賈魯二河，與引黃濟衛的進口相去不遠，再把它倆聯接為一起，便構成北、中、東三部的一條大動脈，可代替著明、清的南北運河。簡單地說，濟衛不怕冒險，

---

[464]　一九五五年八月八日《南方日報》，《華山、黃河大堤》。

難道減黃入淮偏生是冒險嗎？

　　最後，本篇的結論是：黃河的特殊性在暴漲及多淤。兩事比較，暴漲是急性的，可以使黃河改道，破壞力很大，但能躲過一時，便可平安無事。多淤是慢性的，不斷地累積，結果也可使得黃河改道，人們對它的警惕很少，其實就長期來論，它的破壞力量比暴漲更大。從另一方面來看，黃河出事的時候，可能北侵，也可能南侵，不過依歷史統計所指示，南侵的機會特別多，我們的防禦應側重南方。魯之裕曾說：「蒗蕩渠即大禹所闢以通淮、泗之路者，河至是借淮以相為疏理，河、淮之合，從來舊矣。」[465] 黃既可常為淮患，那麼，保黃即以保淮，借淮保黃是很合理的事。潘季馴誰也知道他是極力反對分黃的，可是萬曆六年他上的奏疏也說，「若令河決上流，固宜用疏」。我們趁上流未決而用疏，又是合理不過的。關於處理沙淤的方法，除植林、谷坊等之外，攜帶下來的淤，最好不任它停滯在一點，尤其不令輸送到下游及近海的地方，以便於清除及利用。綜合這幾個觀點，我所以提議在臨時防法措施當中，為萬一之備，減黃到賈魯、惠濟二水。減水之法，大致是仿古代汴口石門的例，應用閘門管制，有效調節。當黃河上游快要暴漲或凌泛開始時，如淮系不同時暴漲（現時淮河已有水庫，

---

[465]　《經世文編》九七。

這似不成問題），即先縮小存底，把原來流量的一部分，宣洩到減河裡去，迎頭打銷其怒氣。現行黃河與這二河上源相隔不過數十里，工程不會很大。這樣做法，一可以消弭意外暴漲的威脅，二可以削低凌汛之危險，三可以減輕黃河正流中、下游的淤塞，四可以避免洪水同由一道出海，五可以免除一部分占用地帶之浪費。至於分河所積的淤，則規定每年趁低水位時候挑挖，作為減河沿岸田畝的加肥。這個辦法，即使現在不辦，將來三門峽水庫築成後，黃河的泥淤大部肅清，到那時候，黃、淮二千多年的轉運成績，似不能終久廢棄不復，現時先辦，固可以備不虞之急需，也可以替兩河溝通打下基礎，不至於廢而無用。所略為躊躇的，黃河整個水量本來不敷，把它減了一部，似乎不能達到盡量利用的目標，然而事情的重要與否自有其後先位置，碰著水勢緊急可以發生大災害的危險，則利用問題已擺在次要地位了。這些不成熟的意見，是否適用於目下的實踐，那就需要身上河防前線的同志來討論及決定。

▍二、河源問題

　　一九五三年《新黃河》元二月號刊出《黃河河源查勘報告摘要》（下文簡稱《摘要》），當時董在華先生曾向我徵詢意見，我於三月下旬曾覆他們一函，並附《河源查勘報告對於舊日記載

的可能比定及其討論》一篇，函文如下：

一、逆敘固然是根於實際行動，但「左」、「右」字樣一時或易誤會。此次難能可貴的探查，不只與治河有關，抑亦可供全國各等學校講授地理之根據，希望再寫一短篇，從河源起順敘而下（適合於往日習慣），只把各支源流及其要點揭出；另附一草圖（大小約如《新黃河》全頁），把重要地名通通記入（原圖有漏略），未實測者繪虛線。只就全國史地授課言，已獲益甚巨，更不必論及治河計畫矣。

二、中國研究之通病，往往古今不能打通，各自成一套。康熙間及乾隆四十七年阿彌達之探查，雖屬草率，其成績究不能抹煞。唯是他們當日的嚮導似是蒙古人，地名幾全用蒙語，此次的嚮導是西藏人，地名幾全為西藏語，因之，事實上極難兩相比定。將來如有再次探查，能夠添覓外圍的蒙人（而且事先準備好）嚮導，是最所希望的事。所因那些地方平日人跡罕到，臨時覓請，是否完全可靠？亦許偶然編造些地名，強不知以為知，即如「喀喇哦尕拉著馬」說是「白臉女神」（原七頁），但蒙語「喀喇」是「黑」，這就是可疑的一例（我不懂藏語）。總之，地名的真確，或需要多一兩回的比驗，不可遽作斷定。

三、因之，在正式寫定時，關於札陵、鄂陵兩名，似乎還依照舊日的排列，只於每個名下頭記著這回考查的不同，較

好。一則免發生凌亂，二則康、乾經過兩回考查，一回的考查未必即能把它打消，而且還許經過一二百年後，藏人或把它顛倒過來，因為據舊日的解釋，這兩個名字的意義是很相近的。

四、調查得的藏語名稱，除已有解釋的之外，是否都沒有意義，這一點似乎應作相當的說明。又那些地方恐怕不止一種方言，《西藏圖考》六說「黃」曰「謝布」或「溫布」，我不知它是否藏語。

五、關於譯名的還有兩點小意見：

（1）「左謨」、「左謨雅朗」、「左謨馬朗」之「左」字，或改作「佐」字，因為不加引號的時候，便容易與「左右」之「左」相混。

（2）「扎合拉各之古」（三及八頁）、「約古扎哈拉各之古」（六頁）及「約古支哈拉各之古」（圖），「喀喇哦尕拉著馬」（七頁）、「喀喇哦尕拉左馬」（一八頁）及「喀喇哦尕左馬山」（圖），又「左謨雅朗」及「左馬雅朗」（第八頁），似均應改從一律。

討論一篇原文約三千多字，不再贅述，這裡只講重點。篇首說，沒有康熙、乾隆兩朝內府圖檢對，時間匆促，案邊只得《水道提綱》、《河源紀略》兩書，據齊召南自序，其書寫成於乾隆辛巳（一七六一年），已追溯到阿爾坦河及噶達蘇七老。自序又說，他的本據是康熙內府圖。「乾隆帝為要表現他的天才，

修《河源紀略》的人便阿順意旨，牽入別的問題，指摘齊氏誤以巴顏喀喇山為崑崙，『加以臆測』、『考核未精』，硬把前朝的成績一概抹煞，專制帝王對於他的『聖祖』還這樣不客氣地來爭功奪名，那無怪一般人民的收穫都被他剝削淨盡了。」以下的比定，分為八項：

(1) 河源

阿爾坦或阿勒坦即突厥和蒙古語 altan 的音寫，摘要說藏人叫星宿海以上為「馬湧」，「馬」是「黃」，「湧」是「灘」的意思（八頁），名義大致相同。

《摘要》說，「約古扎哈拉各之古」「在各山頂上有突出的灰白色岩石露頭，高十餘公尺，在東邊山上露出的白石，遠望似幾個白色帳篷搭在山上」（六頁）。又周鴻石說，約古宗列四周的山不甚高，「僅在其北面有四個白色岩石露出的山頭」（同上五〇頁）。好像跟高四丈的噶達蘇七老峰有點相關。唯流泉百道的天池是否真實現象，還待查考。

噶達素齊老山或是現在的「喀喇峨・尕拉左馬山」的疑問（《摘要》一八頁），可不容易成立，因為《紀略》卷二的《阿勒坦郭勒重源圖》把前者繪在星宿海的正西，跟「雅達拉達合澤山」的地位相同，後者據現圖卻在星宿海之南，很難把它倆拉作一起。一七九八年松筠著《西招圖記》前藏至西寧路程有如

下的一段：「……巴彥哈喇，右九站是西寧屬之玉舒本番目游
牧。噶嘎，喇嘛託隆谷，噶達蘇赤老（黃河源見此一帶），噶爾
馬湯，右四站是西寧屬之番目那木錯多瑪游牧。」巴彥哈喇即
巴顏喀喇，噶達蘇赤老即噶達蘇齊老，可見這個名稱在二百多
年前頗為通行。

「據說黃河的水從地下經過，流入約古宗列渠」（《摘要》
六頁），這也許是某些地方的實在情況，也許是理想的傳說。
在西伯利亞、中亞、西亞和外蒙古，很古以來都有同樣的傳說
（見本書第二節）。

(2) 星宿海

地理圖上把它畫成一個小海子（《摘要》一八頁），那只是
近年的粗製品，比如前引《紀略》的《重源圖》和武昌的《一統輿
圖》都用許多圈兒來表示，甚而童世亨的圖，也表現為湖泊群。

(3) 查靈海或扎凌淖爾

藏人稱作「錯鄂朗」，「錯」即「湖」，「鄂朗」即「鄂陵」的
音轉（《摘要》一八頁）。按名稱調換，在地理考古上也會偶然
碰見，《紀略》一二說西番語扎凌，黎明之象，鄂凌為晨光，
那麼，兩名意義很相近，是前人調查錯誤抑近代傳訛，還待
考定。

(4) 鄂靈海或鄂凌淖爾

藏語叫「錯加朗」,「加朗」即扎凌的音轉(《摘要》一八頁),說見前條。《摘要》又說,聽見繞錯加朗一周須要三馬站(一馬站等於四五十公里),錯鄂朗要兩個半馬站(一八頁)。據《紀略》二一,鄂凌淖爾「東西一百里,南北八十里」,扎凌淖爾「東西長百里,南北廣四十里」,兩湖的大小比較,尚屬相近。《提綱》稱鄂靈海形如匏瓜,與《摘要》稱錯加朗略呈三角形(四頁)相符合。

(5) 喀喇渠

《摘要》說這渠從右岸流入黃河的正流,它本身又有支流瑞馬渠出自巴顏和欠山及瑞馬山之間(七頁)。按此渠即《提綱》所稱從哈喇答爾罕山(答上或衍「阿」字)北流來之支水,「哈喇」(qara)是「黑」,蒙語「答爾罕」(darqan)本自突厥語的tarxan(唐譯「達千」),繫帶兵首領的官銜。《提綱》說:「阿爾坦河東北會諸泉水,北有巴爾布哈山西南流出之一水,南有哈喇答爾罕山北流出之水,來會為一道(土人名此三河曰古爾班索爾馬)。」古爾班(gurban)是蒙語的「三」,索爾馬就是《摘要》的「瑞馬」。

(6) 多渠

《摘要》說，自右岸匯入（五頁），「渠」是藏語「河」的意思（十八頁）。按《提綱》，黃河自查靈海東南流出，「五十里，有一水合三河自南來會（一曰色納楚河，一曰多河，俱出查克喇峨山北⋯⋯）」，多渠無疑就是多河，唯多渠「入黃河的位置在鄂陵湖以下約十公里」（《摘要》七頁），比「五十里」相差頗大，也許關於扎凌湖的盡點，各人看法不同。查克喇峨有點像是《摘要》的「喀喇哦尕左馬」，不過多渠上游還沒有踏勘，尚待證明。《紀略》不見「多河」的名目，應該相當於它的「灰福（又作「胡」）爾巴彥哈拉嶺水」。

(7) 直合拉個渠

《摘要》說「左馬（譯）雅朗」匯入了黃河後，這渠從左岸流入黃河（八頁）。按《紀略》一二，在黃河未到星宿海之先，「有齊克淖爾水正南流屈曲來注之」，齊克淖爾，《提綱》作「七根池」，「直合」和「齊克」我以為是同語的音轉。

(8) 括魯公喀魯峰及巴顏和欠山

峰在星宿海下口的左面，山在海的右面（《摘要》六頁）。據《提綱》稱，星宿海眾山環繞，有布呼吉魯肯山、巴彥和碩山等；布呼吉魯肯即拉錫的「布胡珠爾黑」，《武昌圖》作「布呼

集魯肯」，位置在海的東北即下口的左面，「吉魯肯」跟「括魯公」似是同語的音轉。巴彥和碩山，依《紀略》一二是在南邊，它說：「蒙古語，巴彥，富厚也；和碩，喙也」，就是《摘要》的巴顏和欠了。巴彥，舊史常作「伯顏」，即 bayan 的音寫。

以上八項比定，相信不會大錯，此外還有兩點可以提供參考。

(9) 左謨馬朗

這條河從「左謨列世澤」東面的山溝向東北流到馬湧灘上（《摘要》七頁）。按《武昌圖》，星宿海西南有「朗馬隆」支河，字面有點相像，位置亦大約相當，是否同一，還待證明。

(10) 哈姜鹽池

在黃河沿的西北，黃河的南岸（《摘要》附圖）。按《紀略》一二，河水出鄂凌淖爾後，「東流五十里至值爾吉巴……過此折東南流，其南有一淖爾水相望，不入河」，這個無名的淖爾很可能是指哈姜鹽池。

以上是討論的概略，五月中旬得《新黃河》編委會覆函，屬我送別的刊物發表，我覺得已向當事人提過，也無發表的必要，就把它擱下。到同年七月，董氏在《科學通報》發表了《黃河河源初步研究》一文，讀了之後，又得趙世暹兄把徐近之的

文抄寄，我於一九五四年春初寫《隋唐史講義》時再補充了一點意見（油印本交流講義一七一一一七二頁），現在也只記其大要：

（1）《新黃河》編委會的同志似不認「馬湧」為阿爾坦河，我據徐氏抄錄臺飛的概圖，仍以為阿爾坦郭勒（Altan.Gol）與馬湧地實相當（但那時我還未明白阿彌達所到的阿爾坦河與《提綱》的並不相同，故辨論之處，未得要領）。

（2）康熙五十九年上諭：「西番謂之梭羅木，中華謂之星宿海。」（徐氏文謂，黃河上游蒙名索羅馬「Soloma」，是蒙名或藏名，待考）徐氏引臺飛，「星宿海藏名喀爾瑪塘（Karma Tang），意謂星之平原」，而《摘要》卻稱，「星宿海藏名錯尕世澤」（六頁），三說不同，可見名稱問題，須再三複核。

（3）查靈又寫作扎凌、扎樗或薩陵，鄂靈又寫作鄂凌、鄂樗或鄂陵，潘昂霄的「阿剌腦兒」似是二澤同名，原語應為 Ala Nor（今蘇聯齊桑腦兒南邊也有 Ala Kul），與鄂凌無關，董文以為「當時叫鄂樗諾爾」（十六頁），言音並不相對。董氏又認舊日的名字可能顛倒，引吳景敖、彭漢宗兩家的談話及私函作證（二〇頁），充其量僅能證明近年藏人確如此稱呼，不能證明數十年甚至二百多年以前的紀錄都屬錯誤。而且，外人曾到其地的有俄人蒲瑞哇爾斯基、科茲洛夫及喀士納可夫，德人費

士勒及臺飛，何以都沒有異議？費士勒說，蒙語又稱扎凌為瑟克淖爾（Ceke Nor），意為「透明沙岸」，鄂凌為瑟格淖爾（Cege Nor），意為「透明水」，又「Patermanns Mitteilungen」稱扎凌的藏名為 Tso-tsarag，鄂凌的藏名為 Tso-tsoora，Tso-tsarag 跟「錯加朗」顯然同名異譯，最可注意。其次，「透明沙岸」跟「透明水」意義很接近，Ceke 跟 Cege 不過末音清濁微差，在前我以為因意義相類而易於顛倒，這也是一個旁證。

（4）據臺飛說，星宿海段「又東約四十公里許，有楚爾莫扎陵水（Tsulmo Tsaring Chu）由西南流注」，合《提綱》和《摘要》三說相比勘，喀喇渠即《提綱》的哈喇（答爾罕）山水，亦即臺飛的楚爾莫扎陵水，可謂絕無疑義。「渠」實相當於藏語之 chu，清人多譯作「楚」，「左謨」或「瑞馬」，無非 Tsulmo 的音轉，《摘要》沒有指出，要屬事先準備不夠，事後又調查不周。總之，喀喇梁與哈喇山水之地位同，特點同，音譯亦同，絕無理由不認為同一流域。董文所以毫不提及，無非要坐實雅合拉達合澤是新發見的真河源，於是不得不把噶達素齊老硬向喀喇渠推去了（以上的意見，我曾於一九五五年二月抄送三聯書店編輯部參考）。

之後，傅樂煥在一九五四年《科學通報》十月號發表〈關於黃河源的問題〉（八四－八九頁），黃盛璋又在一九五五年九

月《地理學報》二一卷三期發表〈論黃河河源問題〉（二八七—三〇三頁），河源的討論展開了。我先試述對傅、黃兩文的意見。

　　阿彌達的「阿爾坦河」跟《水道提綱》的「阿爾坦河」是不同的兩條河，確屬傅氏的創見，我往日看不出這一點，所以對「馬湧」的辯論，不得要領。傅文的理由有三點：（1）阿彌達的是三條水中的西南一條，而《提綱》的卻是中間一條，中間一條正是約古宗列渠的位置。（2）《提綱》那一條沒有喀喇渠伏流入地的情形。（3）《提綱》的北面有西拉薩山水、七根池等來會，喀喇渠沒有。因而推定《提綱》的「阿爾坦河」即現在的約古宗列渠（三八頁）。黃氏的駁論是：「《水道提綱》說這裡有三條河，河源阿爾坦河是中間的一條。據這次勘查，這裡主要有兩條河，《水道提綱》的河源不是南面那條是肯定的，可我們怎能證明它就是來自西北的約古宗列渠呢？倘論位置，它很可能是，也可能不是。」（二八八頁）黃氏之意，大約以為喀喇渠外還有兩條，但我們須知北邊那一條或者水量很少，配不上有河源的資格，所以得不到勘查隊同志的重視（同時臺飛的圖也沒記出它的名字）。那麼一來，具備河源資格的就只得兩條，於理二者之任一，不是甲便是乙，傅文的缺陷在說得不透闢，倒不是不充分。黃文的推證怎樣呢？它首先拿臺飛的文章和這回報告比證，再拿《水道提綱》和臺飛的文章比證，來斷定的約

古宗列渠即《提綱》的阿爾坦河（二八九──二九二頁），即是採用甲等於乙，丙又等於甲，故乙等於丙的推證辦法，也不是直接證定。

其次，傅文引清末民初的地圖已出現「馬楚河」的名稱，認當時的人已知道黃河的正源（三九頁）。著實有點語病。馬楚本自藏語 rma chu，最古的音寫是「抹處」，明洪武十五年（一三八二年）僧宗泐《望河源》詩自記：「番人呼黃河為抹處。」[466] 其實藏語的 chu 與漢語的「渠」為同源，《爾雅‧釋水》：「河……所渠並千七百一川。」《史記‧河渠書》：「禹廝二渠。」古語「河」、「渠」通用，渠就是河川，不是溝渠，《摘要》稱，藏民把黃河叫「馬渠」，可證。Chu 之一詞，流行頗廣，像哈薩克的 bhu 河，我們翻作「吹河」，就是一例。一般水道的名稱，或以上游概括下游，或以正源概括支流，中外習慣相同，徒知「馬楚」之名，不能作為已了解了黃河的真源的。

傅文還有一處錯誤應該指出的，它引《紀略》二四「與篤什之奉使探尋」一句，下注稱「指阿彌達探尋」（八六頁）。按篤什即元史「都實」的異譯，並不指鄂彌達而言，尋繹原文便可見。其他當於下文討論時再涉及之。

黃氏的文搜採閎博，給予河源研究者以許多助力，這是它

---

[466] 《河源紀略》二四。

的好處，然而資料越豐富，勢必掌握越困難，可以商榷的地方，反為不少，茲就管見所及，提出三點如下：

　　（甲）入藏道路　黃文首列出一個入藏站次比較表，現只擷取其有關討論的部分：

《西寧新志》	《西藏考》	《西招圖略》[467]
且克腦兒 ……	且克腦兒 （即星宿海腦） ……	噶爾瑪湯
五〇里哈麻胡六太 ……	四〇里哈麻胡六太	
五〇里哈拉河 （北即星宿海） ……	四〇里哈拉河 ……	噶達蘇赤老 （黃河源見此一帶）
五〇里烏蘭伏哩 （北星宿海）		
六〇里阿拉臺奇 （北星宿海腦）	六〇里道塞勒河	
六〇里喇嘛託洛海 （北星宿海） ……	八〇里喇嘛託洛海 川口 ……	喇嘛託隆谷

---

[467]　黃文作《圖考》。

《西寧新志》	《西藏考》	《西招圖略》[467]
五〇里一克白彥哈喇……	五〇里白彥哈拉	巴彥哈喇

　　黃氏以為自康熙五十九年後，自西寧入藏大路沒有多大變改，「噶爾瑪湯即藏語星宿海，見《水道提綱》跟臺飛的報告」。因之，《圖略》的噶達蘇赤老在星宿海之西，喇嘛託隆谷之東，「其地位不成問題是在喀喇渠沿岸，也就是阿彌達所探河源的地方」。再拿這個考證結果來對照《西寧新志》和《西藏考》的程站，「可以肯定哈拉河就是喀喇渠」（二九二－二九三頁）。按黃氏對傅文的批評很嚴格，臨到自己卻頗為隨便，實有點令人不能滿意。《提綱》內沒見噶爾瑪湯這個名稱，猶是小誤。據拉錫回報，「古爾班吐爾哈山下諸泉，西番國名為噶爾馬塘」，所指又是喀喇渠（說見下文），不是星宿海，蓋羌、蒙語言簡質，往往同一名，可以適用於數處。入藏路程，無疑是大端相近，但小段上卻有改變，《西寧新志》跟《西藏考》的站名，固可說無大差異，但據《西藏圖考》四所載：「自西寧出口，至前藏路程（諸書同）……七十里至黃河渡。六十里至納木噶。六十里至和多都。五十里至氣兒撒託洛海。六十里至和牙拉庫兔兒查都。七十里至白兒七兒。六十里至喇嘛託洛海。五十里至巴彥哈拉那都。」自黃河渡以西至喇嘛託洛海以東，都沒有

一個站名跟前舉兩種書相同（說見丙項）。而且據同書說，自西寧至前藏「共計程四千一百二十里」，而《西招圖略》由前藏至西寧路程「共計七十五站，約五千餘里」，相差至千里，改變還不大嗎？此其一。《西招圖略》在噶達蘇赤老下注稱，「黃河源見此一帶」，關於噶達素齊老的位置，黃氏一方面猜為約古宗列灘北面的灰白色岩石（二九二頁），並引據《提綱》明明說，此峰在河源北面，而乾隆上諭則說，在河源的西頭，顯有矛盾，這一上諭的噶達素齊老，是出於附會（二九六頁），則黃氏明明否定噶達素齊老之在喀喇渠，並否定阿彌達曾到過噶達素齊老了。由此推論，松筠所經過的「真噶達素齊老」斷不應落在喀喇渠，為什麼黃氏又說拿表中兩種哈拉河「跟松筠路程對照，正好就是黃河源見此一帶的噶達素齊老的地位；阿彌達到達之地，明明就在這裡」（二九三頁）呢？同一噶達素齊老，忽而說在約古宗列渠北邊，忽而說在喀喇渠，豈不是一個大大的矛盾，此其二。黃氏的看法，好像提到喇嘛託隆谷，就必定指喀喇渠沿岸，殊不知《水道提綱》固說，「當河源南岸……又有拉母拖羅海山，稍崇峻」，「有拉母拖羅海山水自南……來會」，因為約古宗列渠跟喀喇渠很接近，故這個山可以分屬於兩方，此其三。由松潘至藏，經古爾分索羅木（或骨路半所利罵），《西藏圖考》注：「即黃河，合西寧進藏之大路。」又《西藏考》等注：「交西寧進藏大路苦苦賽」。黃氏據《提綱》「土人

名此三河，日古爾班索爾馬」，作出「可見這三條河，都可以叫做索羅木的」（二九五頁）推論，未免有點勉強了，「它很可能是，也可能不是」（借用黃評傅文的話）。他於是迂而斷定「喀喇渠即阿彌達的河源，也不成問題叫做索羅木」，「西寧入藏，既然走南面喀喇渠，松潘在星宿海的東南，由此合西寧進藏大道，一定是指走這裡……由此合苦苦賽，指的只能是喀喇渠」（同上頁）。按索羅木現譯「左謨」，左謨山即巴顏喀喇山脈的一部（《摘要》三頁），所以約古宗列渠右岸的支流有叫左謨雅朗的，有叫左謨馬朗的（《摘要》六——七頁），依理，古爾分索羅木應該指三河會合的星宿海上口，不合專指喀喇渠。說到苦苦賽，據《西藏圖考》四，則巴彥哈拉那都（名引見前）再西四站，共二百四十里才是苦苦賽渡，又據《西藏考》，苦苦賽是餘（玉）樹的小卡，更不能說苦苦賽是指喀喇渠，寧藏路和川藏路的會點在乾嘉時代怕有過改變，此其四。黃氏又說：「約古宗列渠一向不當孔道，自西寧入藏沒有理由取向西南以後，又改向北，繞道從這裡走。」（二九八頁）這一點似因黃氏未參考過《報告摘要》，故不能切合實際。據說，「（扎陵，即舊日的鄂陵）湖的西面緊靠著山……在山的半坡上便是從黃河沿順著黃河左岸上來的大路……在離湖下口沿湖西側上行至七八公里處，有一臂形半島……入藏大路由第一個半島轉入巴顏朗馬山中」（《摘要》四——五頁）。再向西進，據說，「入藏的大

路，有一股從巴顏朗馬山溝中直到鄂陵（即舊日的扎陵）湖出口過黃河，還有一股，沿著湖的東南邊山坡經過⋯⋯大路仍傍湖行；在離鄂陵（即舊扎陵）湖入口約二十公里處起⋯⋯入藏大路，則在山與湖沿之間」（同上五頁）。過了星宿海之後，《摘要》說：「左謨雅朗在黃河正源約古宗列渠出山口以上，約四公里處匯入了黃河。⋯⋯左岸的山就是與約古宗列渠的分水⋯⋯傍山有入藏大路。」（六頁）由此來看，入藏大路明明循著約古宗列渠右岸或者穿過左謨山而西迄了。再西，《摘要》又於《喀喇渠》下稱：「喀喇渠有南北兩個源，北源的源頭出於喀喇賓那山，也是巴顏喀喇山系的一支。正源僅隔著一個牙壑（山嶺較低的山口子）通到左謨雅朗的上源頭，入藏大路，即沿此支流向南前進。」（同上七頁）唯董在華的初步研究（十七頁）說，「入藏大路，從巴顏和欠來者，沿喀喇渠左岸，非常明顯」，似乎是揣測之辭（尤其《摘要》未提及）。無論如何，依前引《摘要》（五頁），總見得長途山行，常有岔路（參下〔丙〕項），《西招圖略》之路程，既經《西藏圖考》指出其「與《西域志》、《衛藏圖識》、《西藏志》諸書不同」。換句話說，松筠所行那一段路可能與《西寧新志》、《西藏考》不同，黃氏遽比定噶達蘇赤老於哈拉河，理由是很不充分的。依我管見，松筠的噶爾瑪湯應相於喀喇渠的最下游（據拉錫報告）與巴顏和欠山的西北麓，川藏路末站古爾班索羅木，也應在該處附近。涉渡後，穿行於

約古宗列渠右岸與左謨山之間，塞外地名很少，往往一名可管數十里，故噶達素齊老雖在河北，而河的南邊亦得以此為名。由是再西，至左謨雅朗上源附近，南折轉向喀喇渠北源（依《摘要》六及七頁），也就是喇嘛託隆谷了。依此來了解，噶達素齊老才得到合理的位置，我們不應該往喀喇渠尋它的。

（乙）**喀喇渠**　黃文說：「拿中間那條索羅木也可叫阿爾坦河來類推，南面的索羅木當然也可叫阿爾坦河。」（二九五頁）按喀喇渠有無單稱作「索羅木」的事實，尚成問題，具詳（甲）項，更須知某一個名稱之成立，是基於人民習慣，原因很複雜，是不能應用類推方法的，「索羅木」的類推還未確定，那能再進一步來類推「阿爾坦河」。阿爾坦的原義是「金」，可拿來比喻「正」和「孔道」，喀喇的義是「黑」（即中國古典的「黑水」），拿來比喻「偏」和「荒僻」，顧名思義，喀喇渠似乎不應一名「阿爾坦河」。《乾隆十三排圖》能否作證，黃氏既自己提出疑問（同上頁注 2），那可不論，不過我以為年代即使十分確定，也無作證的信值，其理由詳下（丙）項。

黃文又說，「喀喇渠……是最早被發現的黃河源」（二九七頁），這一斷論顯然錯誤。按黃文在前面曾指出，「河源的發現……最初就該是羌族」（二九六頁），那是對的。其次則唐人確實到過，可惜《吐蕃黃河錄》片紙不傳（見本書第二節）。現在見到最初記載黃河真源的漢文獻，我以為應數元朱思本的譯

文，它是根據羌族帝師所藏梵文（可能實是西藏文）圖本翻出的，比較可靠，它說：「河源在……帝師撒斯加地之西南二千餘里，水從地湧出如井，其井百餘，東北流百餘里，匯為大澤曰火敦腦兒。」黃文引此，以為「河源尚在其（星宿海）西南百餘里，所指也該是來自西南那一支上源（喀喇渠）」（二九八頁），在文獻比證方面，實在有點疏略。《水道提綱》不說嗎，「星宿海……阿爾坦河自西南來皆會」，「東北」係指河源與星宿海上口的相對位置，可見「西南百餘里」不定指喀喇渠。還有一層，臺飛說，河源的「谷中又有無數無出口水潭散布」。周鴻石說：「約古宗列渠是在一個廣大的鍋形地帶中間，水從各個小水池中滲出，由無到有，由小到大。……它中間的這些小水池在沮濡地上星羅棋布，很類似星宿海的情形，這才是黃河最遠的水源了。」[468] 這就是所謂「其井百餘」。喀喇渠上源沒見有那種現象，怎能硬指為喀喇渠呢？因此，黃文認約古宗列渠到康熙才發見（三〇〇頁）那一節，已無需再為辯論。

　　（丙）阿彌達的「阿爾坦河」　　黃文據阿彌達的奏覆，走到喀喇渠後，「詢之蒙、番等，其水名阿勒坦郭勒，此即河源也」，因謂要是當時這條河不叫阿爾坦河，他不能匆忙回去（二九五頁）。這固然有點道理，但事情經過，卻不是如此簡

---

[468]　同前引《新黃河》五〇頁《河源查勘見聞記》。

單（說見下文）。它又說，根據拉錫探源材料而繪製的《福克司河源圖》，「南面那一支河，注有阿爾坦河字樣，這就是阿彌達所探的『阿爾坦河』的位置，此名不見於拉錫等的報告中，也許這一次就發現這條河的名稱。他們（拉錫等）在河源區停留兩日，這裡既當入藏通道，他們當然首先就順著通道來考察河源」（二九九頁）。認拉錫等曾到過喀喇渠考察，且知道它名叫「阿爾坦河」，果真是這樣，我們要問，為什麼他們不同時到約古宗列渠去看看（因為只停兩天，可信他們沒去過）？而且據黃氏說，西寧入藏大路，開闢在拉錫探源後十餘年（二九二頁），拉錫去的時候，喀喇渠是不是當著入藏通道？三支河的各別名稱，在拉錫等回奏是有的，「古爾班吐爾哈山下諸泉，西番國名為噶爾馬塘，巴爾布哈山下諸泉，名為噶爾馬春穆朗，阿克塔因七奇山下諸泉名為噶爾馬沁尼」[469]，並不見「阿爾坦河」，可證黃說，是沒有詳細讀過《康熙東華錄》而純出臆測的。《福克司河源圖》的阿爾坦河斷不許是喀喇渠，還有別的反證，拉錫回奏說：「南有山名古爾班吐爾哈……西有山名巴爾布哈，北有山名阿克塔因七奇。」[470] 三方面的山系、水系分列得很清楚，「吐（又作圖）爾哈」和「託（又作拖）羅海」同是蒙語 tolg-hoi（頭也）之異譯，今查《福克司河源圖》（二九九頁）有「孤

---

[469]　《康熙東華錄》七四。
[470]　同上。

兒班圖爾哈圖河」（末一「圖」字為蒙語「有」之義）無疑即南支之「噶爾馬塘」，也就是現時的喀喇渠。若同圖內的「阿爾坦河」則出自西面的巴爾布哈山，無疑是指現時的約古宗列渠。黃氏以這圖的阿爾坦河為南支，完全由於失考。

　　其次，噶爾馬塘三名是藏語，「阿爾坦河」一名則是藏語，末一名並不見於拉錫回奏之內，究從哪裡得來的呢？我以為是本自康熙末年另一回探測的結果，也就是《水道提綱》所根據的一部分，只消看圖內各名的音寫，與拉錫回奏相近而不盡同，便流露出些線索。它的繪製年代是否如福克司（Walter Fuchs）考定的一七〇七－一七一七年，還待研究。進一步來看，黃氏更有自己矛盾的地方，他說：「臺飛所謂黃河真源，實際上就是《水道提綱》所記康熙末年探查的河源阿爾坦河，這只要一對照臺飛實測的圖跟《皇輿全覽圖》中的河源部分，就可以看得出來。」（二九一頁）這裡說的圖是指《木刻河源圖》（同上頁），與《福克司河源圖》不同。按木刻圖中凡通名的「山」、「河」都改用了滿洲語的「阿林」、「必拉」，與福克司圖各為一套，南面有一長源，出自「哈拉阿達拉克阿林」，顯然即《提綱》「哈喇答爾罕山」的異譯，則這一條就是現時的喀喇渠。換句話說，無論福克司圖的「阿爾坦河」或木刻圖的「阿爾坦必拉」，都是現時的約古宗列渠，黃氏卻以前者為喀喇渠，後者為約古宗列渠，豈不是大相矛盾？這裡須順帶指出的，傅

文說，「拉錫探源結果認為黃河發源於星宿海」（八五頁），也與事實不符，未免貶低拉錫等探查的價值。

黃文又引李彩的《藏紀概》，記康熙五十九年他隨軍入藏的行程，自第四十墩「前索羅木」起一直到五十六墩「黃河祖源阿爾坦河」，都是沿黃河行走，五十二及五十三墩是星宿海，五十六墩是「黃河祖源阿爾坦河邊喇嘛託洛海岡」，「跟以後的入藏程站情形一致……這個黃河祖源阿爾坦河不成問題是南面那一支，即今喀喇渠的位置」（三〇一－三〇二頁）。按黃文這一段漏洞很多，後來入藏都不經星宿海，而這回卻經過，哪能說「情形一致」？喇嘛託洛海不專屬喀喇渠，喀喇渠不定是通道所經，已辨見前文（甲）項，黃氏挾著入藏路程沒有變改和喀喇渠在康熙時已一名「阿爾坦河」的成見，遂不惜造為曲說，謂「自康熙五十九年以後……喀喇渠正為通道所經，當地的蒙古族人民也把它當做黃河一支源頭，來往西藏的人當然對它特別熟悉，因此就都認為黃河源就在這裡。這個說法在當時一定很有勢力，所以對《乾隆十三排圖》河源部分，寧願根據這些人帶回的材料，而不根據《皇輿全覽圖》（三〇二頁）。然而正源在何處，據梵文圖本，元代以前的當地羌族早已知之（見前〔乙〕項），這種認知，與我們遠地人不同，等閒不會丟失，認為正源由中支轉作南支，似客觀所不許。就使他們認喀喇渠為河的一源，也不見得阿爾坦的名稱一併移轉。黃氏很重視

《乾隆十三排圖》，照我的看法，它既合扎凌、鄂凌兩淖爾為一個，又於東南方面重繪一個鄂凌淖爾，巴顏哈拉（達巴漢，蒙語「嶺」之義）應在河源的西南，而它卻繪在東北，實是東拼西湊的粗製，只可供參考，不能據以解決疑難。黃氏也曉得這個圖「不是經過實測得來」，現在試看圖內只得一條河，我們又憑什麼樣的標準以決定它的阿爾坦河「位置不在中部而在南部」呢？（均三〇一頁）黃氏一口咬定「入藏通道正是從這裡經過」，舉出圖中的「拉瑪託洛海一站，正位於阿爾坦河的南邊」作證（三〇〇－三〇一頁），然而拉瑪託羅海，也可屬於約古宗列渠，入藏通道不是沒有改變，前頭已提駁論，何況圖內還繪出兩個「拉瑪託羅海」，沒表現著什麼確定位置的作證價值呢。

黃氏更引法人竇脫勒依圖，說此圖的黃河有三支上源，是不錯的，但他以為它的「阿爾坦河」是南支，就是阿彌達到過的「阿爾坦河」，即今喀喇渠，注稱「馬楚河」的是中支（三〇三頁），那可有點糊塗了。法圖在星宿海以上繪有自南流來的一支，注為「克爾馬唐河」，前文已指出它是現時的喀喇渠，圖內繪得流域很短，當因法人沒有全條測勘之故。尤要的，注作「阿克（爾）坦河」那一條，北邊記著「噶達素齊老山」及「西拉沙託落海山」（即《提綱》的西拉薩山），又有「齊克淖爾」（即《提綱》的七根池）的支水自北來會，都與《提綱》的阿爾坦河完全符合，怎能認是阿彌達的「阿爾坦河」即喀喇

渠呢？剩下注作「馬楚河」的一支，無疑是北支了，它跟「阿克坦齊欽山」相接，又合於拉錫報告的「阿克塔因七奇」。三支既分別考定，則黃氏「南支叫阿爾坦河」的前提已根本推翻，以此為基礎而引伸的考證更無從成立了。

細閱了法圖之後，我還有三點觸發：其一，圖在北邊的路線上記著「喇嘛託落海」站。南邊路線的東南記出「喇嘛託羅海山」，路線上又有「拉瑪託羅海山口」及同稱「拉瑪託羅海」者兩處，可見這一個名稱管攝頗廣，我說不能據以證定喀喇渠所在，得法圖而益明。

其二，圖於「噶達素齊老山」的東邊記著「喀達沁齊老」一個地名，無疑是同名異譯，我在前頭說這個名稱可管到數十里外，又有了證據。

其三，圖內北線所注的程站，由東而西，是和多都、氣兒撒託洛海、和牙拉庫兔兒查都、白兒七兒、喇嘛託落海及巴顏哈拉那都，與《西招圖略》合（見前〔甲〕項）。南線所注的程站為拉瑪託羅海、庫庫吊阿、松產拉薩、鄂敦他拉海、隆瑪郎（應乙正為「朗瑪隆」）、色烏蘇穆多及拉瑪託羅海，與本自內府圖之《大清一統輿圖》相合，這是入藏路程有岔道的明據。

以上只就傅、黃兩家的文章提問題，還有我個人的見解，順便提出如後：

　　一、阿彌達奉使的動機　這是進行考證時一個重要關鍵，如果不能弄清楚，考證時就會引生許多誤會，黃文的缺點就在於此。派阿彌達出使系「務窮河源，告祭河神」，即是叫他不要隨便「望祭」，要去到河源盡頭，才可行禮，並不是疑心康熙朝考察未確而叫他再去踏勘（說已詳本書第二節）。唯其這樣，故《河源紀略》一二稱：「迨今日特頒虎節，秩祀河宗，業契合符，乃彰靈蹟。」猶之乎說，派人去致祭河源，河神感應，就把真河源顯露出來，如果動機為探河源而去，操筆的人就不應如此記敘了。唯其這樣，阿彌達覺得黃河以「黃」著名，尋到的南支水色既「黃」，條件恰合（他還不知道上源和下游不一定同色），他於是泝流到盡處舉行祭禮，自問已無負委任，不必再向其他兩支察視，便即趕回北京覆命。假說原意是派他去覆勘河源，他怕不敢如此潦草畢事，也逃不過察察為明的清帝所譴責的。

　　阿彌達雖然不是奉派探勘河源，但他的職責是要找河源來致祭，那末，他奉命之後，當然要檢查一下故事，看看河源有什麼特徵。因此，我們可以合理地推想，像朱思本的湧井百餘，拉錫的三山流出三支河，齊召南的河源名阿爾坦河及其地有噶達蘇七老峰等等紀錄，他總會多少看過而且拿來作認識標準。好幾個疑難問題就在這裡開始發生了，即是：

二、阿彌達奏覆的噶達素齊老　只說噶達素齊老地方是通藏大路，西面一山，有黃色的泉流出，而乾隆上諭卻說，阿爾坦河西巨石高數丈，名阿勒坦噶達素齊老，「其崖壁黃赤色，壁上為天池，池中流泉噴湧，灑為百道，皆作金色」，正如黃氏所說，「兩者之間顯然有些出入」（二九五頁），傅文又提出《水道提綱》只說噶達素齊老是落星石，疑上諭的敘述，不夠正確（八七頁），都是應有之疑問。我們對此，首先應經過客觀體察，凡奉命出外辦理特種事件，回來時候少不免要召見詢問，那些對答當然比文報詳細一點，阿彌達之使命是務到河源處致祭，河源怎樣表現又當然是談話中的重點。舊日所有關於河源的重要描寫，為量無多，不特阿彌達必曾參考，即清帝方面亦未嘗不瀏覽一下，這是毫無疑義的。河源所在，除去前學朱思本和《水道提綱》所記外，別無其他明確的指標，阿彌達的奏報單說「噶達素齊老地方」，可能不是這「石」的在處（即前文所說一個名稱可以管攝幾十里），但如果清帝要詢問「石」的現象，他就不能不依書本石「高數丈……紫赤色」來回答以證實自己所祭確是「河源」了。黃氏曾強調「要是一旦被發覺其偽造，他的頭就難保住」（二九四頁），這是一面的看法；可是他如果乾脆地回答沒有見到或不依《提綱》的孤證來回答，那末，簡直自己招認沒有到達了「河源」，罪名是很大的，掉謊可以避去目前的生命危險，將來會不會被人發覺已擺在次要問

題。何況口頭對答，沒有記錄，即被發覺，也可以支吾不認；更何況「連他自己也不清楚他所發現的居然跟《水道提綱》的阿爾坦河全不是一回事」（用黃文二九五頁的話）呢。

三、同上的「阿爾坦河」　奏覆說：「詢之蒙、番等，其水名阿勒坦郭勒，此即河源也。」[471] 黃氏強調「弘曆把他這次探源，當做很大一件事來宣揚，要是當時這條河不叫「阿爾坦河」，他正好據實把真名報上，其發現豈不更大，弘曆豈不更為歡喜」（二九四頁），又「真河源這句話，顯然也是當地蒙、藏人民告訴他的」（二九七頁）。這一連串的話也是隻看見一面而沒看見到別一面。我們首先要記著阿彌達的使命是「致祭河源」而不是「覆查河源」，在初時無論阿彌達尤其是清帝都沒有要推翻拉錫前功的觀念，「聖祖」已是再三派人探過了，如果說他們探查不確，總算丟了「聖祖」的面子。阿彌達果真要翻案，依專制君主一般心理來看，保不住不以為功而反以為罪的，所以他只求證明自己到了河源，便已完成任務。河源的標準，在當時最明白不過的莫如河名「阿爾坦」（即《提綱》所固定的說法），阿彌達以為蒙番都稱喀喇渠為「阿爾坦」，也許被詢者的誤傳，也許像噶達素齊老一樣，阿彌達依書本報上以求交差。他絕無翻案的念頭，他只牢守著照書行事的成見，不然

---

[471]　黃文引作「此即真河源也」（二九五頁），但傅文八五頁引文及我所見「玉簡齋本」都沒有「真」字。

的話，他盡要跑去其他兩支來看看的，而且如果證據不足，非徒無功，反而有罪，他又何苦來呢？黃氏總替他擔心「欺君」會殺頭，其實專制史上「欺君」的事多至無量數，指鹿為馬不是最顯淺的例子嗎。至於「此即河源也」一句，亦或阿彌達以私意湊足，否則可了解其意為「此是河源之一」，無決定性作用。

四、扎凌湖別名且克腦兒　據前文引臺飛，蒙語又呼扎凌為 Ceke Nor，按《西藏考》說：「哈麻胡六太至且克腦兒四十里（且克腦兒即星宿海腦）。且克腦兒至鎖里麻九十里（此一帶即黃河源，鎖里麻黃河沿）。」黃河沿，今同名，距扎凌亦約九十里，是且克腦兒即 Ceke Nor 的音譯。陳克繩《西域遺聞》（書內有乾隆十八癸酉紀年，大約二十年左右寫成）說：「蒙古名敖敦他拉，番名蘇羅木，又名且克腦兒，譯音星宿海也。且克腦兒至鎖里麻九十里，漢名曰黃河沿。」大約當時人對於星宿海的上下分界，不甚清楚，故而扎凌湖的別稱也被當作星宿海的異名了。

五、上諭的天池　這一點為拉錫報告和《提綱》所無，依照阿彌達使命的主因，清帝似不會憑空設想怎樣特殊的景象，據我的窺測，很像是阿彌達口述目擊的情形。周鴻石說：「越過一個很低的土嶺，土嶺上也是小池很多，拔海已是四千四百

公尺上下。再向西走就是雅合拉達合澤主峰……」[472]可見那邊確有嶺上天池百道的跡象。《摘要》說，喀喇渠下游有左謨山，山陰面常年積雪，「山的外圍有較低的土山或沙嶺，沙嶺以下即為灘面，遍是沮濡地，大小的海子甚多，和星宿海差不多一樣」（七頁）。那邊的土壤滲透性很大，相信約古宗列渠土嶺的光景，在喀喇渠總也會碰到，不過阿彌達奏對時會張大其辭，起草諭旨時又會辭不達意，遂弄成好像巨石之上發見天池了。清帝《河源詩》注：「詢之阿彌達，則稱河源皆土山，無石。」這可證明噶達素齊老與天池並非聯繫在一起的。

六、清帝為什麼翻案　清帝初意不是為檢查河源，前頭已夠說得明白了，然則為什麼他忽然掀起翻案的大波呢？無疑是由於天池流泉百道所引起的。清史記下來的河源材料，由於這一回的比證，上源三支是對了，一支是名叫阿爾坦，巨石也有了，光是流泉百道，清人沒有提過，帝師梵本的短短描寫，記自當地之羌族，根本可靠，清帝應該了了的，現在聽見阿彌達所報，恰與之合而又為清代作品所未見，於是觸著他自高自大的「雄心」，甚至於索性抹煞他的「聖祖」的功績，這是出乎他的初意之外，阿彌達更夢想不及了。事情一經宣揚開去，就變為他的「發見」，而不是阿彌達的「發見」，就使有人知道錯

[472]　同前注3。

誤，總不會作無情的揭發，因為貶低他的祖宗來替他捧場，他還可靦顏接受，但揭穿他的黑幕，抹他的臉子，他可容忍不住了，所以經過這一回變化，阿彌達真假參半的報告，反而被固定下來。修纂《紀略》諸人承其意旨，不指出梵文圖本早有相當說明，正所謂欲蓋彌彰了。

　　七、三源的問題　　清代河史的曲折，大致已討論過，現在再應該就上源問題，闡述一下。認識星宿海以西河有三支而且舉出它們名稱的以拉錫為最早，但除噶爾馬塘即喀喇渠前文已經考定外，其餘噶爾馬春穆朗和噶爾馬沁尼兩名，至今還沒有人再次提及。《水道提綱》雖一樣說三支，但它只揭出阿爾坦及三支源頭的山名，如就星宿海來說，則：

　　拉錫　　南有古爾班吐爾哈山，西有巴爾布哈山，北有阿克塔因七奇山。

　　《提綱》　　南有哈喇答爾罕山，北有巴爾布哈山，西有巴顏喀喇山。

　　或山名不相同，或山名同而方位不同（文末再有說明）。黃盛璋曾說：「這次查勘這裡只有兩條河，要是約古宗列渠的上面（北面）還有一條河，那這次河源查勘就沒有完全盡到責任。」（二九八頁）這些批評多少是對的，不過在《黃河河源形

勢略圖》[473] 裡面，北邊那一支是有繪出的，可惜沒帶著名稱。臺飛說：「源東五十餘公里內，北岸有三大支自西南來會（勉按：「西南」是「西北」之誤）……又東約四十公里許，有楚爾莫扎陵水由西南流注，會口以下二三公里，即星宿海鄂博，同時北岸亦有大水來會。」黃氏以為「臺飛記北岸三大支流，也就是董文的直合拉個渠、更營渠、康列將各渠」，可說毫無疑義。唯依《形勢略圖》和臺飛圖看，北岸三支之外，還有一支是在約古宗列渠與喀喇渠未會以前就流入約古宗列渠的，所差者臺飛稱它為「大水」，而《形勢略圖》卻畫得很短。法圖似乎叫它做「馬楚」（說見前），可是「馬楚」之下北邊還有一支，實際上有無錯誤或混亂，非待將來整個區域測竣之後，無從判定。

　　黃氏又建議把這一二支分別叫做黃河南源、中源和北源（三〇三頁）。按源頭問題，無論如何，總應該根據長度、水量等而決定，現在青藏公路已通，測勘比較容易，既有了基礎，大約不久就可以弄明白，似不必多此一舉，免亂觀聽。

　　八、星宿海一帶各山的異稱　　這些山嶺的名稱，有不少為清人記出，而這回查勘卻沒聽見的，蒙、藏稱謂不同大約就是最要的原因。專就清代記載論，譯音又常彼此互異，現把它們

---

[473] 《科學通報》一九五三年七月。

分別比定，間附鄙見，固可約略窺測各圖說異同之跡，即於將來編河源專志時也不無小補吧。

甲、古爾班吐爾哈山（拉錫）。古爾板蒙袞拖羅海山（《提綱》，當河源南岸，三峰相併）。孤爾班圖爾哈圖（河。拉圖，即黃文二九九頁附圖，下同）。古爾班蒙袞託羅海（《紀略》。蒙語，古爾班，三也；蒙袞，銀也；託羅海，頭也，峰頭色白銀者三）。古爾班圖爾哈圖山（《武昌圖》，河源西北）。按拉圖和《武昌圖》最末的「圖」字，即蒙語「有」也，但山的地位，兩圖絕對不同。

乙、布胡珠爾黑山（拉錫，西南）。布呼吉魯肯山（《提綱》，河源東北）。布呼朱爾黑山（拉圖，海南）。波呼幾魯懇阿林（木刻圖，即黃文二九一頁附圖，下同。海西北）。布古濟魯肯山（《紀略》，海東北；蒙語，布古，鹿也；濟魯肯，心也。山居群峰之中而多鹿）。布呼集魯肯阿林（《十三排圖》，即黃文三〇一頁附圖，下同。海北）。布呼集魯肯川（《武昌圖》，海東北）。按《摘要》說，星宿海「左面的山有一主峰，平頂方正，名括魯公喀魯」（六頁）。在前文我已證「括魯公」為「吉魯肯」的音轉，那末，拉錫說在西南，拉圖放在海南，木刻圖放在海西北，都是不正確的，大致應為海東北。

丙、巴爾布哈山（拉錫，西）。巴爾布哈山（《提綱》，海

東北)。巴拉波喀阿林(木刻圖,海東北)。巴爾布哈山(《紀略》,東北。蒙語,巴爾,虎也;布哈,野牛也)。巴爾布哈山(《武昌圖》,河源北)。如從眾則拉錫與武昌兩圖為不確。

丁、阿克塔因七奇山(拉錫,北)。阿克塔齊欽(《提綱》,海北)。阿克坦齊禽(拉圖,海西北)。阿克塔齊沁(《紀略》,海東北。蒙語,阿克塔,騸馬也;齊沁,牧馬人也)。阿克坦齊欽(《武昌圖》,海西北)。

戊、烏蘭杜石山(拉錫,北)。烏藍得齊山(《提綱》,阿克塔齊欽之東)。烏藍得西山(拉圖,海北)。烏藍得西阿林(木刻圖,海東北)。烏蘭得錫山(《紀略》,海東北。蒙語,烏蘭,紅也;得錫即特什,盤石也。地有盤石紅色)。烏蘭德錫山(《武昌圖》,海東北)。

己、拉母拖羅海山(《提綱》,河源南)。拉母拖羅海(木刻圖,河源南)。拉母託羅海山(《紀略》,河源南。蒙語,拉母即喇嘛,山頭舊有喇嘛居之)。拉瑪託羅海(《十三排圖》,名兩見,南邊一帶)。拉瑪託羅海(《武昌圖》,海西南)。拉瑪(喇嘛)託羅海山(又喇嘛託落海;法圖,即黃文三〇二頁附圖,下同,南邊一帶)。此山所出之水,由《提綱》勘之,應即《摘要》(六頁)之左謨雅朗,為約古宗列渠之右岸支流,故知這一山即《形勢略圖》之左謨川。

庚、西拉薩山（《提綱》，河源北）。西拉薩拖羅海（木刻圖，河源北）。西拉薩山（《紀略》，河源北。西番語，拉薩，佛地也。山上有佛祠）。奇爾薩託羅海（《武昌圖》，河源北）。西拉沙託落海山（法圖，河源北）。據《提綱》，這山水是在七根池之西，自北流入約古宗列渠，但《形勢略圖》並未繪出（參下辛條），怕是很小的一支，又《西藏圖考》四寧藏路程有站名「氣兒撒託洛海」，顯是同語的音寫，唯地位不同。

辛、七根池（《提綱》，河源北）。七根鄂謨（木刻圖，河源北）。齊克淖爾（《紀略》，蒙語）。齊黑淖爾（《十三排圖》，海北）。齊黑池（《武昌圖》，河源北）。齊黑淖爾（法圖，河源北）。從音寫來看，應即《摘要》（八頁）的「直合拉個渠」發源於「約古扎（直）哈拉各之古山」。

壬、馬尼圖山（《提綱》，烏藍得齊山之東）。馬尼圖山（《紀略》，海東北。蒙語，馬尼，咒文也，如意之謂，舊刻咒文於石上）。《摘要》說，舊扎陵湖出口處「右面的山名錯尒世澤……河邊上有一塊長約三公寸的長方石片上刻著佛像，背面刻著音讀牟尼的藏文，其他大大小小青石片都刻著藏字經文，山腰上碼（？）著一堆石片……石片上滿刻著藏文」（五頁），頗疑與這個山有關。

癸、哈喇答爾罕山（《提綱》，海南）。哈拉阿達拉克阿林

（木刻圖，海南）。哈喇阿答爾罕山（《紀略》，海南。蒙語，哈喇，黑色）。

　　子、巴彥和碩山（《提綱》，海南）。巴顏和朔山（拉圖，海南）。巴彥和碩山（《紀略》，海南。蒙語，巴彥，富厚也；和碩，喙也，山喙高大）。按《摘要》說，星宿海右面的山名巴顏和欠（六頁），就是這個山。

　　由上綜合比較所得的結論，是《十三排圖》最壞。拉圖和木刻圖並非完全根據拉錫等報告，而這兩圖也非由同一材料所繪成。《武昌圖》在阿克坦河注稱「河源」，猶循守《提綱》之說，其下繪出南、北二支，跟木刻圖大致相同，比之他圖，還算清楚。拉圖河系混亂，許是較前的製品。法圖顯露拼湊痕跡，價值如何，須待將來判定。臺飛圖所繪北支，來源很長，如果不錯，則這回查勘有點美中不足了。

　　回頭再說三源的山。拉錫報告跟《提綱》不合，前文六項已經指出。現將各山的位置大致考定，我才覺得他所說那三個山，實際都在阿爾坦河源附近；換句話說，他把河源附近的山錯指為南北兩支的源頭，其後必經過覆查糾正，《提綱》的山名與他的報告不同，其原因即在於此。

一九五五年十二月六日，廣州。

▍三、參考書目

只據別書引文而未檢原本的都不收入，其論文散見於各學報、雜誌者僅舉報刊期數，篇名則有附註可考，故不復羅列。

秦前及秦

- 《尚書》　《毛詩》　《穆天子傳》　《逸周書》
- 《春秋左氏傳》　《春秋公羊傳》　《春秋穀梁傳》　《國語》
- 《論語》　《列子》　《管子》　《尸子》
- 《莊子》　《墨子》　《孟子》　《荀子》
- 《周禮》　《禮記》　《戰國策》　《山海經》
- 《爾雅》　《呂氏春秋》　《周髀算經》

兩漢至六朝

- 《淮南子》　司馬遷《史記》　班固《漢書》　范曄《後漢書》
- 桓譚《新論》　許慎《說文》　陳壽《三國志》　《晉書》
- 沈約《宋書》　魏收　《魏書》　酈道元《水經注》　李百藥　《北齊書》
- 令狐德棻《北周書》　李延壽《北史》

唐

- 釋道宣《釋迦方誌》　杜佑《通典》　李吉甫《元和郡縣誌》

- 徐堅《初學記》　李翺《李文公集》　鄭綮《開天傳信記》

- 沈亞之　《下賢集》　《舊唐書》　《唐會要》

- 《新唐書》

宋

- 樂史《太平寰宇記》　《太平御覽》　《冊府元龜》

- 歐陽修《新五代史》　宋敏求《春明退朝錄》　王存《元豐九域志》

- 王讜《唐語林》　司馬光《資治通鑑》　《資治通鑑考異》

- 沈括《夢溪筆談》　曾鞏《南豐集》　樓鑰《北行日錄》

- 程大昌《禹貢山川地理圖》　夏僎《尚書詳解》　歐陽忞《輿地廣記》

- 傅寅《禹貢說斷》　蔡沈《尚書集傳》　葉隆禮《契丹國志》

- 陸游《老學庵筆記》　李心傳《建炎以來系年要錄》《宋史》

- 李燾《續資治通鑑長編》　薛尚功《歷代鐘鼎彝器款識》羅沁《路史》
- 王應麟《困學紀聞》　《詩地理考》　《河渠考》

金元明

- 《金史》　馬端臨《文獻通考》　瞻思《河防通議》
- 乃賢《河朔訪古記》　《元史》　《弘治實錄》
- 《嘉靖實錄》　朱國楨《湧幢小品》　彭大翼《山堂肆考》
- 艾南英《禹貢圖注》　朱謀㙔《水經注箋》　夏允彝《禹貢合注》
- 《明史》

清

- 《康熙東華錄》　《雍正東華錄》　《乾隆東華錄》　《嘉慶東華錄》
- 《道光東華錄》　《咸豐東華錄》　《同治東華錄》　《光緒東華錄》
- 康熙十九年《封丘縣誌》　乾隆十二年《原武縣誌》
- 乾隆二十一年《獲嘉縣誌》　乾隆三十二年《續河南通志》
- 道光八年《太康縣誌》　光緒五年《東平州志》

- 光緒十年《曹縣誌》　光緒十五年《魚臺縣誌》
- 光緒十九年《鄆城縣誌》　光緒十九年《扶溝縣誌》
- 光緒二十九年《永城縣誌》　宣統元年《濮州志》
- 宣統三年《山東通志》　孫承澤《春明夢餘錄》
- 黃宗羲《今水經》　傅澤洪《行水金鑑》
- 顧炎武《日知錄》　《天下郡國利病書》
- 高士奇《天祿識餘》　胡渭《禹貢錐指》
- 閻若璩《四書釋地續》　《釋地餘論》
- 萬斯同《崑崙河源考》　《圖書整合》(《山川典》、《職方典》)
- 蔣廷錫《尚書地理今釋》　齊召南《水道提綱》
- 汪中《述學內篇》　《河源紀略》
- 《國庫全書總目提要》　王念孫《讀書錄志》
- 孫星衍輯《括地誌》　梁玉繩《史記志疑》
- 錢大昕《廿二史考異》　焦循《禹貢鄭註釋》
- 鄭懿行《山海經箋疏》　段玉裁《說文解字注》
- 王端履《重論文齋筆錄》　許纘曾《東還紀程》
- 洪亮吉《東晉疆域志》　《春秋左傳詁》

- 朱楓《雍州金石記》　朱右曾《詩地理徵》
- 畢亨《九水山房文存》　程恩澤《國策地名考》
- 包世臣《中衢一勺》　金鶚《求古錄》
- 章宗源《隋經籍志考證》　胡克家《資治通鑑外紀注補》
- 錢泳《履園叢話》　汪遠孫《漢書地理志校本》
- 程大中《四書逸箋》　黎世序《續行水金鑑》
- 趙一清《水經注釋》　賀長齡《皇朝經世文編》
- 李兆洛《歷代地理志韻編今釋》　李惇《群經識小》
- 凌楊《藻蠡勺編》　黃沛翹《西藏圖考》
- 《小方壺齋輿地叢抄》　周壽昌《漢書注校補》
- 陶葆廉《辛卯侍行記》　陳康祺《郎潛紀聞》
- 孫詒讓《籀顧述林》　《墨子間詁》
- 楊守敬《隋書地理志考證》　《清史稿・河渠志》
- 葛士濬《續皇朝經世文編》

一九一二年以後

- 《無棣縣誌》（一九二五）　丁謙《穆天子傳考證》
- 《漢書西域傳地理考證》　《水經注正誤舉例》
- 張星烺《中西交通史料彙編》　張鵬一《阿母河記》

- 顧實《穆天子傳西征講疏》　朱芳浦《甲骨學商史篇》

- 武同舉《淮系年表》　武同舉、趙世暹等《再續行水金鑑》

- 沈怡、趙世暹等《黃河年表》　林修竹《歷代治黃史》

- 吳君勉《古今治河圖說》　張含英《治河論叢》

- 鄭肇經《中國水利史》　《黃河志二篇》

- 王國維《觀堂集林》　郭沫若《兩周金文辭大系考釋》

- 《十批判書》　《奴隸制時代》

- 強運開《說文古籀三補》　呂振羽《中國社會史綱》

- 翦伯贊《中國史論集》　侯外廬《中國古代社會史》

- 吳景敖《西陲史地研究》　沈煥章《說青海概況》

- 陳國達《中國海岸線問題》　范行準《中國預防醫學思想史》

- 《折獄奇聞》　《科學》五卷八、九期，七卷九期

- 《中大語言歷史週刊》四九－五一期

- 《古史辨》第一冊

- 《清華國學論叢》一卷一號

- 〈禹貢〉一卷一、四、五、六、八、九期，二卷三、五期，四卷一、六、九期，六卷十一期，七卷一、二、三期合刊及十期

- 《燕京學報》十一期　《歷史語言所集刊》五本一分及二分
- 《安陽發掘報告》一期　《六同別錄》中冊
- 《史學集刊》一期　《地學雜誌》一九三一年二期
- 《地學季刊》一卷二、四期　《地理學報》十五卷二、三、四期合刊　《中國考古學報》二冊　《圖書館學季刊》十卷三期
- 《新亞細亞》十二卷五期　《瀋陽博物院彙刊》
- 《申報・中國分省新圖》
- 《科學通報》二卷六期，一九五三年七期，一九五五年三、四、六期
- 《新黃河》自二卷十一月號至一九五三年六月號
- 《新黃河的錐探工作》
- 《文物參考數據》二卷五期及一九五四年八期
- 《歷史教學》三卷一期及一九五五年四期
- 《文史哲》一九五四年十一期
- 《地理知識》一九五二年十月號
- 《考古通訊》三期

此外，還有散見於新華社各地通電、廣州《南方日報》、北京《光明日報》和香港《大公報》的。

本書著者的舊稿，已刊的有

- 《水經注卷一箋校》

- 《隋書·州郡牧守編年表》

- 《東方雜誌》四十一卷三、五、六、十七、十九、二十一和
  四十四卷一號的撰文

- 《秦代已流行佛教之討論》

- 《闡揚突厥族的上古文化》

- 《華族西來說得到第一步考實》

- 《崑崙一元說》

- 《歷史教學上應怎樣掌握黃河的村料》（一九五二年《歷史
  教學》十六號，又同年《新黃河》十月號）

- 《隋唐史》

- 《西周社會制度問題》

未刊的有

- 《漢書西域傳校釋》

- 《穆天子傳地理考實》

- 《唐史講議》

外人的著譯有

- H. von Heidenstam：*Growth of the Yangtze Delta*, JRAS N-C, vol. 53,1922.

- *Nagen, Ghose*：*The Aryan Trail in Iran and India.*

- 沙畹著，馮承鈞譯《西突厥史料》

- 斯文‧赫定著，徐藝書譯《漂泊的湖》

- 白鳥庫吉著，王古魯譯《塞外論文譯叢》二輯

- 青山定男《唐宋汴河考》（《東洋學報》二期）

- 《支那學》三卷十二期（大正十四）

▌四、地名摘要索引

本書所見地理名詞，在現時什麼地方，許多不易查考，尤其有些已經淪沒了。要把它全數列表，是一件極之繁難的事，而且各朝的州縣名稱，有現成的《地理韻編今釋》可查，也用不著注入。現在我編這個表，只取（一）較為重要的，（二）名同而地不同或地點已有移動的，（三）有過考證的，（四）含著疑問的，（五）有兩種或兩種以上寫法或叫法的，按第一字筆畫的多少和《康熙字典》部首，依次分列。名下所記數字指「節」

的數目,「導」指導言,因編在付刊之前,故無從記出頁數,收效雖沒有那麼圓滿,也未嘗不可略備檢查啊。

二畫

丁家道口導、一二、一三　九里山一四

九河六、七 九道堰九

二股河一〇　二河蓋一四

二洪一二、一三　二渠六、八

二鋪口一四　人門六

八里衕衕一五　八裡灣(曹)一三

八裡灣閘(運河)一三　八柳樹導、一一、一三

刀馬河一〇　十八里屯一四

三畫

三又口(「北流」)一〇

三汊口(杞縣)一二　又(灉河)一四　三汊河(淮)一二

三家莊一三、一四　三門六、一五

三義鎮一二、一三　上司馬四

上陽山一〇　下邑九、一〇

孔固一〇　屯河九

屯氏河六、八、九　山西湖一二

巴水　同下條　巴河一二、一三

巴庫海一　巴溝河一二

文家集一三　木欒店九

母河一三　毛河九

毛絲坨一四、一五　毛（又作茅）城鋪一四

火敦腦兒，即星宿海　牛黃堌一二，即黃堌口

牛頭河九、一四　王八掃一〇

王公堤一三　王村一一

王供一〇

王家口（邳州）一三　又（虞城）一三　又一三，即王簡口

王家山一四，王家梁（？）八、一五　王家梨八

王家溝一四　王家廟八、一四

王家橋一三　王家營一四

王陵掃一〇　王牌口一二、一三

王莽河五、六、八、一〇　王楚掃一〇

王簡口一三

五畫

朱家口，同下條　朱家海一四
朱家寨一三　朱源寨一四
百尺集（溝）八、九　百步洪一二，即徐州洪
百濟河一〇　空泥河一二，即窪泥河
羊角溝一四、一五　老子山七
老黃河（淮）一二、一三　老鴰嘴一四、一五
考城一一　西平昌一〇
西河故瀆一〇，即鄴東故大河

七畫

何家堤（營）一二、一三　利六、七
吳橋鎮九　呂孟山一三
呂梁洪一二、一三　呂（家）潭一二
宋州九　宋城九
岔口，同下條
岔河（曹）一三　又（淮）一三　又（霑化）一四、一五
延安鎮一〇　延津一〇、一三、一六
扶樂七　成安九
成武七、一二　李吉口一三

八畫

周湖一三　周橋，即周家橋

坡河一五　坨城一三，即茶城

孟姜女河九　孟津七

孟陽（閘）一三　孟陽堤一一

孤女渠七　官渡七

宗城一〇　宜村一一

宜村渡，同上　底柱六

房村（徐州）一三　又（滑州）一〇　抹處二

崑崙二　東（東）平郡九

東明一一、一二　東武城九

東武陽六　「東流」一〇

東郡八　東陽八

杼秋九　枋頭九

板渚九　板廠一四

枉人山一〇　武水九、一〇

武平（縣）一二　武城九、一二

武城鎮（白馬）一一，即沙店　武家口一二

武家墩一三、一四　武陽六

九畫

家林（單）一三　又（鄆城）一四　侯家潭一三

俞本套一四　勃海（郡）八

南旺湖一三、一四　南清河導、七、一○、一一

南陽湖一三、一五　南頓一三

南潮河一四　南濟七

哈只口一二　垞城一三，即茶城

奎山一三　姚村口一三

姬村湖一四　封丘一三

建平九　拱州一二

星宿川（海）二　昭陽湖一三、一四、一五

枯泽渠六　柘城九

柳河，同下條　柳湖一三

柏海二　段家口一三

洪水九、一二　洪石一二

洪濟梁（橋、鎮）二　洨水九

洹水（縣）九　洛水一○

洛（淮）一二　泉河一三，即泗水

洚河一四、一五　界河一○

十畫

城父一二　夏丘九

夏鎮一三　夏鎮河一三，即秦溝

孫（孫）村一〇　孫家口號一三

孫家渡一三　孫祿口一三

孫繼口一三　峰（峰）山一四

徒駭（河）六、一四、一五　徐州洪一二，即百步洪

徙多河一　恩州一〇

㳽然水（河）七、一〇　時（時）和驛一四

桓公溝九　桃園一四

桃源（縣）一三　桃源集一三

殷墟四　浚儀七

浚儀渠七　浮水（河）八、一〇

浮陽九　（經）河（江蘇）一三、一四

浪蕩（宕、㟧）渠，即蒗蕩渠　瀧（瀧）河七

流（劉）通集一三、一四　烏（烏）海二

烏欄堤一〇　烏鍛國一

珠梅一三　狼矢溝一三

狼湯渠七，即蒗蕩渠　留城一三

十一畫

涼（涼）城五　清口一二、一三、一四

清水（淇）八、九　清水溝一四

清水鎮河一〇　清池九、一〇

清汴一〇　清河（水）七、九、一二，即大清河

清河八，即清水　清河（縣屬冀）八

清河（縣屬蘇）一二　清淵九

清陽九、一〇　清漳水八

清豐九　涸河七

涿郡九　淇水八、九

淺（淺）口鎮一〇　淘北（背）河一二、一三

琅槐七　瓠子河（堤）七、八、九、一二

珠（硃？）梅閘一三　章武六、九

符離河一二、一三、一四　符離橋一三

聊城八、九　修（脩）九，即蓨

莨（筤）蕩渠，即濊蕩渠　許（許）家港一〇

貫（貫）臺一四　通利軍一〇、一一

通濟渠七、九　郭貫樓一三

野雞岡導、一三　陰（陰）溝七

陶丘八　陶北河一四，即淘北河

陶城埠一四、一五　陶家店導、一三

陶莊一二、一四　陳（陳）家浦一四

陳溝一三　陳橋一二、一三、一五

魚（魚）山一四　魚王口一二、一三

魚池一○　　魚鱗咀一五

十二畫

博州九　博昌七

博陵陂一三　單（單）州一一

單家口一三　富陵湖一三

彭城九　復（復）陽九

御河（衛河）九、一○、一三　又（通濟渠）九

惠民河一○、一二　惠濟河一四

景城鎮一○　朝河，即潮河

朝城九　朝歌四

棗（棗）強九　棣州九

棠林集一三　渦（渦）水（河）七、一二、一三

渙（渙）水七、九　涅（縣）七

遊河一〇　菏水七、一〇

渤海（縣）九、一〇　淄川郡九

湖村鋪一三　湖陵城一三

湖（胡）陸九　溴河七

渠水七　無（無）棣七、九

無棣河一〇　無鹽八

貓窩一三　琵琶溝一〇

童家營一四　筒瓦廂，即銅瓦廂

絲（絲）網口一四、一五　絜（河）六

絳（絳）水（瀆）六　脾沙堙（又作岡）導、一三

菅七　荊山一三、一四

荊隆口一二、一三、一四、一六，即金龍口

果（菓）河一二，即巴河　華（華）山（豐縣）一三、一四

莽河七　蛤蟆湖一三

都關七　鄆（鄆）州一〇

鄆城七　郰，即鄹

鄃八　鄄七、九

陽陽平九　陽武一二、一三、一六

陽信一〇　陽城七

陽夏七　陽穀九

隆慮八　雄武一一

集胥口八　須（須）水（河）一〇、一二

須昌七　須城一二

馮（馮）橋鎮九　黃池七、九

黃固一二　黃河（唐）八、九

黃河涯七　黃家嘴，同上條

黃家壩一三　黃堌口導、一二、一三，即黃固

黃陵岡一二、一三　黃墩湖一三

黃練集一四　黑洋（又作羊、陽）山一二、一三

十三畫

塌場九、一三　塔兒灣一三、一四

塔章河一三　，即塌場　塗（塗）山一三

塗（淦）山　同上　新河鎮一〇

新陽七　新集導、一二、一三

新鄉一〇、一一　會（會）川一一

會河九、一三，即澮河　會通河一二、一三

楚丘七、一一、一二　楚州九

楊（楊）史道口一四　楊村鋪一三

楊青村一二　楊家口（祥符）一三

楊家口（曹縣）一三　楊家河一四

楊劉一〇　楊（或作陽）橋一三、一四

溜溝一三　滑州九

滑臺九　滔二河一五

義（義）城七　葭密七

落馬湖，即駱馬湖　落黎堤一二

萬（萬）里沙八　萬錦灘一四

葛岡一二、一三　葉（葉）家沖一三

董口，即董溝　董盆口一二、一三

董莊一四　董溝一三、一四

賈莊一四　「賈魯河」一二、一四

鄒（鄒）平七、九、一〇　鉤（鈎）盤（河）六、一五

巨（鉅）野（縣）一一　鉅野澤九、一一

閘（閘）河一三　閘漕，同上

睢水（河）七、九、一二、一三、一四　睢陽九、一一

蒲昌海一　趙王河一四、一五

趙牛河一四　趙（趙）皮寨導、一三

趙家圈口一二、一三、一四　鄥（鄔）八

酸棗八、九、一○　銍（銍）九

銅（銅）瓦廂一三、一四、一五　銀（銀）河一三

翟家口一三　翟家壩一四

魁山一三，即奎山　鳴（鳴）犢河八

十五畫

劉（劉）獸醫口一三，即獸醫口　　廣（廣）川九

廣宗九　廣洋湖一三、一四

廣濟渠九又一三　廣濟河一○

廟（廟）道口導、一三　樂（樂）利堤一二，即落黎堤

樂陵九　樂壽一○

潔（潔）（河）六，即絜　潮河九、一○

漭河，即莽河　潁（潁）水七、一三

潘家口一二、一三　澆（澆）河城二

盤（盤）岔河一二、一三　碻磝九

谷（穀）亭導、一三　谷城七

谷陽九　谷熟九

蓮（蓮）花池九　蔡河七、一〇、一二、一三，即沙水

蓚一〇　遮害亭八

閔（閔）河一〇　魯（魯）渠水七

魯溝，同上　黎陽八、九、一〇

十六畫

冀門一二，即薊門　噶雨馬塘二

衛（衛）（縣）九、一一　衛河九

衛南七　衡家樓一四

橫隴一〇　歷（歷）九

濉水，即睢水　濁（濁）河七、八、一三、一四

濁流口九　渦水，即渦水

渦陽一二　澮（澮）河九、一四，即渙水

獨（獨）流口一〇　獨流砦，同上

磨濟溝一三　磚（磚）固，即專固

積（積）石一、二　穆陵七

興（興）濟一三　篤（篤）馬河六、八、九、一〇

盧（盧）七　蕭（蕭）九

十七畫

十八畫

二十四畫

二十五畫

附圖

附圖

1. 商族住地的推定（及南濟、北濟故道的上段）（四節）

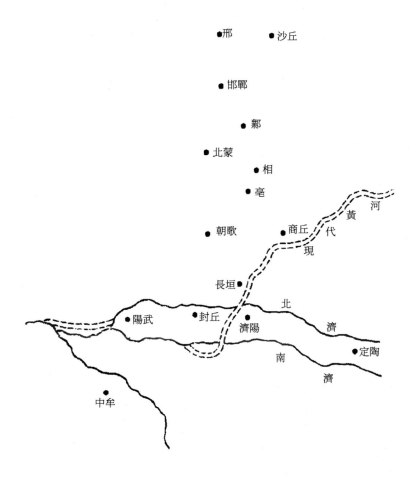

2. 黃、濟、汴三支的大勢，亦即東周河以後的大勢（六節）

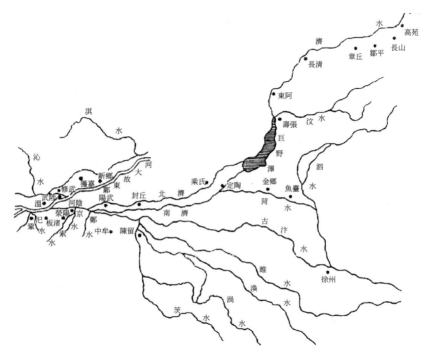

說明：鄴東故大河下游的詳細經行，不能確知，故未繪出。

3. 東周河徒以前黃河的大勢（七節）

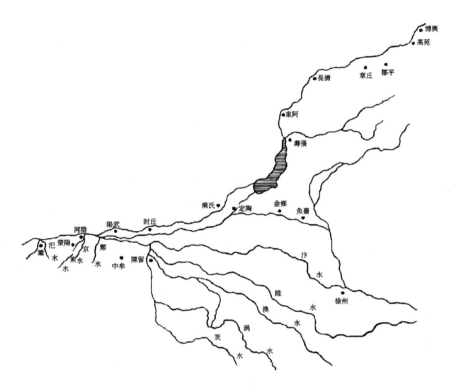

說明：南濟、北濟合而為濟水，即那時黃河的正流。

4. 西漢的黃河（八節）

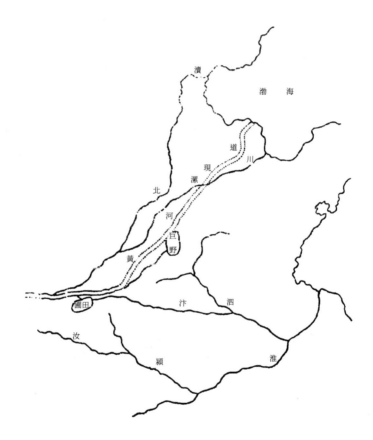

說明：舊日所稱鄴東故大河，戰國時早已斷流，漢武元光三年（元前一三二年）以前，黃河在北方專行漯川。元光三年河決頓丘，沖開另一條北瀆，也叫王莽河，正流走北瀆，餘波仍入漯川。王莽始建國三年（一一年）北瀆斷絕，河復行漯川。

5. 通濟、永清二渠（附古汴水）（九節）

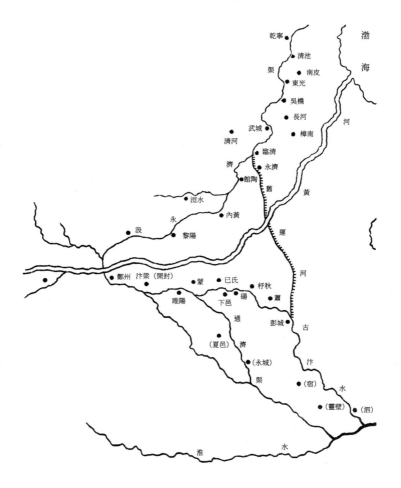

　　說明：圖中所注，除通濟渠所經外，皆隋、唐、宋之縣名
或地名。

6. 唐代黃河的下游（九節）

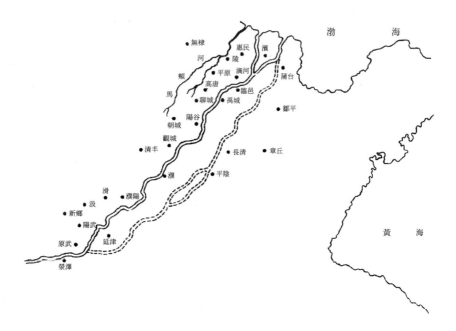

說明：唐時黃河河道用實線，現在河道用虛線。

7. 宋代的北流、東流及衛河（十節）

8. 金大定二十年後的黃河（十一節）

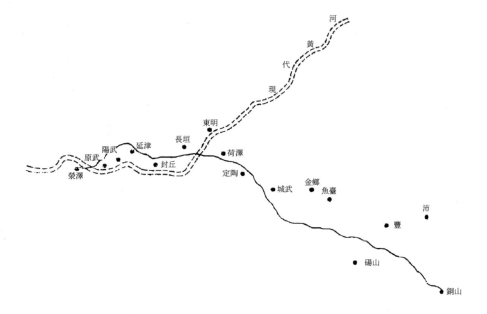

9. 賈魯治河的故道（十二節）

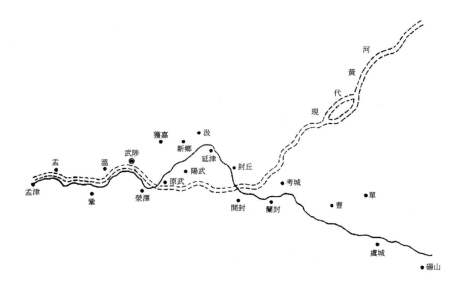

編後記

本書的研究重在黃河變遷，尤其是元代以前。至治黃方面，前人雖有多少名論，從現在科學時代來看，總是不能夠全面發揮；論其實施的成績，比之現代，更可說等於零，故對前代治河方法間有評價，也不過就當日的可能條件來立言。

本篇的論述是詳古而略今，因為明代尤其是清代還有許多書本可供參考，涉明以前事則清代的黃河書刊，大率遵循胡渭的說法，有再行討論之必要。

黃河在龍羊峽以上，至今還未十分清楚，前人治河更極少施工到現在的中游。本篇為切合當時環境，便於敘述起見，稱三門峽以上為「上游」，河南部分為「中游」，舊行皖、蘇或現行山東地面為「下游」，與一般所稱上中下游的界畫有點不同。

初稿既成，時有修補，故同是一項數據，往往此處引甲書，而別處又引乙書，事實上究無大出入，閱者如要檢對，也不必專求一本。

南方書本缺乏，借檢又許多不便，性質非十分重要的數據，雖有原本可對，為省工起見，也往往採取間接徵引的方式。

辛亥以後，改用公曆，但各書紀載，仍有新舊雜用之處，

勢難一一查考，涉於月日問題，閱者應注意這一點。又河防出事，官書多據報到的日期，也是和私家敘述常生差異的原因。

《治河論叢》論及決口地方，曾說：「以同一處所，村落櫛比，此記甲村，彼記乙村，故不免有重複之處。」（二〇〇頁）按出事地點，不單止一般地圖，甚至方誌也沒有，更或已淪沒水中，無從查考，重複之處，勢所難免。

人或更名，如李協後稱李儀祉，本書只依照其發表論文時所用名稱，不予更改以免誤會。

初稿完成後，始識趙君世暹，承其借贈圖書，代抄資料，多所臂助，心感難宣。地圖託友人代繪，多不合式，古代水道圖更難求其精確，示意而已。

一九五五年十一月三日

同時，某些朋友提了點寶貴意見，因作第三次檢閱，順帶刪了一節，增了兩個附錄，其附錄三、四還依舊稿，閱者當分別觀之。

同年十二月十一日再記於廣州

電子書購買

爽讀 APP

國家圖書館出版品預行編目資料

黃河變遷史——清代至現代的治河主張：靳潘治河優劣 × 清代治河技術 × 民間方誌記載 × 河航利用主張……黃河流入近現代，千年的治水經驗匯流至此！ / 岑仲勉著 . -- 第一版 . -- 臺北市：崧燁文化事業有限公司 , 2024.07
面；　公分
POD 版
ISBN 978-626-394-567-8(平裝)
1.CST: 水利工程 2.CST: 歷史 3.CST: 黃河
682.82　　113010572

黃河變遷史——清代至現代的治河主張：靳潘治河優劣 × 清代治河技術 × 民間方誌記載 × 河航利用主張……黃河流入近現代，千年的治水經驗匯流至此！

臉書

作　　者：岑仲勉
責任編輯：高惠娟
發 行 人：黃振庭
出 版 者：崧燁文化事業有限公司
發 行 者：崧燁文化事業有限公司
E-mail：sonbookservice@gmail.com
粉 絲 頁：https://www.facebook.com/sonbookss/
網　　址：https://sonbook.net/
地　　址：台北市中正區重慶南路一段 61 號 8 樓
8F., No.61, Sec. 1, Chongqing S. Rd., Zhongzheng Dist., Taipei City 100, Taiwan
電　　話：(02) 2370-3310　　傳　　真：(02) 2388-1990
印　　刷：京峯數位服務有限公司
律師顧問：廣華律師事務所 張珮琦律師

定　　價：350 元
發行日期：2024 年 07 月第一版
◎本書以 POD 印製
Design Assets from Freepik.com

目錄

目錄

目錄

目錄

前言

孩子在父母眼中絕對是第一位的，擁有一個優秀的孩子，對於父母們來說，是家庭生活中最重要的一件事。

為了孩子捨棄自己夢想，為了孩子犧牲自己的人生，整天忙得焦頭爛額，甚至失去自我，這樣的父母在現實中屢見不鮮。在他們看來，這一切都是為了孩子，自己的做法絕對沒有錯！

其實，這種想法不但錯了，而且是大錯特錯。

教育孩子是一門很深的學問，它自有其獨特的運作方法和技巧。透過細緻、深入的調查與研究，我們發現：與孩子們生活在一起，將他們養育成人是一項極富挑戰性、極易讓人精疲力盡的過程，在這個過程中，父母僅具有愛心是遠遠不夠的，很多情況下，還需要父母有足夠的智慧和耐力。也就是說，教育孩子不是靠父母單純的犧牲就能達到好的效果，事實上，「犧牲式」父母不僅無法教育好孩子，甚至會把自己和孩子都推向不幸的深淵。

父母是孩子的第一任老師，父母的生活態度和生活方式會

前言

最大程度的影響孩子，而「犧牲型」父母所承受的巨大壓力和對孩子的過高期望，只能讓孩子感受到痛苦與壓力而成為問題孩子。所以，父母必須從「犧牲者」這一角色中解放出來，擺脫犧牲式的教育方法，只有這樣孩子才可能得到相應的解放，進而才會得到快樂並在快樂中獲得成功。

當然，父母僅僅解放自己還是不夠的，還需要解放孩子，有學者指出：「為人父母的重要目標之一就是要幫助孩子從我們身邊解放出去，幫助他們獨立，從而有一天真正的成為一個獨立的個體。」此外，父母應該了解到，「解放父母，解放孩子」是一種互動的教育行為，父母要在解放自己的過程中解放孩子，反過來亦然。

那麼，到底該如何解放父母？如何解放孩子？又如何讓這兩者形成一種互動？

這正是本書所要告訴給所有讀者朋友的。

本書從大量的教育案例中提出眾多具有針對性的經典個案，加上作者對家庭教育的深入了解和精彩論述，從十一個方面全方位、深角度的剖析和討論了我們上面所提出的命題：

1　父母快樂，孩子才會快樂。

2　父母應該丟掉的不健康心理。

3　不要以「愛」的方式毀掉孩子。

4　蹲下來與孩子一起看世界。

5　把孩子從固定的角色中解放出來。

6　孩子做錯事，父母怎麼辦？

7　解放孩子的雙手。

8　如何做，孩子才能學得更好。

9　讓孩子學會如何與他人溝通。

10　引導孩子的消費理財能力。

11　讓家庭成為孩子詩意的天堂。

關於家庭教育的種種問題和解答，都精鍊的涵蓋在這十一個方面了，我們將此奉獻給所有父母，希望你們能從中有所受益，解放自己，解放孩子。

前言

父母快樂，孩子才會快樂

一、打造快樂孩子需要快樂父母

有一句話說的好，快樂與朋友分享，快樂便會增加一倍；煩惱向朋友傾訴，煩惱便會減少一半。其實這句話用在父母與孩子的身上也是很適合的。

自從孩子來到這個世界，做父母的就希望孩子能有快樂的生活、快樂的求學生涯、快樂的人生，並為此盡心盡力的付出：看各式各樣的育兒圖書；和有經驗的人交流養兒之道；學做各種孩子愛吃的菜餚；打聽哪裡有好的學習方法、補習班等等……

父母之所以這樣做，是因為他們知道快樂的孩子學習效率高，快樂的孩子願意幫助他人，快樂的孩子更能經受住挫折！成功的人不一定快樂，但快樂的人一定是成功的！

那麼，如何才能使孩子快樂呢？

事實上，孩子們的快樂大部分來自於父母，不僅僅是來自於父母們所給的豐富的物質資源，更重要的是來自於父母的快樂精神！父母是孩子的快樂之源，父母快樂，孩子才會快樂。

那麼，如何才能成為快樂父母呢？如何才能打造快樂孩子呢？以下六條建議可供參考：

(一) 帶上「讚美眼鏡」

及時發現孩子的優點並讚美他，比如當他寫了一篇優秀的作文時，你要能及時的予以表揚，而且表揚要盡量的具體：「這處場景你描寫得很生動，這個形象塑造得很成功。」對於孩子來說，這是一個很快樂的禮物。它能在給孩子帶來快樂的同時，幫助孩子建立自信，以樂觀的態度來面對生活的挑戰。

(二) 愛的「大餐」和「小點心」

一個生活在充滿愛意的家庭中的孩子是最快樂的。人際關係專家將父母對孩子的愛分為兩種：愛的「大餐」和「小點心」，他指出：愛的大餐是指每天三回，每次至少三分鐘主動的表達對家人及孩子的愛。愛的小點心有很多種：可以是額頭上的輕吻、一句衷心的讚美、一聲謝謝，費時不多，但功效神奇。不論是大餐還是小點心，父母都必須全神貫注。

(三) 從小對孩子進行幽默訓練

研究表明，幽默感是情商的重要組成部分。具有幽默感的

孩子大多開朗活潑，人際關係也要比一般的孩子好得多。幽默還能幫助孩子更好的應對生活和學習中的壓力和挫折，他們往往過得比較快樂，也能比較輕鬆的完成學業。而人的幽默感大約有三成是天生的，七成則須靠後天培養，所以父母在這一方面一定要加以重視。

(四) 智慧帶來快樂

養育孩子需要父母的快樂，而父母的快樂需要靠智慧的方式傳遞給孩子。來看看這樣一則故事：有一位媽媽在廚房洗東西，聽到她的兒子在院子裡跳個不停，媽媽好奇的問：「你在玩什麼呀？」孩子回答：「我跳到月球上去了！」當時這位媽媽愣了一下，但她很有智慧，隨後她很溫和的說：「千萬不要忘了回來呀！」許多年後，這個孩子長大了，他成了地球上第一個登上月球的人，他的名字叫阿姆斯壯。

(五) 學習溝通技巧，學會了解孩子

親子間的溝通不良，使絕大多數孩子失去了應有的快樂。父母在與孩子溝通前，一定要先了解孩子此時此刻的情緒和心理，因為每一種情緒和心理的背後都有某種動機，你只有清楚的了解孩子的心理動機後，才能和他進行有效的溝通。

(六) 珍惜家人共聚的時間

許多人在回憶自己成長中所經歷的快樂場景時，往往最先

想起的就是家人團聚的時間。比如用餐的時間，假期的活動等，這些都有可能成為孩子一生中最快樂的回憶。有一句古老的格言這樣說道：「一家人吃飯時是爭論還是談話，是稱讚還是訓斥，是一個很好的測量標準，它可以看出這個家庭是在疏遠分離，還是越來越親近。」如果你要創建一個彼此沒有距離的快樂家庭，那就從餐桌上開始吧！

二、讓幸福感伴隨孩子每一天

幸福是內心的一種持久性快樂，讓幸福感隨時伴隨在孩子身邊，就等於是給了孩子快樂的泉源和動力。

如何給予孩子幸福感？父母首先必須了解到，對於孩子來說，幸福不是你送的芭比娃娃，也不是你給孩子的賽車模型，也不是你買給他的新衣服。真正的幸福有著深刻的內容。

權威心理學家的研究表明，事實上，在每個孩子的成長過程中，都需要依次建立兩個幸福感：「首要幸福感」和「次要幸福感」。

首要幸福感。指的是孩子對父母給予自己的愛的完全確信，是明確的、毫無疑問的，並堅信父母永遠無條件的愛自己。這個幸福感的完全建立是在孩子三歲左右。三歲之前，孩子需要父母經常用語言和行動來表達愛。首要幸福感一旦確立，終生不會動搖，孩子也不再需要父母隨時陪在身邊才能夠感受到愛。

　　次要幸福感，指的是孩子在日常生活中所獲取的快樂，比如堆積木、扮家家酒、拉小提琴等。

　　首要幸福感不牢固的孩子，次要幸福感也很難健全。因為他們的快樂，過度依賴於外在的「成就」：是否馬上得到自己想要的玩具、考試成績是否好、老師是不是喜歡我等等。如果順利，就特別高興；如果不順利，就感到受挫折。這樣的孩子，精神不獨立，對人、物、事的依賴性過強。

　　因此，父母要隨時讓孩子感覺到父母的愛，具體可參考以下九個建議：

(一) 尊重孩子

　　孩子需要父母的尊重，孩子是一個獨立的人。外在強加的活動對孩子來說是痛苦的，尊重孩子比送他貴重的玩具更能讓他幸福。

(二) 傾聽，走進孩子的內心世界

　　對孩子來說，你能專心聽他傾訴是很重要的事情，這表明你在關注他，即使他講述的事情你可能已經聽過一遍，但是不要打斷他，只要把注意力放在他身上就好了。

(三) 接觸自然

　　和孩子一起去滑雪，一起騎車，一起在公園裡玩，這樣可以讓孩子更健康茁壯，還能讓他擁有更多的歡笑與快樂。經常

運動能讓孩子身心放鬆，能讓孩子有健康的體態，也能讓孩子因為完成一些體育運動而獲得自豪感。如果你鼓勵他去做他喜歡的運動，或許他還能從這項運動中得到更多的樂趣。

（四）表揚得有技巧

不要只對孩子說：「做得真棒！」當孩子有進步的或者掌握了一門新技能的時候，你要能指出你觀察到的細節，比如說：「你描述的英雄真具體，好像就在我的眼前。」或者「我喜歡你這種畫樹的方法。」這些具體的語言遠比一句空洞的讚揚要好得多。

（五）微笑和擁抱

父母對孩子微笑等於對孩子說：「我愛你！」在孩子身邊的時候，一定要擁抱他。專家指出，每天給一個孩子四次擁抱，僅是生存需要；給他八次擁抱，他能保持好的狀態；給他十六次擁抱，他才會成長。父母要記住，每次微笑和擁抱對孩子都是有好處的。

（六）向孩子表達愛意

掌握愛的「質」和「度」，堅持物質的愛與精神的愛相結合，堅持「大愛」與「小愛」相結合。向孩子表達愛意，這是孩子最基本的需要之一，這能讓他感到自信，感到安全。

(七) 教孩子關心別人

孩子需要感受到他是團體中有價值的一員，所以父母要讓孩子能夠透過一些有效的方式觸及到別人的生活。給孩子更多接觸別人的機會，讓助人為樂的感受慢慢走進孩子的心靈。比如，你可以讓他選一些不想要的玩具送到育幼院、讓他帶一些家裡不需要的東西援助給捐贈區。

(八) 讓藝術走進孩子的心靈

古典音樂對促進大腦發育的有著不可忽視的作用，而且接觸音樂、舞蹈、以及其他任何類型的藝術，都能豐富孩子的內心世界。彈鋼琴、聽音樂能給孩子一個情緒發洩的出口，這是孩子表達對自己、對世界的感受的一種創造性的方法。這種感覺來自於孩子對藝術的感受過程，無論是在學鋼琴，還是參加幼稚園的演出，都能讓孩子覺得他是優秀的。

(九) 給孩子展現自己的機會

每個孩子在某個方面都有天才般的本領，為什麼不讓他展現一下呢？他喜歡書嗎？你做飯的時候讓他讀給你聽；他對數字很敏感嗎？購物的時候，讓他幫你挑選價格最合適的商品。當你激發孩子的積極性，並展現出你對他的表現很滿意時，你就開闢了另一條讓孩子更自信的道路。

三、與孩子分享快樂

快樂越是與人分享，它的價值便越會增加。「分」的人是快樂的，因為他實現了自己存在的價值；「享」的人也是快樂的，因為他感受到了關愛和友誼。

分享是快樂的大門，學會分享，孩子就進入了快樂的城堡。父母與孩子一起分享喜怒哀樂，不僅有利於協調父母與孩子的關係，使孩子感受到父母的關愛和信任，也能使父母更加深入的了解自己的孩子，從而對孩子的教育做到有的放矢。

相反的，如果父母對孩子持不願分享或不想分享的態度，就無法了解孩子的願望和要求，這樣，孩子對父母的信賴也勢必減弱，家庭教育的效果也勢必會大打折扣。

對於父母來說，能在孩子的成長過程中分享孩子的點點滴滴，並能夠或多或少參與進去，那麼，無論是喜樂煩惱，都是一種莫大的幸福。小青的女兒雯雯發現外婆每次炒出香噴噴的菜後，總要先用小盤子盛出來一些。

「外婆，為什麼要單獨盛出來一盤呢？」她好奇的問。

「留給妳媽媽呀，她還沒有下班呢！」外婆說著，同時把飯鍋蓋好，「雯雯，妳盛過飯後要記得把鍋蓋蓋緊，不然等妳媽回來飯就涼了。」雯雯仔細一看，發現留下的菜又多又好。

有一次，她神神祕祕的跑來告訴小青：「媽，我告訴妳一個祕密吧！在外婆家，誰晚回家吃飯誰有福！」「分享」對於幼小的她原本是一種「新發現」，到了後來，習慣變成了自然。

女兒上小學一年級時的一件小事令小青至今難忘：

「兒童節」慶祝會上，老師發給每位孩子一份節日禮物：兩塊巧克力。

拿到巧克力，女兒就飛快的跑來找小青：「媽媽，禮物，分妳一半！」說完，把一塊巧克力塞在小青手中。

「好！謝謝妳！」當著女兒的面，小青立刻把巧克力放進嘴裡，「好吃，好吃，真好吃！」

女兒高興的跑回座位上去了。

小青身邊的一位媽媽羨慕的說：「看妳多幸福啊！妳瞧見前面那個小胖妞了吧，就是我女兒。妳看她一個人吃得多香啊，居然都不看我一眼。」聽了這話，小青覺得女兒懂事了，懂得分享了。

很快，女兒上小學六年級了。記得一個週末的下午，小青正在加班。女兒突然從外婆家打來電話：「媽，妳今天下班回外婆家好嗎？有好事！妳早點回來！」

「好！」小青立刻答應了，手裡加快速度工作。

一個小時過去了，「媽，妳怎麼還不回來呀？」女兒又打電話來催了。

小青抬頭一看錶，快七點了。「好！我很快就回去。有什麼好事呀？可不可以先透露透露啊？」「我不告訴妳！等你回來就知道了！」嘿，女兒居然還賣關子。

時間飛逝，又一個電話打來，活還沒有做完……

　　等小青回到家，天早就黑了，女兒已經睡了。「妳這女兒真沒白疼，」母親說著，把小青領進廚房，「妳看看，這是妳寶貝女兒親自下廚炒的黃瓜蝦仁。她一直等著妳回來，想和妳一起吃，但妳老不回來！妳看，都給妳留下來了，全是大蝦仁。小的她自己吃了！」

　　看著女兒的傑作：一小碗蝦仁！每個蝦仁的脖子上套了一片黃瓜！整道菜竟然五彩繽紛：白色、粉色、綠色，真美！想像得出，女兒在製作這道菜時是多麼用心！她是想和媽媽共同分享這藝術的傑作。

　　十二歲的女兒，以一顆與人分享快樂的愛心，親手製作了這份禮物，並以「家傳」的分享方式，留下了她一份小小的心意。小青充分感受到了，一個幼小的心靈，誠摯的把自己創造的快樂，無償的奉獻給別人。

　　品嚐著女兒炒的菜，又甜又鹹。甜的是蝦，鹹的是小青感動的淚水……

　　這就是分享的幸福。就這樣，「分享」，成為了凝聚小青一家人的力量。

　　整體來說，和孩子一起分享快樂，有利於給孩子一個快樂健康的家庭環境，有利於孩子的健康成長。父母與孩子一起分享快樂不但可以增加相互的理解與信任，而且可以教會孩子為人處世，促進孩子身心的良好發展。所以，父母一定要盡可能的與孩子分享快樂。

四、與孩子一起做孩子喜歡做的事

孩子是一個獨立的個體，他們的興趣愛好不見得與父母相同，當兩者之間存在差異時，孩子經常執著的去做他們感興趣的事情，這個時候，父母應該怎麼辦呢？是支持還是反對？正確的做法應該是陪孩子做他喜歡做的事，因為這是父母對孩子的一種責任，也是一種尊重，是非常重要的一種教育方法。

黃啟珩是一位事業有成、家庭幸福的優秀女士。在談到教育子女的經驗時，她的最大體會就是要多陪孩子做孩子喜歡做的事情。黃女士回憶了自己的童年生活，以及她對孩子的教育。她說：我的兩個兒女現在都在美國讀博士，別人都問我怎樣才把孩子教育得這樣優秀，其實答案很簡單，我所做的只是尊重孩子個性的發展，並注意多陪孩子做他們喜歡的事情。

黃女士說到了兩件令她難以忘懷的小事：

一件事是，女兒小的時候，很喜歡天文，對星座特別感到興趣，常常半夜邀請我陪她出去看星星。也許很多父母會很自然的反應說，這麼晚了還不睡覺，看什麼星星！如果父母這麼一潑冷水，孩子的興趣可能被澆滅，孩子的才氣也可能從此就被扼殺。所以，不管當時我有多睏，多累，我都一定會親自陪女兒出去注視著星空指指點點，和女兒談一些日常瑣事和人生哲理。直到今日，女兒回想起這件事，偶爾還會撒嬌的讓我陪她去看星星。女兒後來拿到物理博士，或許就是從看星星的興趣中培養出來的吧！

另一件事，是關於我兒子的。我兒子到美國念地球科學後，我還是經常想辦法做一些孩子喜歡的事情。雖然我們不在一起，但我仍然想方設法讓兒子感覺到我的支持。每當我發現報紙雜誌上面有與地球科學相關的報導時，我便剪下來，傳真或者寄給孩子。兒子很感動，他把這些資料都貼在寢室的四周牆壁上，同學們問資料是從哪裡來的，兒子總是驕傲的告訴同學們是媽媽提供的。

　　……

　　在說完了自己的教育心得後，黃女士給人們提出了一些建議：現在的很多父母都抱怨陪孩子的時候太少，但我覺得陪孩子做一些事，關鍵不在於時間的多少，常常嘮叨自己的事情，反而會讓孩子反感。要陪孩子，主要是陪他們做一些他們喜歡的事，而不是父母喜歡的事。父母還要多聽孩子的心聲，多給孩子一些鼓勵和肯定，這樣親子間的相處才會變得珍貴、和諧，孩子也會聽話，會用心體諒父母的立場和辛勞。

　　黃女士的建議可謂用心良苦。父母應該明白，孩子所喜歡做的事情，往往是他的優勢所在，而且正因為喜歡，他才會非常的專注和投入，並很有可能在這一方面取得成績。所以我們要像培植幼苗一樣的去培養孩子的興趣，陪他們做喜歡的事情，去發展他的興趣，使孩子走上一條快樂的人生之路。

　　孩子的興趣是非常珍貴的，就像一顆嫩芽，一旦它顯露出來的時候，我們身為父母就要給予關注、給予支持。

那麼，父母應該如何陪孩子做他自己喜歡做的事呢？以下的三種方法父母不妨一試：

(一) 捕捉孩子的每一點快樂

當孩子看漫畫看得哈哈大笑時，當孩子踢球累得滿頭大汗時，當孩子聚精會神的畫畫時，不要用「趕快去做作業！」之類的話來打斷孩子熱情，靜靜的陪孩子坐一會兒，和他一起歡笑。在這一段時間，忘掉他的成績、學業、功課和其他東西吧！

(二) 珍惜孩子的每一次請求

當孩子發出「陪陪我」的請求時，父母應該盡可能的滿足孩子。

(三) 不要太過刻意的去教育孩子

陪孩子一起學習或玩耍，別試圖把和孩子在一起的每一分鐘都變成教育，而應該透過言傳身教，孩子會一邊學習一邊觀察，並從父母的言行中學習做人做事。

五、父母要培養自己的幽默感

幽默是精神生活的陽光。沒有陽光，萬物皆不會存在或生長。邱吉爾曾這樣說過：「我認為，除非你理解世上最令人發笑的趣事，否則你便不能解決最為棘手的難題。」

精神快樂的人最為明顯的特點大概就是善意的幽默感。讓別人開懷大笑，在笑聲中觀察五彩繽紛的現實生活，這是消除憤怒與焦躁的最佳方法。

事實上，孩子也需要有幽默感的父母。

研究機構曾對五所中小學五百零七名小學生、二百五十八名國中生開展的「兒童參與家庭教育調查」顯示：百分之四十一點四的小學生、百分之四十六點九的中學生希望父母富有幽默感。

由此可見，父母具有幽默感是多麼的重要。

臺灣傳統的家庭教育大都嚴肅多於活潑，從一些俗話便可見一斑，如：「三天不打，上房揭瓦」、「棍棒底下出孝子」。在這種教育思想影響下，父母與孩子的關係往往弄得非常對立。殊不知，最好的家教應該是略帶一些幽默的。

八歲的小明不小心在爸爸身上尿了一泡尿，本以為爸爸會打他一頓，結果小明爸爸卻幽默的說道：「哈，中獎了！」——當然，這時的小明還不能理解這句話中的幽默，但他從爸爸快樂的表情中感受到了快樂，撲哧一聲笑了。

九歲的文強因痴迷於武俠劇，天天打打殺殺的，父母很是擔心。一天，文強又在商店裡看中了一支新式玩具步槍，纏著要買，而家中的武器玩具早就堆積如山。文強爸爸不想買，但又怕打擊到孩子，於是幽默的說道：「兒子，你的軍費開支也太大了，現在是和平時代，我們裁減點軍費如何？」兒子聽了父親

的話哈哈大笑，從此，再也沒有要父親買過武器玩具。

家庭教育的方式多種多樣，但整體說來，不外乎疾言厲色、心平氣和、風趣幽默三種。家庭教育的本質在「教育」二字，無論哪一種教育方式，都離不開生活理念的灌輸，但是不同的灌輸形式產生的效果大不相同。疾言厲色的教育可以威懾孩子，但它容易讓孩子產生對抗心理，是一種不得要領的教育方式。心平氣和式的教育能使孩子體會到自己與父母在人格上的平等，但由於語言平淡，不痛不癢，無法產生持久的效果。風趣幽默的教育觸動的是孩子活潑的天性，因而更能在他們的心靈中留下不滅的印跡，使他們時刻以此警示自己。

幽默是父母與孩子溝通的有效方式，它不僅能緩和家庭氣氛，拉近親子距離，更能讓孩子們在快樂中接受父母的觀點。所有的父母都知道，強制不是教育孩子的最好方法，它很可能讓孩子對父母產生強烈的抵觸情緒，達不到最佳的教育效果。而幽默則不同，世界上有人拒絕痛苦，有人拒絕憂傷，但絕不會有人拒絕笑聲。

在教育孩子時，父母如果經常能想到「寓教於樂」，那麼，再頑皮、再固執的孩子也會轉變的。而孩子如果能一直在這樣輕鬆幽默的家庭環境中長大，身心也一定會是自由快樂的，而且潛移默化的，自己也會慢慢的具備幽默的特質。

六、肯定孩子的進步

　　曾經在網路上看到這樣一段精彩的對話。假如你的孩子不能成長為參天大樹，那就讓他做一棵默默無聞的小草吧，他一樣可以給你帶來春天的美麗；假如你的孩子不能成為一片汪洋，那就讓他做一朵最小的浪花吧，他同樣可以帶給你跳動的喜悅；假如你的孩子不能成為一位名人，那就讓他做一個平凡的人，無論是道道地地的農民，或是普普通通的工人，也無論是一名軍人還是一位商人，只要他誠實、正直、善良、上進，為父母者都應感到驕傲，因為他們培養出來的孩子是一個對社會有用的人，這就足夠了。

　　肯定孩子的進步對孩子的成長有著積極的影響，能讓孩子隨時體會到滿足和快樂。

　　當孩子在學習和生活中取得進步，哪怕是很小的進步，身為父母，你都應該說：「孩子，你比以前進步多了，繼續努力，一定會越來越好的。」

　　當孩子做事的成效不明顯時，不要打擊孩子的積極性，要對他說：「你每天都在進步，別著急，會好起來的！」

　　來看這樣一則事例：

　　維薇是鋼琴老師，有一段時間，她曾教過一個叫邵明的小男孩，這個孩子學鋼琴非常努力，雖然剛開始的時候入門比較慢，但後來慢慢的進入了狀態，彈得越來越好，維薇覺得這個孩子很有潛力。

　　但有一次，維薇卻發現邵明已經兩個週末沒有來學琴了。她感到非常奇怪，於是她撥通了邵明家的電話，接電話的正是邵明。

　　「邵明，這兩個週末怎麼沒有來學琴呢？」

　　「媽媽不讓我去了。」邵明小聲的說。

　　「為什麼不讓你來了呢？家裡有什麼事嗎？」

　　「沒什麼事，因為媽媽認為我學不好，再學下去也是耽誤時間。」

　　「怎麼會呢，你學得很努力，進步也很快，媽媽為什麼會這麼說呢？」

　　「我每次學完琴回家，媽媽總讓我彈給她聽。每次彈完，她都說彈得不好，一點進步都沒有，就不讓我學了。」

　　掛上電話，維薇為邵明的媽媽感到悲哀。

　　僅僅因為孩子沒有達到「最佳」或自己心目中滿意的標準，就無視孩子的進步，全盤抹煞孩子的成績，這是對孩子的一種嚴重傷害，也許在無意中，就因為父母過高的期望而葬送掉一個科學家或藝術家。

　　父母應該學會肯定孩子的進步。在孩子看來，只要自己取得一點點進步，父母就應該是快樂的，就應該表揚自己。可是有的父母不會站在孩子的角度看問題，總是用大人的標準要求孩子，因而孩子很多時候難以達到父母的要求，這樣一來，孩子就很難看見自己的進步，就會產生自己沒有用的想法，從而

喪失了前進的動力和快樂的泉源。

所以說，父母隨時都要看到孩子的進步，尤其是在孩子表現不好或者成效不明顯的時候，不要急著去打擊孩子的信心和積極性，而是應該尋找和發現孩子的進步，對孩子的表現給予寬容，對孩子的進步給予肯定，這將會讓孩子建立或者重新建立做好事情的勇氣和信心，也會給孩子帶來足夠的快樂。

七、讓孩子在賞識中快樂成長

人性最本質的需求之一就是渴望得到尊重和欣賞。孩子自然也不例外，賞識能讓孩子體驗被認可的歡樂和喜悅，是父母打造快樂孩子的最佳方式。

偉大的教育家陶行知先生，早在半個世紀之前就深刻指出：「教育孩子的全部祕密是解放孩子。解放孩子就是要讓孩子感受到快樂，而這其中首先要做的就是賞識孩子，沒有賞識就沒有成功的教育。」

孩子的成長道路猶如跑道和戰場，父母應為他們多喊「加油，你可以的。」高呼「衝啊，好樣的。」哪怕孩子跌倒一千次，也要堅信他一千零一次能站起來。

「童話大王」鄭淵潔曾講述過他童年時期的一椿難忘的事：他在小學期間，由於學習成績不太好，有一次老師當著全班同學的面，讓他站在講臺前面對大家說「我是班上最笨的孩子」。這件事嚴重傷害了小淵潔稚嫩的心靈，他回到家中十分沮喪的

向父親講述了這件事。令他感到意外的是，父親聽後並沒有責怪他，而是對他說：「你一點兒也不笨呀，瞧你故事講得多好！」聽到這話，小淵潔低垂的頭慢慢抬了起來。後來，鄭淵潔終於成為給眾多小朋友帶來智慧和歡樂的童話大王。

由此可見，賞識對孩子會產生多麼大的影響，然而，現實生活中大多數父母卻不習慣用賞識的目光看待孩子的優點，而是用挑剔的眼光去找孩子的毛病。更可怕的是，有些父母總是喜歡用別人家孩子的長處，去比較自己孩子的短處，越比較越覺得自己的孩子不如人。

父母用這種教育方法去教育孩子，註定要失敗。

小劍是臺南一中的一位小學生，他委屈的說：「我從來沒有當過幹部，好不容易當上了小隊長，心裡直是高興極了。回家跟媽媽說，但我媽不但沒誇我幾句，反而把嘴一撇說：『小隊長有什麼可吹噓的？這是最小的幹部！』但她哪裡知道，我為了當上小隊長有多麼不容易！」

他們班剛上任的中隊長小羅則說：「我當上中隊長，心裡特別高興。回家跟媽媽一說，我媽當時就問：『大隊長的候選人有你嗎？』您說，我媽多不知足！」

這些媽媽太難為孩子了。其實，沒必要總拿自己的孩子去和別人家的孩子比，只要自己的孩子今天比昨天有進步，就應該祝賀他。

此外，要學會賞識孩子，父母特別要注意別說孩子「笨」。

因為孩子的自我評價能力很低，往往將父母或教師的評價作為評價自我的標準，於是，被說成「笨」的孩子就會認為自己笨。隨便給孩子戴上一頂「笨」的帽子，就會壓抑孩子天真爛漫的性格，挫折他們的自信心，禁錮他們的思想與行動，甚至會影響他們一生的成長。

總之，只有父母變得高明，學會賞識孩子，孩子才會快樂，才會有前進的動力。所以，父母一定要學會賞識自己的孩子。

那麼，身為父母，如何才能更好的賞識自己的孩子呢？以下幾點建議可供參考：

（一）對孩子充滿信心

每個年齡段的孩子都有一定的學習目標，父母要依據孩子的能力制訂合理的目標，讓孩子經過努力實現目標，培養孩子的自信心，對孩子的每一點進步要及時表揚和鼓勵，並適時的提出下一階段的目標，讓孩子能感受到自己的進步。

（二）尊重孩子，要運用正確的方式進行表揚與批評

孩子們都有強烈的自尊心和上進心，父母要好好的加以保護。表揚孩子時，不妨採取公開的方式，讓孩子的自尊心得到滿足，孩子為了得到更多的表揚，會更努力的去學習、去做父母所喜歡的事；批評孩子時，不妨單獨找孩子談，並直接告訴孩子這樣做是為了尊重孩子，希望孩子理解父母的苦心，改正

自己的缺點，不要讓父母失望。這樣孩子便會投桃報李，積極的配合父母，做父母心目中的好孩子。

(三) 接納孩子的弱點和不足

「金無足赤，人無完人。」要允許孩子犯錯誤，要給孩子改正錯誤的機會。對孩子的一些壞習慣要允許其有一段的改正的過程，最忌揠苗助長，操之過急，使孩子喪失信心，破罐子破摔，最後後悔莫及。

(四) 培養興趣，放飛自我

要廣泛培養孩子的興趣，讓孩子有許多可以自豪的「本事」，充分體驗成功的快樂，這樣做有利於激發孩子的上進心和自信心，不斷戰勝困難、挑戰自我。

八、孩子不是你的「出氣筒」

有氣不要出在孩子身上，如果父母習慣了對著孩子喊叫，那就很可能會毀掉自己的一切教育成果，對孩子喊叫是可憎和有失體面的行為。

有些父母常常用大嗓門跟孩子講話。一個小學生在報上發表了一篇題為《爸爸的「雷聲」》的作文，文中寫道：「別以為只有春天才會聽到雷聲，在我的家裡常常會聽到『雷聲』——那就是爸爸教訓我時的大嗓門。我從小就淘氣，不聽話，只要被爸爸知道了，他會立即圓睜雙眼，『隆隆』的『雷聲』馬上就

到，震得我不敢抬頭。我的眼淚就像夏日的大雨，『嘩嘩』下個不停，那時的我最恨我的爸爸，每天最擔心的也就是他的『雷聲』。我常常想，要是爸爸不打『雷』了，那該多好啊！」

再來看看一位老師遇到的情況：

這天早晨，我監督同學們的早自習。班導師已經把作業留好了，我只是管紀律，防止那些調皮鬼搗亂。

一開始，同學們挺安靜，但沒過一會兒就說的說笑的笑，有的竟還唱起了歌。

我生氣的巡視課堂，發現說得最起勁的還是班上最調皮的學生趙曉東。

於是我就走過去，對著他大叫道：「你別說了行不行？」

他吐了吐舌頭，笑著說：「不說了，不說了。」

但我一轉身，他又開始了他的「演講」，望著這混亂的局面，我只是無可奈何的嘆了口氣。

總不能這樣任其亂下去呀？焦急中我猛然想起了「殺一儆百」。

對！我雖不能「殺」他，但一定要「儆」。

於是我怒氣衝衝的走過去，喝道：「趙曉東！你站起來！」

他卻好像沒聽見似的，沒出聲，也沒動。

我又加大了嗓門：「你給我站起來！」

他見我急了，只好慢悠悠的站了起來。

這時，一個尖聲尖氣的聲音傳入我的耳朵：「實習老師管得

倒挺寬。」

我扭頭一看，氣得火冒三丈，說話的原來是趙曉東的「好」朋友王亮 —— 班上的體育股長。

他不緊不慢的說：「你那樣訓人，我們不服氣。」

看到他傲慢的樣子，想到他身為班級幹部，不但不管趙曉東，反而替他說話，我更加火冒三丈，嚴聲命令：「王亮！你也站起來！」

王亮看著屋頂，不理不睬。我忍無可忍的舉起教鞭打了他一下。這一下他也火了，跳上課桌，擺開了決一雌雄的架式。

課堂上頓時安靜了下來，四十多雙眼睛一齊看向我倆。恰在這時，班導師來了，才算解了圍。

這位老師的做法在大多數人看來或許沒有什麼問題：學生不聽話，老師進行責罰，能有什麼錯呢？其實不然，再來看這樣一則故事：

有一個小孩子，不知道回聲是什麼東西。有一次，他獨自站在曠野，大聲叫道：「喂！喂！」

附近小山立即反射出回聲：「喂！喂！」他又叫「你是誰？」回聲傳來：「你是誰？」他又尖聲大叫：「你是蠢材！」立刻又從山上傳來「蠢材」的回聲。

孩子十分憤怒，對著小山罵起來，然而，小山仍舊毫不客氣的回敬他。

孩子回家後對母親訴說，母親對他說：「孩子呀，那是你做

得不對。如果你恭恭敬敬的對它說話，它就會和和氣氣的對待你了。」

孩子說：「我明天再去那裡說些好話，聽聽它的回話。」

「這樣做就對了，」他的母親說，「在生活裡，不論男女老幼，你對他好，他便對你好。正如以前有一個非常聰明的人所說的那樣：『溫柔的答話會消除憤怒。』如果我們自己粗魯，是絕不會得到人家友善相待的。」

上文中的老師如果看了這則故事應該會有一番感慨吧！試想，當時，他如果不是把憤怒發洩在學生身上，而是平心靜氣的先從自己的身上找問題，主動承擔責任，而不是向孩子發洩，那麼，結果肯定會好很多。

其實，身為父母也應該明白這個道理，孩子犯錯誤是再所難免的，身為父母，應該心平氣和的糾正他們的錯誤，而不是對著他們大吼大叫。因為那樣不但收不到良好的效果，還容易造成孩子們的叛逆心理。

父母應該丟掉的不健康心理

一、丟掉補償心理，找回平常心

在現代家庭教育中，親子之間為何有那麼多的衝突？為何親子之間變得那樣不好理解和溝通？原因是多方面的，其中之一就是不少的父母有這樣一種不健康的心態：將自己往昔失去的東西，透過自己孩子的努力來補償、實現，把孩子當成自己生命的延續，強行要求孩子按照自己的意志生活、學習。父母越是不得志，對孩子的期望值就越高；父母越是壯志未酬，越是希望在孩子身上得到補償，老想把自己未實現的理想讓孩子去實現。

的確，基於現實生活中各式各樣的複雜情況和原因，有不少父母失去的東西很多。例如，有的父母夢想很簡單，但是就因為種種原因而實現不了；有的父母天賦很高，但是社會環

境突然發生變化，自己的發展受到了阻礙，從此泯然眾人；有的父母本有某方面的潛能，但是由於缺乏懂行之人的指點和培養，錯過了發展的「關鍵期」，最後只能是以遺憾告終……

於是，在這類父母的潛意識裡，就深深的烙上了一個不容易解開的「結」，在有孩子以後，他們就總希望透過自己的孩子來實現自己在青少年時代沒有實現的夢想。父母的這種心情是可以理解的，但是不一定非要讓自己的孩子來實現。孩子能否實現自己的願望，還要看孩子的條件和素養。

父母應該認識到孩子雖是自己的後代，但孩子也是獨立的個體，他有自己獨立的權利。他們的命運應該由他們自己來主宰。不要把孩子當成自己的私有財產和生命的延續，孩子有權選擇自己的興趣、愛好、專業和前途。做父母的要尊重孩子的獨立性，尊重孩子自己的選擇。讓孩子能充分的發展，而不是被父母設計好的框架限制住。

著名漫畫家蔡志忠先生教育孩子的信念是 —— 讓孩子快樂的一輩子「當自己」。他認為，父母並不是孩子本身，憑什麼替孩子決定前途？尤其是依從父母的意願而不是孩子內心的想法，這根本是「本末倒置」。他認為孩子的快樂是金錢買不到的，童年也不會重來，強迫孩子學習不喜歡的東西，那份痛苦會成為孩子心靈裡抹不去的陰影。對女兒的教養，蔡志忠先生採取的是順其自然、因材施教的辦法。他曾送給女兒一個這樣的小故事：

　　有一棵小番茄苗，人們告訴它，只要努力，就可以長得很高，結的果實像西瓜一樣大，味道像香瓜一樣甜，並且還會像蘋果一樣有營養。小番茄苗很努力的吸取養分，很賣力的做體操運動。結果，它的果實仍然只是小小的番茄。最糟糕的是，現在小番茄苗不再認為自己是番茄苗，它甚至連一點兒自信心都沒有了。

　　蔡志忠說，他只要自己的女兒快樂的成為她自己，只要能夠健康的長大，別的什麼都不重要。

　　對孩子抱有過高的期望，強迫他實現自己力所不能及的目標，不僅會讓孩子感覺到迷失，更會戕害他們的心靈，這實在是大錯特錯。

　　父母不要把自己的願望強加在孩子身上，而是要尊重孩子的獨立權，留一個自由的空間給孩子，讓孩子按照自己的興趣自由成長。

　　興趣是開啟事業成功之門的鑰匙，每個人都願意做自己感興趣的事，因為這能把潛能發揮得淋漓盡致。如果父母堅決反對孩子的選擇，非要孩子按照自己的意志生活，那麼孩子就容易產生叛逆心理，公開與父母對抗，即使孩子勉強順從了，也會消極應付。此時，孩子的熱情和創造力都會受到抑制，客觀上也會影響他們將來的人生。

　　我們不妨想一想，古今中外成大事、立大業者，有幾個人是由父母安排的？這樣的例子在歷史上比比皆是。

因此，請父母們善待孩子，尤其要善待那些為了獲得父母的愛而不斷努力卻又不能一下子甚至始終不能圓父母「望子成龍」之夢的孩子。每個孩子都是一個獨立的個體，他們有自己的尊嚴和人格，應有一定的自主性，而不再是父母生命的延續，不必由父母設計他們的生活，他們也沒有必要去實現那些連父母自己年輕時都沒有實現的願望和夢想。

二、謹防內疚悔恨心理被孩子學習和利用

　　內疚悔恨心理是為人父母的一種正常心理狀態。經濟問題、工作問題、婚姻問題、生活問題等等都可能導致父母產生內疚悔恨心理，比如，沒有足夠的物質基礎給孩子一個良好的學習環境，忙於工作卻疏於照顧孩子，與另一半鬧矛盾波及孩子……。這本沒有什麼不正常的，也是無法避免的一種心理狀態，但是父母應該謹慎，小心自己的這種心態被孩子利用。

　　如果一個孩子意識到，父母在他不高興時便感到無能為力，會因沒有當好父母而感到內疚悔恨，那麼孩子會常常利用父母這種心理來控制他們。只要在超市裡哭鬧一場，就能得到想要的東西。「小明的爸爸就給他買了。」因此，小明的爸爸是個好爸爸，而你就不是。「你並不愛我。假如你愛我的話，你就不會這樣對待我。」孩子最厲害的一招是「我肯定不是你們生的，一定是你們抱來的。我的親生父母是不會這樣待我的。」所有這些話都含有一個相同的資訊：你們身為父母，以這種方式

對待我 —— 你們的孩子，實在應該感到羞愧。

此外，在一些情況下，由父母的內疚悔恨心理所導致的對孩子的補償還會給孩子造成巨大的壓力，來看一則真實事例：

一個晚春的午後，太陽還懶懶的趴在雲裡睡覺，微風暖暖的吹著，世界上看不出來一絲一毫的不和諧。突然，一陣大聲的敲門聲打破了寂靜，李醫生的門診室裡進來一對五十多歲的夫妻，然後映入眼簾的是一個走路看起來有點跛的女孩。

李醫生仔細觀察這個女孩，她的眉宇裡透著與年齡不相符的成熟，甚至還有一種慈悲，而像是她父母模樣的那對夫妻則表現出焦躁不安的神情。

李醫生把他們三個人請到沙發坐，不等發問，那位父親就開始說話了：「醫生，我的孩子從小就有病，現在長大些了，卻不願意配合治療了，這可怎麼辦呢？」

出於職業嗅覺，李醫生沒有太過於注意父親講話的內容，而是在觀察他們一家三口的位置和姿態。這個女孩很顯然坐得離母親更近些，從她天真的歪著頭的姿態來看，看不出來她和其他孩子有什麼不一樣。隨著父親的話語聲響起，她開始微微的皺眉，咬住了下嘴唇。

在得知這個女孩的名字叫曉琪後，李醫生微笑著問道：「曉琪，妳為什麼不配合治療了？」

曉琪遲疑的看了看李醫生，小聲說：「就是不想治了。」

李醫生追問：「那是為什麼呢？」

曉琪低下頭，擺弄著衣角，不說話。

這時候曉琪媽媽突然哭泣起來，李醫生遞給她面紙，她開始大把大把的擦眼淚，過了一會兒，她帶著微微的哭腔說：「都是我們不好，孩子身體不好，走路不行，都是我們沒照顧好，現在孩子不願意治療了，要是她有個三長兩短，我也活不下去了！」說著又抽泣起來。

曉琪為什麼不願配合治療？這可真是一個謎。李醫生心裡非常好奇，於是又問曉琪：「妳看到爸爸媽媽這麼難受，妳心裡有什麼感受？」

曉琪歪著頭想了想，說：「我不願意讓他們這麼難受。」

李醫生隱隱約約的聽出一點來了，這孩子不想讓大人著急，希望能夠安撫父母，可是父母正忙著為孩子擔心，忽略了孩子的表達。

於是李醫生說：「曉琪，妳現在想要為妳爸媽做些什麼嗎？」

曉琪想了想，說：「我希望爸媽不要再為我難過，我都這麼大了，我自己的事情自己會安排好。他們總帶給我很大壓力。」

看起來，曉琪不願繼續治療，也是在幫助父母，想讓父母不再那麼難受，她天真的以為，自己不治療了，父母自然就會少很多麻煩，卻不能理解父母內心那種愧疚。

這時候，曉琪媽媽說出了一件藏在心底的往事。她擦擦眼淚，說：「其實曉琪不是我們第一個孩子，她上面有個哥哥，

三歲時沒看好觸電死掉了。我們後來才又生了曉琪，沒想到又生病，我們的心疼啊！我們造了什麼孽，讓孩子們都這樣不幸？」

原來，造成曉琪家庭問題的原因正是父母對孩子的內疚感，包括對曉琪的，也包括對曉琪夭折的哥哥的。曉琪不僅在承擔著自己的病痛，以及父母對她內疚，還承擔著死去的哥哥給父母帶來的自責，怪不得她壓力很大。其實，曉琪父母並沒有處理好他們對曉琪哥哥夭折的內疚，又把這種內疚加倍的補償給曉琪，這既是一種愛，也是一種巨大的負擔。

從這個真實的事例我們不難看出，在一些特殊情況下，尤其是對於那些經歷過不幸或挫折的家庭來說，由父母的內疚悔恨所導致的對孩子的補償行為，不但不會給孩子帶來快樂和滿足，還會給他的心理造成巨大的負擔。

此外，孩子透過觀察成年人利用悔恨心理來達到自己的目的，因而也就能學會這種導致悔恨心理的行為。要知道內疚悔恨並不是人的天性，而是人們逐步學會的一種感情反應。只有在你告訴別人自己能夠作出這種反應時，人家才能夠利用你的這種心理。孩子們往往可以發現你是否具有內疚悔恨的心理。如果他們總是提到你所做或未做的事情，並期望因此達到自己的某種目的，那麼他們就學會了引起內疚悔恨心理的辦法。如果你的孩子採用了這些手法，他們一定是從什麼地方學來的，而且很可能是從你那裡學來的。

三、虛榮心：為了孩子還是為了你自己？

現在有一些父母把子女的學習成績、事業和婚姻作為一種互相爭面子的工具。孩子考試沒考好，他們覺得丟了面子，於是對孩子責罵甚至體罰；孩子沒考上大學，他們認為孩子沒出息，於是冷眼相待；孩子有了點兒成績或考上了大學，他們覺得光彩，於是到處炫耀，把孩子的一切和自己的榮譽連在了一起。把考高分的孩子當成往自己臉上貼金的招牌，把有缺點的孩子看成是自己的恥辱，把有特長的孩子當成自己的搖錢樹，這是為什麼呢？

是虛榮！是對孩子的不負責任。

父母的虛榮心除了能給自己一點面子外，能給孩子帶來什麼呢？或許有很多父母還固執的認為，自己雖然有虛榮心，但畢竟也是為了孩子好啊！殊不知，這是大錯特錯的，正如一位名人所言：「虛榮心很難說是一種惡行，然而一切惡行都圍繞虛榮心而生，都不過是滿足虛榮心的手段。」

為了能增強說服力，我們來看幾則因為父母的虛榮心而引起的悲劇：

(一) 一位單身母親，為了光宗耀祖，不顧女兒的強烈反對，毅然將剛剛考上大學的女兒送往英國留學。從小嬌生慣養、沒有任何生活能力的女兒難耐異國他鄉的孤苦，一味的反抗母親，最終竟採用了報復的手段 —— 和一位小她幾歲的男孩戀愛同居，最終導致懷孕。最後為了籌集回國做人工流產的

經費，她竟和男孩在國外策劃製造了一起「奪命劫財」的驚天大案。這個女孩在被判處死刑前，對律師說，「如果不是我媽當初逼著我去留學，我就不可能有今天的結局，我恨死她了……」

(二) 靜芬聽信了留學仲介天花亂墜的吹捧，把國外當成了沒有任何壓力的「天堂」，毅然以陪讀的身分和上中學的女兒共赴新加坡。誰知道，幼小的女兒根本無法適應新加坡的英語教學，漸生抗拒心理。而靜芬也沒有像當初仲介承諾的那樣找到合適的工作，每天不但要在惡劣的環境中連續工作十個小時，而且根本無法照顧女兒。

(三) 在花蓮偏遠地區有一個女生，學習成績特別好，物理、數學、化學都能考滿分，被列為資優生。但她的父母非讓她報考臺大不可，她不想去，父母逼著她去，讓她為祖宗增光。她違心的去讀了臺大。在入學後的考試中，她的成績僅為第十八名。這樣的結果讓她這位當地的「狀元」哪能承受得了！媽媽在學校陪了她一個月，媽媽剛走，她就跳樓自殺了。媽媽聞訊趕回學校，哭乾了眼淚，一聲一聲的喊著：「是我害了我的女兒！如果我當初不逼她，也不至於到這個地步啊！」

很多父母把孩子當成工具，為了自己一點可憐的虛榮心，一味的要求、強迫孩子按自己的意願去行事。殊不知，如此不尊重孩子的行為會對孩子心靈造成一種嚴重的摧殘。

身為父母，我們應該始終記得自己的角色：孩子的生命是為了本身的目的而存在，父母只是陪著孩子走一段路程而已。

所以，父母應該丟掉虛榮心，努力的去做孩子的知心朋友，陪孩子走一程。而不是喧賓奪主，把「陪」變成了「替」，把「配角」當成了「主角」。

四、捨棄固執心理，不要跟孩子較勁

處在青春期的孩子，隨著年紀的增長，各種問題也會接踵而至。這時候，他們有了自己的想法，不再什麼都聽父母的，有時甚至會頂撞父母，喜歡和父母作對，你讓他朝東，他偏偏朝西；你讓他做這，他偏偏做那。這時候，父母們往往困惑極了：曾經那麼熟悉的孩子為什麼會變成這樣？

其實，這種現象並不奇怪，就像宇宙的行星相互碰撞會發生強烈的爆炸，青春期遇到更年期也難免會產生衝突。

在孩子的這個階段來臨之時，身為父母，千萬不要固執於自己的權威，如果你想透過高高在上的「權威」來迫使孩子聽話，那麼，十有八九會使孩子的叛逆心理更加增強。

臺南市的王伊雯同學，曾經給雜誌社寄來一封她寫給爸爸的信。信中，她把與父母之間的「對抗」描繪得活靈活現：

記得有一次吃晚飯的時候，我滔滔不絕的對您（指爸爸）說，一個歌手唱的歌挺好聽的，我很愛聽。但是我剛說完，您就發火了，一拍桌子吼道：「不把心思用在學習上，專做這種無聊的『追星族』！妳有沒有出息啊！」

倔強的性格讓我喊了一句：「我愛聽歌，並不代表我就是『追

星族』！我是『追星族』，也不代表我就沒出息。您什麼意思啊？總把我想得那麼差勁！」

您聽了，真火大了，拿起筷子順手敲了我一下，我委屈的哭了。說實在的，我不是「追星族」，我真的很委屈。但我知道這時候越向您解釋，您就打我打得越凶，所以，我乾脆不解釋了，把委屈埋在心裡。

還有一次，您提著兩個包回來，一個提進了房間，一個放在電視機旁。我好奇的跑去翻開看，原來是一張光碟片。您見我翻東西，便揍了我兩下，然後橫眉豎眼的教訓我：「告訴過妳多少遍了，別碰大人的東西！！」

我反駁地說：「我又不知道這是什麼東西。」

「妳不知道的東西還多著呢！」您越發的凶了。

「對抗」就這樣發生了！倔強的孩子與固執的父母各執一辭，完全不去考慮對方的想法，只想改變對方，不願改變自己。

其實，在這種情形下，這位父親只要放下無謂的固執，不要執著於自己的權威，暫時放下家長的架子，用開放的心胸去對待孩子的堅持，以平等的身分去取得孩子的理解，那麼，情況一定會好很多。

有這樣一位家長在這方面堪稱楷模。她有一個十五歲的女兒，她和女兒平時的溝通都是以平等為前提的，有時候也會因意見分歧而有所爭執，但她不會固執的堅持自己的看法，而是先想辦法平息爭執，讓雙方都有一個冷靜思考的時間和空間，

若事後想想是自己不對，錯誤的批評了女兒，便會主動向女兒承認錯誤。另一方面，女兒提出自己的要求時，她從不會不經思索的拒絕。即使是非常荒謬的要求，也會在慎重考慮之後，把它「當做一回事」的給予回應與討論，找出充分的理由，女兒明白錯在何處。不僅如此，這位家長還在許多事情上都徵求女兒的意見，即使女兒提出的意見和她相反，她也會認真傾聽並與她討論。

這位家長的做法值得那些還在固執於自己權威身分的父母好好學習，在對孩子的教育過程中，父母必須捨棄自己的固執心態，不要和孩子較勁，只有這樣才能和孩子取得良好溝通，也才能更好的認識自己的孩子。

五、學會示弱，在孩子面前不需要太要強

父母一定要學會在孩子面前示弱！這是讓孩子健康成長的法寶之一。當孩子面對一個在他眼裡無所不能的人的時候，他只有兩個選擇，一個是學習這個無所不能的人，追求完美，不能容忍自己有絲毫缺點；另外一個選擇就是什麼都不做，因為這個能人什麼都能做！這樣，孩子就會失去成長的動力，對父母的依賴性會更加強烈，這樣的孩子長大後會有許多障礙無法跨越。

相反的，如果父母能夠在孩子們面前有那麼一點的不完美，有那麼一點軟弱，孩子們就有機會變得寬容，變得堅強，

成長為一個能夠為家庭擋風遮雨、有責任的人。

雅韻是一個大大咧咧的母親，常常會將許多人認為不適宜讓孩子做的事情交給年僅九歲的兒子去做。譬如說，雅韻會告訴兒子：「媽媽這兩天很想聽鬼滅之刃的那首《紅蓮華》，你寫完作業後，幫我們下載好嗎？我們不會弄。」兒子的積極性非常高，忙著找網頁，沒過多久，便將父母要的歌曲下載好了。

雅韻帶兒子上街，兒子要去肯德基。雅韻便會為難的說：「兒子，這個月媽媽給了奶奶、外婆零用錢，我們家剩餘的錢不太多了，吃一頓肯德基很貴的……」話音未落，兒子便說：那我們自己買瓶可樂，回家後媽媽再煮兩個菜，好吃又便宜，還是回家吃飯吧！

旁人看雅韻帶孩子，都覺得她很輕鬆，孩子也懂事乖巧。

雅韻說：「其實我們並不是不會下載，而是想透過這種示弱，讓孩子成長起來，一來提高動手能力，二來也分散他一味的去追逐遊戲樂趣的注意力，還可以讓他養成節儉持家的能力，培養他對家庭的責任心。」

而對雅韻的兒子來說，能夠幫爸爸媽媽的忙，做他們不會做的事，或是幫他們分憂，會有一種很強的成就感。

平等的對待孩子，尊重孩子，甚至偶爾示弱，讓孩子做一回強者，感受成功，學會換位思考。在壓力面前，孩子的潛能將發掘得更快。所以說，父母有時不妨學會做孩子傘下的一株小草，讓孩子為你遮風擋雨，這樣的孩子長大後才會堅強。

六、苛求完美 —— 孩子不能承受之重

先來看這樣一則小故事：

從前，一個國王讓他手下的一位神箭手射箭，他對神箭手說：我這裡有三枝箭，只要你每射中十環一根箭，你就會得到一百兩金子，可是你如果有一箭射不中十環，那你就得死。於是這個神箭手懷著又激動又恐懼的心情，射出了前兩枝箭，而且都射中了。可是當他射出第三枝箭的時候，卻恰恰遠離了箭靶。於是，神箭手被賜死了。

這個故事向我們揭示了這樣兩個道理：

（一） 強迫、誘惑都會使人偏離心靈成長的軌跡。

（二） 完美開始不一定有完美的結局。

現實生活中，有許多父母與上面這位國王類似，對待孩子，他們努力給孩子最好的教育，從孩子還在娘胎裡便設計出孩子將來的完美之路，而且付諸行動，讓胎兒聽音樂，讓胎兒傾聽大自然的聲音，讓胎兒傾聽好文章，即所謂的胎教。孩子出生後，從幼兒到童年，父母便已經為孩子構築了最美好的藍圖：剛牙牙學語時，就讓孩子背頌唐詩宋詞，就讓孩子學英文；稍微大點，剛進幼稚園，就讓孩子學有所長，或繪畫，或練琴，或舞蹈，或下棋，或書法……條件好的或期望值高的父母，讓小小的孩子琴棋書畫樣樣都來。上小學後，功課必須得好，一技之長不能丟，還得學門外語，還得精於數理，帶著孩子東奔名師西奔檢定。父母矢志不渝，孩子疲於奔命。

不可否認，在父母完美苛求中成長的孩子，往往做事認真，成績超人，是父母和老師的驕傲。但是，進入青春期後，長期形成的完美習慣就會變本加厲，導致強迫症。有的孩子做作業稍有塗改，就全部撕掉重做；做題的速度越來越慢，一遍又一遍的反覆檢查，甚至考試時做不完題目；更有甚者，因走在路上反覆數腳下的地磚而經常上學遲到。

青春期不僅是孩子生理上的發育階段，也是心理上的轉折階段。隨著青少年自我意識的發展，一些少男少女開始變得對自己不滿意了，無論身材、長相，還是學識能力，他們總覺得自己不如別人，希望能透過努力使自己在各方面都變得更好、更完美。而父母完美主義的教育，更加促使孩子產生不現實的苛求完美的心理，使孩子對自我的價值心存疑惑，無論做得多麼好，他們都不相信自己，這種認知習慣一旦固定下來，就會形成惡性循環，最終導致一種強迫性人格的形成。

七、當關愛變成溺愛……

「關愛」是如何轉化為「溺愛」的？

由於我們只擁有一個孩子，許多年輕媽媽產生了懼怕心理：生了男孩怕學壞，生了女孩怕受害。

年輕媽媽就像老母雞一樣，把孩子呵護在自己的翅膀下，整天提心吊膽，不敢離開半步，生怕失去自己唯一的『寶貝』。不知不覺，步入了教育的盲點。

於是，母愛變成了三點水加一個「弱」字的「溺」愛，母愛變成了『母害』。」

父母的愛總是仁慈的，但是仁慈的心要用得恰到好處，如果讓愛氾濫，結果只會適得其反。偉大的心理學家阿德勒博士在其心理學暢銷書《自卑與超越》中講到：有三種兒童成年後，常常是生活中的失敗者 —— 有器官缺陷的，被忽視的，被寵壞的。特別是被寵壞的孩子，很可能成為社會中最危險的一群。

有這樣一位父親，他與妻子把所有的愛都給了獨生兒子。但兒子卻很自私，對父母那種無私的愛絲毫不懂得感恩，也沒有想過要關心父母：有好飯菜他要獨吃、先吃；衣服鞋帽要父母幫著穿脫；只知道伸手向父母要這要那，當父母生病時，卻不聞不問。

有一位母親，為了兒子，為了丈夫，放棄自己不錯的工作，整天在家相夫教子。她每天都不辭辛苦的騎車送兒子上學，打零工賺錢供丈夫攻讀學位。丈夫畢業後，功成名就有了錢，卻拋棄了妻子，還帶走了兒子。兒子跟著有錢的爸爸，進了貴族學校讀書，卻很少想到曾經為他付出很多的母親。

當這位媽媽想兒子時，特意買了一件新衣服到學校去看兒子，兒子卻嫌棄母親穿得太「土」給他丟臉，告訴同學這是他的「老家鄰居」。後來，兒子竟提出了一個無理的要求：讓母親做他的「地下媽媽」，否則就不認她這個媽！這位母親痛不欲生。她不明白，為什麼天下會有這樣無情無義的孩子？自己究竟做

錯了什麼，怎麼用十幾年的愛換不到兒子的一絲感恩，卻得到這種冷酷無情的回報？

可憐天下父母心。這兩件事其實是說的是一個道理，愛孩子也應該有個度。如果關愛變成了「溺愛」，可能就會事與願違了。溺愛帶給孩子的不僅是懦弱和無能，還有自私與虛榮。

事實上，不僅如此，過分的溺愛有時候甚至會讓孩子將生命當成玩具！

五歲的小光是一個任性、放縱、驕橫的獨生子，由於父母、外婆的嬌慣，在家裡像個「小皇帝」，想做什麼就做什麼，誰也阻擋不了。一天，他用一根尼龍繩子拴住家裡的貓玩，誰知拴得不牢，貓逃走了。他玩興未盡，要把繩子套在外婆脖子上玩，七十多歲的外婆讓他拴腳就好，但小光不同意，非得套在脖子上。老太太對外孫一向溺愛，遷就放任，百依百順，這時見小外孫哭鬧起來，心疼了，便同意讓小光把繩子套在自己的脖子上。誰知小光打的是個活結，繩子一拉，便緊緊勒住外婆的脖子。老太太一時感到氣悶難忍，便掙扎起來，從椅子上滾到地上。小光見外婆掙扎，越發覺得好玩，更使勁拽住繩子不放，直到老太太不動彈了，他才鬆手扔下繩子到屋外玩去了。小光的媽媽回來，一摸老母親的心臟，已經停止了跳動。

這樣的教訓可謂是慘痛，所有的父母都應該牢牢記住：溺愛並不是愛孩子，而是把孩子往火坑裡推。上面這個例子中釀成苦果的原因就在於父母及親人超過限度的溺愛。父母一味的

慷慨給予，溺愛孩子，而不教會孩子如何理解愛與培養孩子對其他人的愛。被溺愛的孩子很難遵守規矩和自我約束，他們以自我為中心，凡事只會想到自己，自私自利，會認為規矩都是為別人制定的，與他們無關。長久下去，就會造成孩子自私、冷漠、任性、放縱等不良個性。

什麼是愛，什麼是害？我們每一位愛自己的孩子、愛自己國家的年輕父母，都應該認真想一想，千萬別把自己對孩子的關愛「昇華」為溺愛。

不要以「愛」的方式毀掉孩子

一、愛不僅僅是一種情感

愛是一種尊重，愛是一種信任，愛是一種鞭策，愛也是一種情感的激發的方式與過程，愛更是一種能觸及靈魂、動人心魄的教育過程。有位教育家說過，教育的真諦就在一個「愛」字。如果一種教育未能觸動人的靈魂，無法引起人的共鳴，不足以震憾人的情感，那就不是成功的教育。

家庭教育是父母和孩子之間的心靈溝通。對孩子僅僅有父母自以為是的「愛的情感」並不是最理想的家庭教育。愛更應該體現日常的行為細節中。諸如給孩子以愛的目光、撫摩、關懷與安慰等等。

就拿愛的目光來說吧，它對孩子的成長有著巨大的鼓舞作用，可以說是孩子成長的營養料。

近百歲高齡的日本小兒科醫生內藤壽七郎先生，也是一位著名的教育家。愛哭鬧的孩子只要一見到內藤博士就會停止哭泣。

有一天，一位媽媽帶著兩歲男孩前來找內藤先生看病。媽媽說，一公升裝的牛奶，這孩子一口氣就能喝光。但因為喝牛奶超量患了牛奶癬，皮膚刺癢睡不著覺，舉止焦躁不安。

內藤先生不慌不忙的將白大褂脫下，然後跪在那個男孩面前，看著對方的眼睛。

「你喜歡喝牛奶嗎？」內藤先生溫和的問道。

男孩點點頭。

內藤先生仍然目不轉睛的看著他說：「如果不讓你喝你特別喜歡喝的牛奶，你能忍得住嗎？」

男孩顯出一副煩躁和不滿的神色，並且把臉扭向一邊。

內藤先生並不氣餒。他繼續移動到孩子面前蹲下身子說：「你可以不喝牛奶的，是嗎？」不管男孩怎樣不耐煩，拒絕回答，內藤先生的目光一直充滿著信賴，口氣也十分誠懇。

終於，男孩輕輕的點了點頭。

奇蹟發生了。男孩回家後不喝牛奶了，皮膚症狀很快消失。一年半以後，他的母親認為可以多少喝一點兒牛奶了，但男孩說：「大夫說能喝我才喝。」母親只好又請內藤先生來幫忙。

這一次，內藤先生仍然是看著男孩的眼睛，微笑著說：「你現在可以放心的喝牛奶了。」從那天起，男孩真的又開始喝

牛奶了。

內藤先生透過這件事總結出：哪怕是才兩歲的孩子，只要他明白了道理，就能控制自己。於是，他提出了一個響亮的口號：「愛的目光足夠嗎？」這個口號提出至今已經半個多世紀了，現在聽起來仍然覺得十分親切。因為，今天的孩子同樣強烈的渴望著愛的目光！

所以說，父母不能單純的把對孩子的愛當成一種情感，更不能以這種情感為憑據，抱著「我做什麼都是為了孩子」、「這樣做是因為我愛我的孩子」等等藉口，變相的撕碎孩子的尊嚴，刺傷孩子心靈。

孩子需要嚴父嚴母，更需要慈祥、寬容和尊重，父母的愛應有「好心」，但更要有一個好結果。父母的任何言行，即使出發點是對孩子的愛，也要考慮未成年人的心理特徵和行為水準，更要考慮孩子們的想法和感受。

二、別不在乎孩子的愛

生活中有些東西不必在乎，可有些東西不能不在乎，那就是孩子對你的愛。

先來看一位媽媽深情訴說：

前不久，我由於生病做了一個小手術，失血過多而導致貧血。因此身體特別的虛弱，自己雖然在家養病，但沒有力氣給孩子做飯。那段時間，真是辛苦老公了。他既要按時上班，又

要抽空照顧我，還要給孩子做飯。有時，因為工作的原因，老公不能按時回家的，但我的身體那時是不允許亂動的，一動頭就暈，有點天眩地轉的感覺。因此，我除了等丈夫回來再也沒有別的辦法了。

有好幾次，我等不著丈夫，卻把孩子等回來了。孩子見我滿臉的憂鬱，就安慰我說：「爸爸工作忙，你別埋怨爸爸，我會做飯，等我放學回家做飯就好了。」多懂事的孩子。聽孩子這麼一說，自己還有什麼話可說呢？心裡再有不滿，也不能在孩子面前呈現了。只好讓孩子自己做飯了。

讓我沒有想到的是，兩個孩子，一個摘菜，洗菜，一個切菜，炒菜……我看著他們在廚房忙活，心裡有說不出的高興，似乎自己的病都好了。他們知道我需要補血，就給我做了好幾樣補血的菜。我怕影響他們的功課；怕耽誤他們的學習時間；怕他們上學遲到……讓他們少做些菜，可孩子就是不聽話，還是照做不誤。

記得有一次，老二晚上可能是累了，沒有背英語單字就休息了。第二天，老師聽寫單字，他錯了好幾個，因此老師罰他抄寫十遍，所以中午放學時間他不能回家的。只好讓老大買了幾包泡麵回家煮給我吃（他們怕老公因工作忙回不了家，怕我因此而埋怨丈夫。）孩子一邊做飯一邊跟我說：「媽媽，今天我一點就得去學校，我們煮泡麵，裡面放兩個雞蛋……」吃完飯以後，我怕孩子著急，不讓他洗碗筷，說讓老公回家再洗，但孩

子「不聽話」，還是洗了才去的學校。

雖然在我病時，孩子只做了三頓飯。但我的腦海裡時常顯現出孩子做飯時的情景。

孩子為父母做一頓飯，在有些父母看來沒有什麼大不了的，但這些父母應該知道這畢竟是孩子的一顆愛心！這顆愛心是稚嫩的，你在乎它，它就會長大；你忽視它，它就會枯萎；你打擊它，它就會死去。如果你想擁有一個愛你的孩子，你一定要在乎孩子的愛、呵護它，精心的培育它。

然而，遺憾的是，在現實生活中有些父母只知道為孩子奉獻愛，對孩子給予自己的愛卻視而不見。他們平日裡只關注孩子的學習和生活，對孩子付出了許多，卻從不想到要孩子回報，這其實是忽視了對孩子的情感教育。其實，父母在對孩子付出的同時，也應該教會孩子學會感恩，知道回報。要讓孩子從父母身上學會人不僅要對他人有付出，在別人對你付出的同時也應該回報別人，而不是只知道享受別人的付出，自己沒有回報的能力。如果長時間讓孩子只知道一味從別人身上索取，而不知道感恩和回報，那對孩子的健康成長是極為不利的，長久下去，孩子對父母的付出會變得習以為常，認為那是天經地義的事，而不會想到要去回報父母和他人。

事實上，孩子對父母的愛絕不會比父母對他們的愛少，只是孩子的愛常常表現在細微之處，需要父母用心去發現，孩子的這種愛或許不像一百分那麼現實，但卻是人生路上的豐碑，

是父母在付出以後最殷實的收穫。

愛是一個大口袋，裝進去的是滿足感，拿出來的是成就感、幸福感，一味向孩子施愛，孩子們並不覺得甜，更不懂得珍惜，一旦我們父母學會接受孩子們的愛，孩子們的價值得到體現，才會產生無比的快樂！

父母們，接受孩子的愛吧，因為對於孩子來說，施比受更幸福。

三、沒有尊重的愛是一種傷害

隔壁鄰居大衛有個七歲的兒子叫克拉克。一天大衛教克拉克如何在花園草坪上使用割草機除草。當他正在教兒子在草坪的盡頭要如何轉彎時，他的妻子珍妮叫他過去問事情。當大衛去回答珍妮時，克拉克開著割草機，穿過草坪，一直到花壇……在花壇上留下了一條兩尺寬凹槽。

當大衛回來看到發生的一切後，他忍不住氣惱。大衛花了很多時間和精力照護花壇，鄰居都很羨慕他這個漂亮的花壇。當他正準備對兒子發洩怒氣時，珍妮很快走到他身邊，把她的手放在大衛肩膀上，對他說：「大衛，請記住 —— 我們在養小孩，不是養花。」

孩子和花，孰輕孰重？這是一個不言自喻的問題，花朵被剪掉了還可以再長，花壇壞了還可以再修，而童真心靈一旦受到傷害，就可能一生都無法痊癒。

為了花或者為了某些東西而傷害孩子，本末倒置的事情我們的父母又做過多少呢？

對於父母來說，尊重孩子似乎是一件很難做到的事情。

毫無疑問，每一位父母都深愛自己的孩子，但有多少父母真正的尊重孩子呢？很多父母在以愛的名義行使著自己享有的權利時，往往就容易忘記孩子的權利。所以，父母在給孩子表達關愛的時候，要特別注意尊重孩子，沒有尊重的愛是一種傷害。

著名青少年教育專家孫雲曉曾在他的一部作品中記載過這麼一件令人深思的悲劇：

在一位年輕朋友的生日晚會上，我見到了高一女生菲兒。她熱情大方、漂亮出眾、多才多藝，這是我對她的第一印象。據說，她已獲得鋼琴高級檢定證書，擅長舞蹈，歌唱得不錯並會作曲。當我們稍微熟悉一些後，我請她展示才藝。菲兒毫無拘謹之感，先跳了一段自編的現代舞，又彈奏起貝多芬的鋼琴曲《給愛麗絲》。一切一切她都是那麼的完美。

然而，一年之後，最讓人料想不到的事情發生了：菲兒自殺了！應她父母的邀請，我出席了這個美麗少女的告別式。曾經活力四射的女孩，此刻靜靜的躺在太平間裡，杏黃色上衣與紫紅的紗裙表現出她最後的明豔。在她的枕邊，放著她喜歡的文學書籍和再也不能起舞的芭蕾鞋。

我淚流滿面，悲憤無語，心裡一千遍一萬遍的問：「為什

麼？究竟是為什麼？」不久我即與朋友合寫了近萬字的報告文學《生命的追問》。

原來，多才多藝的菲兒學科項目卻是弱項。按照她的願望，國中畢業後報考幼兒師範，將來當個幼兒教師，一輩子舞動彈唱豈不快樂？但她的父母不同意，非讓女兒進入一所明星中學，為考大學一搏。父母的心願是可以理解的，但菲兒卻走進了人生的「滑鐵盧」。不但高考受阻，喜歡她的一位男生也拋棄了她。一時間，菲兒的世界崩潰了，而果決的性格又不容她三思，於是，她走上了不歸路。在菲兒的遺體告別儀式上，幾個同學對我說：「其實，憑菲兒的任何一項特長，都可以過上快樂的生活，她卻偏偏敗在自己的弱項上，這都是她父母逼的。」

可憐天下父母心，我們不能說菲兒父母的做法是完全錯誤的，試問，世界上又有那一位父母不渴望孩子成才？問題在於父母們是否想過，天下又有哪一個孩子不希望自己進步呢？哪個孩子不盼望得到父母的歡心呢？卻不知為何，總有一股強大的力量，讓他們身不由己，就像一座座大山擋在面前，弱小的他們只能望山嘆息卻無法翻越，這座大山實際上就是父母對孩子的不尊重。孩子的興趣與愛好是他美麗人生的幼芽，是他燦爛夢想的嘗試，剝奪了他的這種權利是很殘忍的，也是很愚蠢的，即使他的興趣與愛好很可笑，父母也應當尊重。

有句話說得好：「教育不能沒有愛，沒有愛就沒有教育。」而尊重孩子是教育和愛的前提。父母尊重孩子、並引導孩子珍

惜自己的權利時，真正有益的教育才開始。在尊重孩子的基礎上去教育孩子，關愛孩子，才能正確處理孩子的錯誤，贏得孩子的愛戴。

世界著名教育家馬卡連柯曾說過：「我的基本原則永遠是要盡量多的要求一個人，同時也要盡可能多的尊重一個人。」這句名言值得我們的父母永遠記取和反思。

四、過高的期望會毀掉孩子

「揚揚，把電視關了，跟我到書房來，你看爸爸幫你買了一套小百科，內容很不錯哦！快來看。」

爸爸一下班回來，就催著正在看電視的揚揚，一邊喊著一邊進書房去了。電視裡的金剛戰士和大壞蛋正打得難分難解了，揚揚根本沒聽到爸爸的話。

三分鐘之後，爸爸從書房出來，「啪！」的一聲把電視關了。

「爸爸，你怎麼這樣啊！」揚揚真是快氣瘋了，本來他想衝到前面去打開電視，可是一抬頭看到爸爸那張臉，他知道大事又不妙了。

「爸爸專程跑到書店去幫你買了一套小百科，大老遠的扛回來，你連看都不看，就只會看卡通，卡通有什麼好看？看卡通以後考試會考一百分嗎？」

爸爸越說越生氣：「爸爸以前小時候都沒有這些書可以看，你真是身在福中不知福，我是希望你將來比我好，所以……」

哇！好慘，爸爸又開始了，五歲的揚揚雖然不能完全聽懂爸爸的話，像爸爸常說的「一百分」是什麼東西？「身在福中不知福」又是什麼意思？聽起來好像繞口令。還有，爸爸為什麼老是說要我比他好？如果我比他好，是不是換我當爸爸呢？不過可以確定的是，他從爸爸說話的語氣和表情就知道爸爸在生氣。

以前爸爸一生氣，揚揚就很害怕，現在看多了就不怎麼怕了。可是，他很不喜歡爸爸常買一些他看不懂或是他覺得不好看的書，因為爸爸只陪他看一會兒，就叫他自己看，他實在不知道那些書有什麼好看的，還不如金剛戰士、超人來得精彩。但如果不看，爸爸又會生氣，只好偶爾去翻一翻，讓爸爸高興，還好爸爸很忙，沒有太多時間管他，不然 —— 日子可就難過了！

望子成龍，望女成鳳。毫無疑問，絕大多數父母都期望自己的孩子能夠學到更多的東西，能夠在將來出人頭地。這本身無可厚非。

期望是一種有信心的等待，父母對孩子寄予期望，是一種信任，有利於孩子增強自信心、進取心，是進步的動力。同時，如果孩子也對父母愛戴，願意以實際行動取悅於父母，讓父母滿意，這就會促使孩子自覺的經常的將自己的實際表現與父母的期望聯繫在一起，並努力達到平衡。

父母對孩子抱有期望，就不會放縱孩子或是袖手旁觀，就會努力為孩子創造條件，及時督促，具體的給予幫助，加強指

導，不斷激發孩子的上進心。父母的期望是一種積極的態度，對孩子來說是一種促使孩子努力向上的精神環境，是潛在的動力。而對孩子不抱有任何期望，是一種不負責任的態度，客觀上對孩子有著壓抑的作用，這是不可取的。

但是，父母應該明白，如果對孩子期望過高，乃至於脫離孩子的實際能力，就不僅不會起到積極作用，反而很可能會毀掉孩子。原因在於父母對孩子的期望太高，會給造成孩子很大的心理壓力，有的孩子會拼命的遵照父母的期待去努力，也許真的能使父母如願，可是父母的期待會越來越高，孩子只有越追趕越辛苦了；另一種孩子不管怎麼努力都做不到父母的要求，乾脆放棄算了，最後和父母的期待相去太遠了，當然親子間的關係也就很難維持了；還有一種孩子其實他可以做得到，但是因為父母的態度令他產生反感，他會為反對而反對，故意不依父母期待的方向去走，這在是可惜而又可嘆。

父母希望孩子過得好，希望孩子幸福、富足和成功並不是錯，但是標準要依孩子的實際情況而定，超過孩子能力範圍太多的，使得孩子一生都在追求那個可望而不可即的目標，讓彼此都過得很痛苦，就實在是太可憐了。

逼子成龍，龍就會變成蟲。正像法國詩人海涅所言：「即使種下的是龍種，收獲的也可能是跳蚤。」所以說，父母千萬不能脫離孩子的實際情況，人為的給孩子施加強大的壓力。

五、陪讀「陪」掉的是什麼？

今天你陪讀了嗎？

在小學低年級家長中，這是一句流行語。

觀察一下我們的周遭，「陪讀」現象已蔚然成風。從幼稚園、小學，直到中學、大學，父母「陪讀」已經成為一種見怪不怪的社會現象。據一項統計顯示，約有百分之三十六點八的家庭存在父母「陪讀」的現象。

無疑，陪讀體現的是父母對孩子的一種愛，也體現了父母對子女教育的越來越重視。為了孩子的教育，付出金錢、精力，甚至是放棄自己的生活，去陪孩子讀書，父母的這份愛令人動容。

但是，「陪讀」對孩子來說並不是有百利而無一害的。

的確，適時適當的陪讀對低年紀的孩子來說是有利的。但即便如此，父母也要注意這其中的分寸，一個掌握不好，就會給孩子帶來各種負面影響：助長孩子的依賴性，妨礙孩子的智力發展，使孩子產生抗拒學習的情緒等等。而對已經進入中學、高中甚至大學的孩子進行陪讀，那則是有百害而鮮有一利。

來看看這些孩子們是如何看待父母的陪讀的？這是某記者針對「陪讀」現象在北市的幾所著名國中調查時得到的回答：

「自己要有獨立的生活能力、學習能力，父母只不過是輔助作用。俗話說得好，十分裡面七分靠自己，這不正是說自己的主觀能力是非常重要的嗎？『陪讀』只是形式而已，一切都得靠

自己去爭取、奮鬥、拚搏。」

「學習是自己的事，就好像飯只有自己吃才會飽一樣，學習只有自己親身經歷過，才會刻在自己的腦裡，成為自己的東西。父母陪讀可能會導致孩子對父母的過分依賴，或者會令孩子心裡產生壓力，會覺得不自由。」

「陪讀雖然體現了父母的關愛，但妨礙了我們獨立自主能力的發展。這樣的愛，只是溺愛，過多的溺愛，只會阻礙我們的成長。到社會上工作，不可能要父母陪著，如果現在不試著獨立一下，以後做什麼事都不方便。」

「讀書應該靠自覺，父母在旁邊小孩或許會很認真的看書，但現在獨身子女很多，他們大多依賴父母，做作業也一樣。如果那樣的話，學生想讀好書是很難的一件事情。再者，父母一天忙於上班已經很累，晚上還要陪著孩子念書會很辛苦的，他們也有自己的事情要處理。」

「學習是我們自己的事情，是一種責任，與父母在不在身邊沒有多大的關係。父母在身邊，有了依賴。若是以後要到很遠的地方讀書呢？這不是影響我們獨立生活的能力嗎？」

「父母有父母的事情，時而伴著子女說說話，交流一下，關心一下是很好的，但為了子女而放棄原有的生活、工作，就顯得不太合理。身為子女，自己也有能力自我照顧，無須時時讓父母照顧。」

當然，這其中也有贊成父母陪讀的，但相比起來數目很

少。孩子的這些話入木三分的道出了陪讀的害處，無須贅言。

對於父母來說，不管是對孩子真的不放心，還是為了給自己找一個寄託，都應該認識到陪讀是有百害而鮮有一利的。陪讀的父母們，如果真的是對孩子不放心，那麼孩子的無能其實是你們一手造成的，如果繼續陪下去，恐怕孩子一輩子都要蝸居在鳥巢裡；如果是在為自己的自私找藉口，請到此為止吧！不要再在肉體上和精神上摧殘孩子了！讓孩子獨立吧！給孩子自由吧！相信他（她）會在風雨中勇往直前。以寬闊的胸襟去包容他們犯錯誤，以欣慰的笑容接受他們改正錯誤，他們最終會明白，生命中最重要、最珍貴的東西是什麼？

六、打是親，罵是愛？

「打是親，罵是愛，不打不罵把娃害！」

這是傳統教育中最為流傳的一條法則。直到現在，有很多父母仍舊把其當作教育孩子的法寶。

這實在是大錯特錯！

要知道，在孩子心目中最具信服力的父母，絕對不是那些動輒打罵者。你可以用拳頭脅迫他們點頭，但卻永遠無法使他們的心靈為之洞開。你打得越狠、罵得越難聽，他們的心門也關得越嚴，越不信服你，越會反抗頂撞你。只有那些真正講道理，肯包容的父母才會使孩子信任並且佩服，才會從心底裡聽從父母的話，誠心的改正自己的錯誤，這才是優秀的教育。

　　恐懼是最容易把人摧毀的，這是全世界心理學家的共識。當一個人絕望的時候，最需要的是親人的包容。父母永遠是孩子心中最後的底線。父母能包容孩子，孩子就有膽識直面錯誤，有膽識改正，有膽識嘗試新事物。而所謂的打罵教育是傳統專制家庭制度的殘留，會對青少年身心造成嚴重摧殘。打罵教育，也是一種畸形的家庭教育方式，不僅不會使孩子成才，而且還有可能釀成家庭悲劇。英國著名的哲學家和教育思想家約翰‧洛克早在三百年前就提出：「要尊重孩子，要精心愛護和培養孩子的榮譽感和自尊心，不能打罵孩子。」他斷言：「打罵式的管教，其所養成的只會是『奴隸式』的孩子。」

　　「望子成龍、望女成鳳。」是父母們的普遍願望。但是，由於他們教育「失重」、「失度」，有意或無意中採取了打罵的教育方式，結果事與願違，出現了不少觸目驚心的家庭悲劇。

　　二○○六年，一名十七歲的高中生因不滿父親的打罵，用老鼠藥毒死了父親。這名高中生從小在父親的打罵中長大，儘管他的成績在班上名列前茅，還寫得一手好字，但仍逃脫不了父親三天兩頭的毒打。一次，他因為期中考試未取得父親規定的成績，而被父親用鋼條毒打了一個多小時，拇指粗的鋼條也被打的變彎。第二天早晨，這位父親還餘怒未消，隨手拿起放在桌上的菜刀對正在吃早飯的兒子咆哮：「若再拿那麼差的成績單見我，我就殺了你！」十七歲的兒子被嚇得抓起書包跑出了家門。這一次他從靈魂深處感到恐懼，並且想到了報復。當

天，他就買了一瓶老鼠藥藏在床下，想要「警告」一下父親，正當他還在為該不該實行自己的報復計畫猶豫不決時，又一次毒打使他下定了決心。一天晚上，他早早回到家裡，為父母做好了飯菜，但父親只吃了幾口就被藥倒在飯桌上，母親也昏迷不醒……最後，母親因搶救及時保住了性命，而父親卻永遠的閉上了雙眼。

多麼慘痛的經歷，多麼慘痛的教訓啊！孩子需要的是教育而不是打罵，打罵或許能夠糾正孩子的行為，使孩子聽話順從，但卻是以摧毀孩子的靈魂，破壞他的自信為代價的，這不是教育，而是摧殘。

再來看一則事例，《國語日報》曾經刊登過一位成績被「打」好的孩子的來信。原文如下：

我是一所明星高中的學生，在十幾年求學生涯中一直是成績頂尖的學生，卻不是一個幸福的孩子。上小學時，父母就規定我的名次不能低於前五名，否則就要挨打。有一次，我考了第八名，回到家裡，媽媽二話不說上來就是一巴掌。那天挨的巴掌我至今還記得，想起來就心痛。我是在棍棒下長大的孩子，棍棒下的孩子確實也會有好的成績，我的成績一直在班上名列前茅，但我不能理解的是，考了第一名，父母也從來不會由衷的表揚我，總是給我潑冷水，為的是不讓我驕傲。我總不能次次考第一啊，結果考了第二還要挨打，一年四次考試起碼挨三次打，還不算平時的小打。現在我已經上高二了，還沒有

得到應有的尊嚴。

父母幾乎天天翻我的書包，說是怕我學壞。每次翻我書包時，我都有小偷在警局被審查的感覺，可怕極了。

今天又和媽媽吵架了，原因很簡單，她要求我先做物理作業，但我先做了英語，結果媽媽一邊打我的耳光，一邊狠狠的罵我。我畢竟是一個十七歲的人了，她這麼一邊打一邊罵，聲音大得整棟樓都聽得見。我只有保護我僅有的一點尊嚴，求她別再罵我了。她卻說：「我養妳十幾年，給妳吃給妳穿還供妳上學，罵妳怎麼還不行啊？！」媽媽是用皮帶打我的，我的手和胳膊都被打腫了，臉上全是巴掌印，我實在忍無可忍的搶下她的皮帶，她又狠狠的踢了我一腳，說了句：「真後悔不該生妳這個畜生！」就在她說這句話時，我突然仿佛聽見了玻璃破碎的聲音，我僅有的一點尊嚴也被她徹底剝奪了，我當時大聲吼了起來：「對，我是畜生，妳不要管我好嗎？！」她呆了，她萬萬沒有想到，我會如此強烈的反抗她。也就在這一瞬間，我決定了：「我要退學！」我不能再讓那可惡的成績壓死我，我即使能考上大學，我也不想考了，我要自謀生路。

也許我的選擇是錯誤的，但我絕不後悔，我要走自己的路，我要爭回做人的最基本的尊嚴！……

讀了這位女高中生的信後，相信所有的人都會感到震撼。當她媽媽罵那句「畜生」的時候，孩子為什麼會聽見玻璃破碎的聲音呢？孩子的心是玻璃做的……

最痛當是心碎時，當孩子反抗得最強烈的時候，也是心碎的時候。那些被打罵的孩子，隨著年齡的增長，雖然已看不到他們身體上挨打的傷痕。但在他們的內心，仍然保留著幼年時挨打的痕跡，其後果是造成對自己沒有信心，莫名的內疚，這種內疚會有不同的表現：性格有攻擊性，跟人相處困難，或工作不負責任等等。

這種幼年遭受打罵造成的人生不自信，不僅會嚴重傷害孩子的身心，還會直接限制孩子個性的發展，阻礙了孩子特長的發揮，很大程度的影響孩子未來的事業成功。

七、當孩子被人欺負時……

有的父母基於疼愛和保護的心理，在孩子遭到欺負的時候，會這樣訓斥孩子：「他打你，你怎麼不打他！」在這些父母看來，優勝劣汰，孩子從小就應該有競爭意識，無論在哪一方面。其實這樣做是很不利於孩子成長的。父母教孩子以牙還牙，會使孩子認為這樣的處理方法是最正確的，有可能他也會去欺負他人。

媽媽從學校接回志強，發現他的手上有一塊青紫色，依稀可辨出是抓痕。媽媽就問：「志強，這是怎麼回事？」志強說：「壯凱咬的。」「他為什麼咬你？」「他跟我搶玩具，我不給他，他就咬我了。」

這位媽媽聽了孩子的話，心裡很不是滋味，自己的寶貝，

自己從來一個手指頭都不捨得動過，怎麼到學校後，就被別的孩子欺負成這樣了，這還得了。媽媽繼續問：「那你打他了嗎？」「沒有。」「那你怎麼辦了？」「我就哭了！」「你這孩子，他打你，你就應該打他！」

當父母看到自己的孩子被人欺負之後，心裡肯定不舒服，但父母要學會正確對待這樣的事。教孩子以牙還牙不僅不會達到保護孩子的目的，反而容易使孩子形成什麼事情都靠暴力解決的壞習慣。

為了避免孩子受欺負，平時父母可以從以下兩方面對孩子進行訓練：

(一) 教給孩子兩個祕訣：不理睬，不害怕

孩子受欺負的事多發生在小學和國中，這個年齡段的學生中常會冒出一些小霸王，他們的特點一般是教養差成績差，由於常受到批評，他們在同學面前很沒面子，但虛榮心又使他們想透過欺負人來掙回點面子，他們有時還會去巴結一些高年級的同類學生甚至校外的不良少年。這些小霸王們欺凌的目標，一般總是選擇那些對他們感興趣、把他們當回事，甚至和他們有某些相似之處的孩子。所以，如果不理睬他們，無視他們的存在，那就首先在氣勢上壓倒了他們。事實上，那些志向高遠專心學習的孩子惹上麻煩的機會要比其他孩子少得多。

(二) 教孩子學會大聲求援

父母要引導孩子在受欺負時，學會大聲求援。有的孩子生性軟弱，當別人欺負他時，他只知道向後退，一直退到牆角。孩子越是退縮，欺負他的人可能越是得寸進尺。對這樣的孩子，父母應當告訴他，不用害怕，而要大聲呼救。高聲的喊叫，能吸引其他人的注意，使攻擊的人住手。

那麼，孩子受欺負後，父母該如何處理此事呢？

首先，父母要避免感情用事，不要不問原因就要孩子「以牙還牙」，告訴孩子「他打你，你就打他」，這是很愚蠢的做法，會使孩子習慣用武力解決問題，不利孩子良好素養的養成。

其次，要先安慰孩子，安慰是一副良藥，會使孩子內心力量得以強大。孩子間互相打架是很正常的事情，在看到孩子被人打了以後，父母不要急著追根究底，因為不恰當的詢問只會讓孩子更加緊張。父母要做的是先安慰孩子，等他心情平復以後，再問明真相。

最後，父母不要著急著替孩子做主，孩子之間的事情，先要問問孩子：「你打算怎麼辦？」這樣做，一方面可以培養孩子獨立處理問題的能力，另一方面，也可以了解孩子的真實態度。在問明孩子的態度之後，如果孩子的想法正確，就讓孩子按他的想法做；如果不正確，父母則可以進行合理的引導，與孩子共同探討處理問題的方法，最終解決問題。

總之，當孩子受了欺負時，父母一定要冷靜、豁達，對孩

子的關愛要恰當，化不愉快為愉快，化不利為有利，充實孩子的人生經驗和智慧。

八、胎教一定要謹慎

父母對孩子的愛在其未出生時已經很熾烈，為了寶寶出生以後能夠健康聰明的成長，許多孕婦在懷孕初期就對肚中的寶寶進行「啟蒙教育」──胎教。

那麼，怎樣的胎教才合理？

幼兒專家表示，胎兒約在五個月大時，已有聽覺反應，胎兒的內耳、中耳、外耳等聽覺系統開始建立；在懷孕約六個月時，胎兒在母親的子宮裡，對外界的聲音刺激會有所反應，包括感受到母親的心跳速度、血液流動的節奏、胃腸蠕動的韻律等。所以，媽媽此時讓胎兒正確的聽一些音樂，對孩子有一定的積極意義，比如孩子出生後不易哭鬧，能提升情緒、智商指數。

不過，專家們在臨床上卻經常發現一些準媽媽們不懂得如何胎教。有的準媽媽把喇叭、手機放在肚子上，讓胎兒直接「聽」音樂，這是非常荒謬的。正確的音樂胎教，應該讓播音器具離肚皮兩公分左右，不要直接放在肚皮上；音樂應以圓潤的旋律為主，不要聽一些音訊過高、刺耳的迪斯可之類的舞曲；音量不要超過八十五分貝。

最好是選一些圓舞曲、交響曲等輕柔優美的舒緩音樂，間

接的讓胎兒聽，這樣對孕婦、對胎兒才都有好處。

(一) 優美音樂不一定就適合胎教

如理查‧克萊德曼的一些鋼琴曲雖然優美動聽，但不適宜作胎教音樂。因為，作為胎教音樂，要求在頻率、節奏、力度和頻響範圍等方面，應盡可能與子宮內胎音合拍。如果頻率過高會損害胎兒內耳柯蒂氏器基底膜，使其出生後聽不到高頻聲音；節奏過強、力度過大的音樂，則會導致嬰兒出生後聽力下降。因此，選擇胎教音樂，應先經醫學、聲學測度，符合聽覺生理學的要求。父母在選購「胎教」磁帶時，不要只是聽一聽音樂是否好聽，還應該看它是否經過了醫學、聲學的測試。只有完全符合聽覺生理要求的胎教音樂，才能真正起到開發智力、促進健康的作用。

(二) 胎教音樂忌用高頻聲音

在市場上出售的胎教音樂，經隨機抽查表明，十一種的胎教音樂中竟有九種不合格，有的音訊最高達到五千赫茲以上，這對胎兒的健康是有害無益的，會損傷胎兒的大腦和聽覺等。新聞已有報導說有些父母從市場購買的劣質胎教音樂磁帶對嬰兒進行胎教，結果「教」出失聰的寶寶。這已說明不合格的胎教音樂磁帶會對胎兒造成危害。故在選購胎教磁帶時應慎重，最好請專業人員幫助選購。

(三) 播放音樂時不要使用耳機，並盡量的降低噪音

胎教音樂要外放，媽媽和寶寶同時聽，不可以用耳機直接放肚子上，對胎兒的耳膜會有損傷，另外建議最好在每天的飯前和飯後聽音樂，時間以十分鐘為宜，時間太久，寶寶會很疲憊。胎教還需與嬰兒教育相連接。正如專家強調的那樣：「始自胎兒的胎教並不能以分娩而結束，還必須與嬰兒的早期教育相連貫，這樣才不會使胎教前功盡棄。」

總之，孕婦在整個懷孕期間，只有徹底的消除優生大敵，做好胎兒保健，進行正確的胎教，才能生個健康優秀的小寶寶。

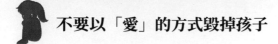

不要以「愛」的方式毀掉孩子

蹲下來與孩子一起看世界

一、蹲下來，才能進入孩子的內心世界

　　現實生活中，每當我們跟自己的孩子或者親戚朋友的小孩子玩耍的時候，往往會採取這樣一種方式：蹲下來笑眯眯的和孩子交流，「來，抱一抱。」、「噢，真乖。」、「來，叫一聲叔叔、叫一聲阿姨。」等等，而這時候的孩子都比較快樂。

　　其實這裡面存在著科學的道理，從心理學的角度講，你只有蹲下來，孩子才能看到你的眼神，才能體會到你與他是在一個平等的位置的，孩子也才能從你的眼神中感受到你的教育是否真誠。眼睛是心靈的窗戶，不光是大人們能體會，二、三歲的小孩也能體會，青春期的孩子同樣能體會。如果我們父母沒有從內心上把孩子擺在平等的地位，那我們的孩子就會在心理上遠離我們，甚至懼怕我們，父母給孩子留下的只能是一種居

高臨下的令人生畏的感覺。對孩子來說，父母就不足以信任。退一步來說，即使從生理學角度來看，父母站著教育，孩子們就要仰著頭接受，這是非常累的，久而久之，很容易造成孩子的畸形，所以很多聰明的孩子可能就會對你不理不睬，不和你交流。

為什麼說父母只有蹲下來才能進入孩子的內心世界呢？

現在的超市經營者，很懂得幼兒心理，在超市的貨架的低架處一般都擺放兒童玩具和兒童食品，而高架處則擺放供成人挑選的貨物。如果我們帶孩子走進超市，指 我們的視線內的物品問孩子要不要，大多數的孩子是不太理睬你的，因為他看不到你所指的那種商品。而在他的視線內，他看到的都是他喜歡的琳瑯滿目的兒童商品。如果你蹲下來，問他視線內的商品他要不要，他往往會歡天喜地的接受。

教育孩子時，很多父母發現如果你去讓他接受那些空洞乏味，但卻很有教育意義的文章，他們往往覺得乏味，難於接受，這其實並不是孩子的錯，而是父母在教育上的失誤，你沒能蹲下去和孩子一起看這個世界。

曾經有一位小學語文教師在教「對稱」這個詞時，為了讓學生們對「對稱」這個詞有更深的理解，就在課堂上提了一個問題：「同學們，誰能說說人身上什麼東西是對稱的呢？」同學們的回答非常踴躍。耳朵是對稱的，眼睛是對稱的，手是對稱的，腳是對稱的……這時候，有一位男生舉手回答說：「老師，

屁股是對稱的，我小雞雞上的兩個蛋蛋是對稱的，我媽媽……」沒等孩子說完，老師用嚴厲的目光盯著這位學生訓斥說：「你坐下，不要再說了！」孩子驚訝委屈了：「同學們不知道的東西，我說了，老師為什麼會不高興呢？」下課後，老師又把孩子叫到辦公室進行了嚴厲的批評，並立即打電話給他的家長，告訴他的家長說：」你兒子這麼小就這麼耍流氓，長大了怎麼辦？」搞得家長驚慌失措。

這位老師的做法是非常錯誤的，要知道，無論孩子的看法在你看來是多麼的幼稚，多麼的讓你無法接受，你都不要盲目的用自己的價值觀去否定孩子，而是應該試著「蹲下來」，站在孩子立場去思考，比如上面那位老師，他如果能站在孩子的立場去看待孩子的答案，就應該知道這位孩子的回答並沒有任何不妥之處，更稱不上什麼「流氓」，他只是單純的思考了老師的問題，單純的給出了自己的答案。

教育的道理是相同的，父母在教育孩子時也應該明白這個道理，你只有「蹲下來」，才能看到孩子的世界，也才能了解孩子的世界。如果你永遠高高在上，以家長的身分自居，便很難獲得孩子的信任，教育往往也就不會有什麼好的效果。

二、父母應該保持一顆童心

父母只要能保持一顆童心，就能很輕易的走入孩子的世界，國內外的心理學家都做過不少調查，結果發現那些優秀孩

子的父母通常都是些活潑、開朗、富有一顆童心、純真的父母。

所謂童心，對大多數父母來說，的確已經是很遙遠的事了。每當我們緊皺眉頭、生氣的訓斥著因在下雨天玩水弄髒了鞋子褲子的孩子時，好像很理所當然的事。但孩子心裡不明白：這麼好玩的事情，父母為什麼不贊成呢？他們懷著興奮的心情跑回家，本想向父母訴說一番戲水的情境，並讓父母分享快樂，結果卻被澆了一瓢冷水，火熱的心被澆涼了，孩子被劈頭蓋臉的訓斥一頓後，並不明白這是為什麼？

事實上，我們有些父母教育孩子的失敗往往就是因為缺乏童心。父母常用成人的眼光看孩子，其實孩子有自己的天地，他們對任何事物都感到新奇，充滿了幻想，愛玩遊戲，愛提問題。可是有些父母總讓孩子「規規矩矩」，總想把孩子變成「小大人」，這種脫離年齡特點的教育很容易造成兩代人的隔閡，多數是要失敗的。

小孩的童心，應該受到所有人的尊重，尤其應該受到自己父母的尊重，父母只要盡可能多的保留一些童心和童趣，就會發現教育孩子其實並不是一件很難的事情。

來看一位母親的教育心得：

一天我正在織毛衣，兒子卻在一旁吵鬧著要我跟他玩小火車。我一看這有什麼好玩的，於是說：「這不好玩，你自己去玩吧，媽媽要織毛衣。」說完我仍埋頭織毛衣。不料孩子「哇」的一聲大哭，「啪」的一聲把玩具摔在地上，那樣子，真是感到委

屈極了。無奈之下我只好哄著他一塊玩玩具，孩子很快就破涕為笑，快樂極了。

孩子為什麼會這樣生氣的摔小火車？我想可能正是我當時缺乏「童心」所致。對大人來講，玩小火車肯定沒什麼意思，但小孩子就不同了。由此我悟出一個道理：要使父母的教育能潛入孩子的心靈，引起「教育效應」，做父母的一定要有一顆童心。

這位母親說的很正確。做父母的雖然經常和小孩在一起，但如果缺乏童心，就很難進入小孩的世界，形同咫尺天涯，因為兩代人之間找不到共同的愛好和語言，難以真摯的交流思想和感情。

那麼，父母應該如何做才會擁有與孩子一樣的童心呢？

首先，要了解孩子的心理。

不了解孩子的心理就不會有童心，儘管你是為了孩子著想，但很難取得好的效果。

比如，孩子下雪天想和小朋友去打雪仗，可是媽媽怕孩子著涼，把他關在屋子裡。孩子苦苦哀求：「媽媽，讓我玩一會兒吧，玩一會兒就回來。」媽媽卻說：「外面天氣冷，當心著涼。他們比你大，會欺負你的。你有這麼多玩具，就在家自己玩吧！」孩子哭了，這方小天地怎麼能與和小朋友們打雪仗相比呢？

其次，要知道孩子的要求。

《讀者文摘》曾刊登過一篇孩子寫給父母的信，充分表達了孩子對父母的要求，這對家長了解孩子有一定的啟示作用。

（一）　我的手很小，無論做什麼事，請不要要求我十全十美。我的腳很短，請慢些走，以便我能跟得上您。

（二）　我的眼睛不像您那樣見過世面，請讓我自己慢慢的觀察一切事物，並希望您不要過多的對我加以限制。

（三）　家務事雖是繁多的，但我的童年是短暫的，請花些時間給我講一點世界上的奇聞，不要只把我當成取樂的玩具。

（四）　我的感情是脆弱的，請對我的反應敏感些，不要整天責罵不休。對待我應像對待您自己一樣。

（五）　請愛護我，經常訓練我對人的禮貌，指導我做事情，教育我靠什麼生活。

（六）　我需要您不斷的鼓勵，不要經常嚴厲的批評、威嚇我。您可以批評我做錯的事情，但不要責罵我本人。

（七）　請給我一些自由，讓我自己決定一些事情，允許我不成功，以便我從不成功中吸取教訓，總有一天，我會自己決定自己的生活道路。

（八）　請讓我和您一起娛樂。孩子需要從父母那裡得到愉快，正像父母需要從孩子那裡得到歡樂一樣。

　　再次，要經常回憶自己的童年。

　　每個人都有自己美妙的童年。做父母的不要忘了自己的童年：打彈珠、跳橡皮筋、跳房子、下跳棋、吹泡泡、扮家家酒，都曾使我們迷戀過；騎馬打仗、打雪仗、躲貓貓，也曾使我們激動過，如果這些我們能回憶一下，對於理解孩子的童心，正

確引導孩子是大有好處的。

最後，要看到社會的變化。

有些父母說，我有童心，我經常拿我小時候的情況與現在的孩子比，但是越比越麻煩，與孩子的代溝越深。這是為什麼呢？這是由於機械對比造成的。父母要保持童心，但不能完全沉醉於自己兒童時代的那顆童心，而是要用發展的眼光看社會，要看到時代前進了，社會發展了，現代孩子的興趣、愛好與我們童年有了很大差別。孩子的生活條件改善了，智力開發早了，資訊廣泛了，思想解放了，觀念也改變了。父母如果看不到這些，就會造成與孩子的隔閡。所以我們說的保持童心，還不完全是指父母自己童年時的童心，而是現代兒童的童心。這就需要父母時時研究社會變化對孩子造成的影響，不能以舊的觀念看待新一代的孩子。

父母跟上孩子的發展變化，了解孩子不同時期的心理特點，了解孩子的興趣、愛好、性格的變化，理解孩子的歡樂和苦惱，這是保持童心、縮短與孩子之間的距離，與孩子心靈接近、心理相通的基礎。

三、放下家長的架子

父母放下家長的架子，不僅便於了解孩子的變化，也會使孩子感到幸福快樂，有利其改正缺點，健康的成長。渴望家教成功的父母們，當從放下家長的架子開始！

在封建社會，倫理森嚴，「君君臣臣父父子子」的等級絕對不可違背。但這種封建遺毒已經成為歷史，新時代的父母應該徹底拋棄高高在上、板起臉說教的家長架子，化居高臨下為與孩子平等相處，這樣，孩子才能變得願意向父母吐露心聲，從和父母「作對」變成愉快合作。

曾有一位學生家長在教育孩子的問題上談道：

在培養孩子成長的過程中，我身為一名家長深深的體會到，父母的一言一行對孩子有很大的潛移默化的作用。人們常說：「父母是子女的第一任教師。」真是一點也不假。

從孩子小的時候我就幫他分析事物、明辨是非，鼓勵他對家庭的任何事情講出自己的看法，並將與他的談話記錄下來。把孩子的啟蒙畫保留下來，把他的學習成績、身高等按逐年變化繪製成曲線圖，從小就教他唱歌、游泳、吹口琴、釣魚，帶他到博物館參觀、看展覽、看節目，有空還帶他到大自然中去，呼吸新鮮空氣……

在各種活動中，我不以自己是孩子的家長就說一不二，或擺出什麼都對、什麼都懂的樣子，而是做能給予他知識和歡樂的最知心、最可靠、最值得信賴的朋友。我們經常舉行家庭會議，討論大家共同關心的問題；由於家庭氣氛民主和諧，孩子生活得無憂無慮。

孩子有事會跟我講，從不在心裡放著，出門說「再見」，進門問好，做飯當幫手，飯後洗碗擦桌掃地。平時買菜，洗菜，

給父母盛飯，端湯，拿報紙，捶背。有時父母批評過了頭，也不當時頂嘴，過後才解釋。我常對孩子講：「我們是父子，也是朋友，我有義務培養教育你，也應該得到你的幫助，你長大了，或許會發現我有很多的不足之處，發現我很多地方不如你，這是正常的。因此，要像朋友一樣互相諒解，互相幫助。」

在家裡，不管是家長，還是孩子，都是平等的，孩子提出的看法，我們都該認真思量，有道理的就接受。我的想法也都和孩子講，共同商討。這樣一來，就讓孩子覺得自己在家裡有地位，受重視，所以也就對家庭更加關心。

我認為，只有放下家長的架子，和孩子成為好朋友，才能當好一名稱職的家長。

這位家長的體會深刻、經驗豐富，其做法令人敬佩。

對於孩子來說，不管年齡大小，都是有一定的自尊心。他們希望父母做自己的知心朋友，而不只是長輩，更不希望父母擺出一副長者姿態動輒訓人。

事實上，只要我們用心觀察一下，就會發現，大多數孩子和父母的隔閡往往是父母自己造成的。你把自己凌駕於孩子之上，不管對錯全要孩子接受，孩子怎麼會服氣呢？他會這樣想，為什麼我做錯事要挨打，媽媽做錯了事卻沒人罰？就憑你比我大嗎？

一個三歲的小女孩很願意與隔壁的叔叔交朋友，心裡話都願意跟他講，卻不願意跟自己的父親講，原因在於，這位叔叔

跟她講話時是蹲著的，與她一樣高，她覺得自己受到了對方的尊重，他們的關係是平等的。而爸爸跟她講話時，是居高臨下的，無論站著、坐著都比她高。

所以，父母要和孩子建立融洽的親子關係，就必須放下架子，蹲下身子，走進孩子的內心世界，讓孩子把你當成年長的玩伴和忠實的朋友。這是因為，教育的本身意味著伴隨和支持。

親愛的父母們，當你與孩子相伴時，請收起你的自負和優越感，放下的家長架子，去做孩子真誠的朋友，這樣你的教育才有可能取得真正的成功。

四、試著讓孩子自己拿主意

父母應該注意讓孩子從小就養成自己做決定的習慣，不必為孩子承包所有的事，這樣，孩子就容易得到自由發揮的空間。讓孩子從小就學會由自己來決定自己的事情，對孩子的後天成長具有重要的作用。

著名作家蕭乾自幼沒有父親，生活艱辛，從小就開始自己決定自己的事。他十餘歲的時候，做家長的三堂兄要他輟學去當郵差，他堅決不從，最後不惜與家庭決裂來堅持走自己的路。他後來感慨的說，他的一生都是自己一步步走出來的：如果自己的什麼事都由家裡決定，他很可能只是一個郵差。

可見，讓孩子總是對父母言聽計從並不是什麼好事，相反的，父母應儘早培養孩子自己做主的能力，讓孩子早日成才。

同時，讓孩子自己做決定，還可以培養孩子自己承擔責任的意識。父母要讓自己的孩子意識到要對自己的行為負責，這樣可以促使他早日學會與其他孩子相處，更可以從小培養出他們的責任心。

在英美等西方國家，曾盛行開放式教學理論，主張以培養學生的自立精神和獨創性為辦學宗旨，學生可以根據自己的興趣和愛好自由選擇授課內容，憑自己的意願學習。這是尊重個人意志的一種體現，儘管他們還是孩子，但也有著自己的獨立人格，他們的事應由自己來決定。用這種方法培養孩子的自主精神十分可取。

一個在美國的朋友曾講述了這樣一個故事：

我兒子牧心到美國兩年了，他八歲的時候，由於美國的課程都相對簡單，因此他在學習小學的課程的時候，總是游刃有餘。

在小學三年級的時候，他的學習成績仍十分出色，各個方面也都高人一籌。

在學期快要結束的時候，老師海倫小姐問他：「牧心，去問問你的父母，你是不是明年要跳一級呢？如果你想要跳級的話，就要參加一個跳級考試。」

牧心帶著這個問題回到家裡。

我們三個人坐在一起討論了跳級的好處和壞處。

經過討論，我們提出了自己的參考意見，認為跳級的好處

是加快了學習進度，使牧心覺得學習更有挑戰性，更有意思，不會因過慢的進度覺得乏味而失去興趣。

不好的方面是跳級後，面臨的同學都是比他年齡大的，可能在交流上會有一些問題。

最後，我們說，牧心，爸爸媽媽的話對你來說只是一個參考，最終的決定還要靠你自己做出。

當然這次談話最重要的目的是讓牧心知道父母對他的學習狀況非常滿意，這一點並不需要有考試成績來證明，或者由跳級來證明。

無論他的考試成功與否，我們都會認為牧心是一個好學生並為他感到驕傲。

這一點使牧心放下了心理負擔，輕輕鬆鬆的參加了跳級考試。

考試的結果證明，他輕鬆的達到跳級的要求。

於是牧心很愉快的升到另外一個班級學習。

在孩子們的心中，有時似乎也意識到自己應該做的一些事情，但同時又有一種錯誤的觀念：必須有父母的督促或幫助才能完成。比如自己應當早點睡覺，但他們卻往往認為，督促睡覺是父母的事，父母應當保證孩子睡眠。這種想法頗有些「反客為主」的意味，按時睡覺似乎成了父母的事情，而非孩子自身的事情了。父母如果利用作息制度和鈴聲來控制孩子，孩子就會意識到鈴聲是沒有什麼好討價還價的，執行與否要看自己，

那麼保證睡眠也就真正成為自己的責任。至於清晨按時到校，那就更是自己應當做到的了。

讓孩子自己做決定，可以讓孩子在很多方面受益。首先可以培養孩子做事的積極性。其次，父母能夠認真聽取孩子的意見和想法，而不是把自己的意願強加於孩子，這樣孩子就能明確感受到父母的支持和信任，從而增強對父母的感情。同時，父母的這種姿態也有利於培養孩子善於聽取別人意見的作風。

誠然，對於像決定孩子的前途或是影響重大的事，讓尚未成熟的孩子決斷是不可行的。但父母應該有意識的創造一些讓孩子參與決定重大事務的機會，尤其是與孩子息息相關的事，父母應徵求孩子的意見，讓孩子動腦筋參與決策。比如，家中要買新電視機，父母就可讓孩子參與選擇買什麼牌子、什麼型號的。孩子被委以重任後，肯定會興致勃勃的去了解各種品牌、各種型號的電視機的價格、性能。這有利於孩子增長知識，也利於孩子對自己選擇的東西倍加愛惜。

五、用孩子的眼光看孩子的世界

當了父母的人總不免有一個疑問：在自己孩子的眼中，世界是什麼樣子呢？

英國兒童健康協會曾在倫敦動物園舉辦的「孩童世界」展覽，為人們提供了全新的視角。

展覽模仿了不同年齡的孩子的體驗。當成年人戴上厚厚的

眼鏡時，他們眼前的模糊世界就仿佛是孩子的感受；讓他們戴上手套綁鞋帶，體會到的是學步階段嬰兒的動作協調能力。

心理專家認為，這個展覽重現了人的成長經驗，讓成年人獲得了對兒童的嶄新認識。專家認為，身為父母，如果沒有經歷過這種降級感覺，是不會了解孩子的。在聖誕節期間的展覽會上，你不要以為孩子會為琳琅滿目的禮品而高興，在他們的眼裡，這是 一個充滿著人的大腿、屁股、鞋子，以及其他龐大的物體在亂推亂撞的場面。

所以，不妨把自己的心態落到與孩子一樣的水平線上，用孩子的眼光來看現實的世界，那麼孩子的很多想法和行為，大人才有可能理解。

來看一則實例：

一家人到戶外去活動，弟弟和哥哥之間發生了一點小矛盾，結果扭打在一起，弟弟的鼻子被地面擦破了一點皮。當時父母的心裡是又生氣又緊張，分別將他們兩個人訓了一頓，並問他們，為什麼不好好玩，還打架？

弟弟委屈的說：「我是在和哥哥好好玩的，我們想看看誰的力氣大，玩摔跤，就摔倒了。」哥哥說：「對，都是那個地不好，硬硬的，把弟弟的鼻子都弄破了。」聽到這裡，父母不禁臉上有些發紅，是啊，孩子們並沒因為鼻子的問題而不高興，他們還沉浸在摔跤的樂趣中，摔跤所帶來的樂趣遠遠大於鼻子被碰破這點兒小事；更何況孩子在成長的過程中，是難免遇到這樣或

那樣諸如此類的挫折的，俗語說：「吃一塹，長一智。」孩子們都這樣想了，父母幹嘛還要訓他們呢？這個時候父母最應該做的事就是告誡他們，以後玩耍的時候要注意安全。

父母應該知道，孩子眼裡的世界有時與大人是不一致甚至是截然不同的。身為大人，不能總站著，居高臨下的審視孩子，滔滔不絕的訓斥孩子，而應該蹲下身，和孩子站在同一視平線上，用孩子的眼光看世界，才能真正了解孩子。

那麼，父母如何才能做到用孩子的眼光看待孩子的世界呢？

首先，學會傾聽，成為孩子忠實的聽眾。孩子是一本無字的書，書的每一頁，浸透著父母的心血和關愛。很多父母把孩子當作「小太陽」，甘心作行星圍著「太陽」轉；而孩子卻不願當「太陽」，而要做「星星」，因為「太陽」太孤獨，「星星」卻有很多朋友。

現在的孩子很多都是獨生子，他們害怕孤獨，渴求傾聽，渴望父母能成為自己的朋友，當他們的「孩子王」。因此，聰明的父母與其做一個高明的說教者，不如做一個高明的傾聽者。當面對「雞蛋裡面挑骨頭」、「打破沙鍋問到底」，滿腦子都是稀奇古怪想法的孩子時，不論孩子的問題多麼簡單、多麼幼稚，父母即使再忙再累也千萬不能漫不經心，眼睛左顧右盼，手裡不時的翻動著書報，嘴裡不停的說著「我早就知道」。而應該保持微笑、熱情的看著說話的孩子，並常常表現出驚訝的樣子，

讚嘆道：「真是這樣嗎？」、「我跟你想的一樣！」、「你的想法太好了，請繼續說！」、「你真棒！我簡直不敢相信！」以此來表示自己對孩子所說的話的興趣和愉悅，同時對孩子所提的問題進行熱情的指點，並及時為他們排憂解難。這樣孩子們便會認為你「夠朋友」、「了不起」，自然就樂於向你敞開心扉。

其次，要以孩子的眼光看看孩子的世界，父母還應該知道孩子有自己獨立完整的人格，也有屬於自己的思想，父母要能尊重孩子，向孩子請教。

在孩子成長的過程中，知識面會逐漸增廣，他們會開始自己觀察、思考，對一些問題也會有自己的看法和見解，如果一味以成人的標準來思考和行動，不敢越雷池一步，那麼就會壓抑孩子健康的個性和心理發展，不利於培養孩子完整的人格。因此，做父母的，應該學會平等的和孩子相處，遇事多向孩子商量：「這樣做行嗎？」、「你喜歡不喜歡？」、「這件事這樣處理好不好？」、「這樣講你聽得懂嗎？」這樣，孩子感受到父母對他的尊重，對他的關心，自然會奮發向上，朝著父母期望的方向努力。

最後，以孩子的眼光看問題，還要能以一顆平常心去理解和寬容孩子的過錯。俗話說「十個指頭有長短，荷花出水有高低。」不要總拿自己的孩子和別的孩子相比，不要把目光總是放在自己孩子的缺點上。應該將心比心，對孩子給予充分的理解，用寬容發展的目光看孩子。

總之，父母若想教育好孩子，就要學會去傾聽孩子的心聲，與孩子產生共鳴，恰如其分的評價孩子……而做到這些的前提就是用孩子的眼光看孩子的世界。

六、幫助孩子實現一些簡單「夢想」

「夢想」這個詞在成年人看來，或許是很遙遠很難實現的一個詞彙，但在孩子心中卻往往觸手可摸，很簡單的就能實現，當然，這需要父母的幫助。

日前，在臺中市某補習街對一千個孩子的新年夢想進行調查，最熱門的新年夢想有五個：一是學習進步，身體健康；二是能在二〇二二年去東京迪士尼；三是爸爸媽媽能帶我去更多的地方玩；四是能認識更多的好朋友；五是希望能得到心愛的玩具。

臺中一個縣市，雖不能涵蓋全國範圍內的孩子，一千也不是一個很多的基數，但滴水足以觀滄海，窺一斑也可見全豹。從這一個調查資料，我們還是可以看出一些東西的。

不難發現，這些孩子的夢想其實都是一些平實、純真、簡單的願望，實現起來並不難，但媒體卻對其冠之以「新年夢想」，這不能不引人深思：除去媒體記者們喜歡用「夢」的字眼吸引讀者的眼球之外，給人的感覺是，實現這些「夢想」一定是有相當的難度，原因就在於很多父母日常生活中很可能忽略了孩子們並非奢侈的願望。

來看一篇父親的日記：

幼稚園放假半天。我去接兒子小坤回家時，小坤提出了一個要求：「爸爸，你能不能帶我去公園？」我下午有許多事情要做，當然不能滿足他的要求。中午，我和小坤吃的是泡麵，然後他玩他的積木，我心急的處理我的文件。過了一會兒，小坤走進書房，輕聲問：「爸爸，好了沒有？」我說：「你不要吵爸爸，自己玩去。」小坤輕手輕腳的走出書房。又過了一會兒，小坤又走進書房，輕聲問：「爸爸，現在你好了沒有？」我說：「你沒看到我正忙嗎？不要吵爸爸。」小坤癟癟嘴巴，一聲不響的走出去了。等我把手上的工作處理完，伸了一個懶腰，叫了一聲「小坤！」但沒人回應。我站起身，看到小坤在客廳的沙發上睡著了。時間已近五點，該是用晚餐的時候了，妻子也該下班回家了。將近六點，妻子一臉倦容回到了家，我叫醒小坤，然後做飯、洗碗，看新聞……已經是晚上七點多了。小坤說：「爸爸媽媽，能不能帶我去超市裡去玩。」妻子沒好氣的說：「媽媽累了，想睡覺了。」小坤在媽媽面前撒起了嬌，拉住媽媽的手說：「我一定要去。」妻子有點生氣：「你這孩子，這麼不聽話。」小坤住了手，坐回沙發上。我對小坤說：「明天吧！」小坤點點頭說「好。」黑夜降臨了，我們都很累，想睡了。妻子一碰到枕頭就呼呼睡去，我陪小坤在床上玩了一會兒，睡意也上來了，閉上了眼，朦朧中，小坤在我耳邊說：「爸爸，你說話可要算數，明天要帶我去玩。」我心裡想著明天的事，又有許多許多。我眼也沒睜，說：「明天再說吧！」黑暗中，我聽到五歲的小坤失望

的嘆了口氣……

　　孩子的願望多麼簡單，但就是這麼一點點的小心願，大人卻很難辦到。這實在是一件令人遺憾的事。父母們，關注一下孩子們真實的願望，不要把「忙」當作藉口，盡可能利用閒暇時間去幫助孩子實現一些簡單的「夢想」吧！親情需要我們用心的付出，播撒你的愛，才能收獲孩子的成長。

七、和孩子一起成長

　　在公共汽車上，一位母親和孩子一起坐在一個座位上。這時，上來一位抱小孩的少婦，這個孩子很懂事，站起來對那位少婦說：「阿姨，您坐我這裡。」沒想到，那位母親伸出手來，把孩子又按在了座位上。孩子不解的說：「我們老師說，要給抱小孩的人讓座的。」

　　這則新聞讀起來讓人感慨不已。或許，那位母親教育過孩子要懂禮貌，助人為樂。但在實際行動中，她卻沒有給孩子做出好的榜樣，用行動去感染孩子。事實上，現在的很多父母在教子方面已進入了一個盲點，那就是：「重於言傳，不去身教。」只要求孩子怎樣，卻不自律自己如何。父母是孩子的第一任教師甚至是孩子的終身教師，孩子在很多方面都會向父母看齊，所以父母一定要嚴格要求自己，身體力行，努力給孩子做一個好榜樣。但在現實生活中，我們卻經常發現，一些父母說一套，做一套，言行不一，一邊要求孩子學會尊重，學會關

心，自己卻夫妻反目，婆媳相嫌；一邊要求孩子努力學習，不斷進步，自己卻安於現狀，不思進取。試問，父母都不能以身作則，又憑什麼去要求孩子呢？

我們之所以認為父母有必要和孩子一起成長，上述父母不能以身作則是一個重要原因。

此外，孩子在成長的過程中會遭遇很多問題，身為父母，我們也會在孩子成長的過程中遭遇這樣那樣的問題，因此，父母需要和孩子一起成長。

師範大學社會學系某教授在一次講座上曾這樣闡述「一起成長」這個概念：

「記得兒子小時候，我問他：『媽媽幾歲了？』兒子告訴我說：『媽媽妳七歲了！』我一聽奇怪了，媽媽怎麼會七歲？兒子更加奇怪的看著我說：『媽媽是生了我才做媽媽的，所以媽媽和我一樣大！』」

韓曉燕進一步解釋說，身為父母，擔任爸爸媽媽這個角色的時間和孩子的年齡是相同的，在這個過程中，會遇到很多自己以前沒有遇到過的問題，所以應該學會和孩子一起成長。

那麼，具體來講，父母該如何才能做到與孩子一起成長呢？

(一) 父母應該樹立終身學習的觀念

古人講：「少而學，壯而有為；壯而學，老而不衰；老而學，

死而不朽。」在知識經濟的時代，無論你是什麼樣的身分，都要自覺的持續不斷的學習，確保與時俱進。這樣做，一方面能提高自身素養，適應社會競爭；另一方面，也可以促進教育孩子能力的增長，給孩子樹立一個勤於學習、樂於學習的榜樣，使家庭多一點書香氣息。

（二）父母應樹立向孩子學習的觀念

著名人類文化學家米德認為：「當代青少年有著很強的『文化反哺』能力，他們能夠把對不斷變動中的社會生活的理解和不斷湧現出的新知識傳遞給自己的長輩。」有的社會學家甚至斷言：「我們正在進入一個年長一代向年輕一代進行廣泛的文化吸收和資訊反哺的時代。」現代家庭不僅是休養生息的居所，也是學習進修的教室；家庭成員間不僅是血緣關係，還應該是師生關係、同學關係。父母要主動放下架子、拋開面子，虛心向孩子請教，真心的把孩子當成討論問題的朋友。這樣一來，不僅父母能從孩子那裡汲取活力和能量，孩子也能在父母的尊敬、請教的激勵中形成內在成長機制，增加自我成長的動力。

（三）樹立以身作則的觀念

父母要改變孩子，首先就得改變自己。不要總是把眼光盯在孩子身上，找孩子的毛病，而應該經常檢討自己，在自己身上找根源。

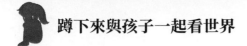

（四）父母必須要放鬆心態

一條非常重要的原則是，不管你採取什麼樣的方式教育孩子，與孩子溝通，你們彼此都應該感到快樂。只要你們彼此都覺得很快樂，你就成功了百分之九十。

總之，在這樣一個豐富多彩的世界裡，在這樣一個充滿創新與發展的時代裡，父母一定要從各個層面上豐富自己，充實自己，提升自己，讓自己的生命更有品質更加精彩，從而才能成就孩子生命的精彩。

所以，讓我們和孩子一起成長吧。

把孩子從固定的角色中解放出來

一、正確看待孩子的興趣

每個人都有不同的興趣與愛好，你不能強迫別人與你相同，正像老話所說的「青菜蘿蔔，各有所愛」。父母大多明白這一個道理，在日常交際中，也大都能很好的做到這一點。可是在面對孩子時，有些父母在這一點上的認識往往就很模糊了。

父母應該知道，一旦孩子對一些東西產生了興趣，他可能就會把自己的興趣和愛好作為奮鬥的目標。這樣一來，他的主動性就能得到充分發揮。即使再疲倦和辛苦，也總是能興致勃勃、心情愉悅。

孩子的興趣是一種非常寶貴的資源，善待和保護孩子的興趣，就是在保護一種孩子追求成功的動力。然而在現實生活中，許多家庭的父母對待孩子的興趣是不屑一顧的，甚至故意

去熄滅孩子剛剛燃燒起來的熱情。他們眼中看到的只有學習成績，關心的只是考試分數。這是非常令人遺憾的一種行為，也是一種值得深思的一種現象。

智堅是一個喜歡籃球的男孩，在上小學時就迷上了籃球，上了國中以後，他還參加了校園籃球隊，但智堅的爸爸硬是不讓他去活動，說是怕影響到學習成績，怕他考不上好高中，也怕他受傷……

智堅是一個很有主見的孩子，面對爸爸的偏見與固執，他沒有退縮，而是決心要說服爸爸，他希望走自己的路。於是智堅找出各種理由來進行辯解。

「不行，不准去！」爸爸威嚴的聲音傳來，智堅立即像洩了氣的皮球一樣，倒在椅子上。拿起書本，他心裡衝動，真想大聲叫喊：「什麼李白、杜甫，我都不要看！我就愛打籃球！哼！不讓我去，我在家裡也一樣玩。」於是智堅在客廳裡練起運球來。

這一招果然有效，媽媽急匆匆的趕來：「哎，你這孩子，你就不想想，爸爸不也是為你好嗎？你不好好學習怎麼考高中，考不上高中怎麼考大學。不上大學……不上大學哪有好工作……」智堅大聲的說著：「媽媽妳怎麼就只知道讓我考大學，不知道成功的路不止一條。再說，我的學習成績也不錯啊。一星期就這麼點空閒時間，我也應該要輕鬆一會兒啊。」爸爸聽了智堅的話在一旁訓斥道：「空閒時間也要學習，這是拉開與別人

距離的最好機會！」

智堅終於沒有辦法了，淚水充滿了眼眶，委屈的說：「爸媽你們從來都不理解我。上國中以來，你們就幾乎沒帶我出去玩過，連我唯一的興趣——籃球也不讓打了，難道我就是為成績而活的嗎。」

看著滿桌子的參考書，智堅的淚水再也止不住了。父母這時似乎被他的話打動了，不再說什麼。智堅趁機講下去：「就算我去考大學，將來開始工作，人家不也是要多方面的人才嗎？再說，也只有加強身體鍛鍊，才能適應充滿競爭的快節奏學習和生活。」聽了兒子的肺腑之言，爸爸放下手中的活，終於鬆口了：「好吧！以後每星期六可以去踢球，但不能超過三小時。」

這一天智堅等了多久啊！他心裡想：「對於父母以前那些善良的管制，我應當感謝但不能接受，因為，我的生活是豐富多彩的，成功的道路不止一條。我的道路需要自己去走，這樣我才能自豪的說：『我是幸福的，我擁有了自己的生活。』」

孩子的發展應當是全面的，父母培養孩子首先要發現孩子的興趣與愛好，不能使每一個孩子都變成一個學習的機器，而應當使他得到全面的發展。當孩子一旦對某一方面或某些事物入迷之後，他就會以驚人的勤奮和毅力去從事這件他所熱愛的事情。一旦他們步入了這一軌道，他們潛在的才能就能夠得以充分發揮，這種發揮是迅速而驚人的。

相反的，孩子的興趣和熱情一旦泯滅，他們潛在能力發揮

的餘地就會越來越小。

所以，我們每一位家長都不能隨意踐踏孩子們興趣的幼芽，要從小就注重對孩子興趣和熱情的培養，以便孩子的潛在能力得以正常發揮。

如何正確看待孩子的興趣，父母應該注意以下幾個問題：

（一）承認孩子有建立自己愛好的權利

在遇到這種問題時，做父母的首先要承認每個人可以有自己個人的喜愛和興趣。身為孩子，他們也有自己愛好和興趣的權利，自己不應該隨便干涉。

（二）不要逼迫孩子

父母不要指望透過逼迫的手段令孩子屈服，這樣做往往是適得其反。

（三）對孩子的興趣不要過早的做定論

不同性格的孩子，他們的興趣維持時間也不一樣。有的孩子具有某方面的天賦，對某一事物發生了興趣，就堅定不移，一直喜歡下去；有的孩子則興趣廣泛，很容易對某一事物產生興趣，但維持的時間不長，很快又轉移到其他事物上。所以，父母不宜對孩子的興趣過早定向，這樣容易造成把孩子不感興趣的事情強加到孩子身上。

（四）盡量尊重和善待孩子的興趣

在今天這個多彩多姿的生活裡，人的個性和興趣得到較充分的發展，父母應該允許孩子自己選擇興趣，當然在承認與尊重的前提下，父母還是可以進行適當的引導的，這樣容易培養孩子高尚的趣味和情操。

二、保護孩子的好奇心

孩子的個性儘管千差萬別，愛好儘管不同，但卻也有不少相通的東西，比如好奇心就是其中之一。好奇心在孩子的成長過程中有著非同一般的作用，父母一定要注意保護和開發孩子的好奇心以及由此產生的求知慾。

好奇心比較強的孩子，往往表現出好動的個性。有的孩子從書本上看到陶器是用泥巴燒成的，就會試著將泥巴捏成一定形狀用打火機燒。這時父母就要告訴孩子，精美的陶器是在高溫條件下燒製而成的，一般火焰的溫度達不到。有條件的話還可以專門帶孩子去製陶的工作坊參觀，讓他了解製陶的有關原理。

保護孩子的好奇心不是一句空話，當父母的要理解孩子。如果孩子看到新鮮好奇的東西，做父母的表現出漠然的樣子，就會冷卻了孩子的好奇心。孩子的好奇心得不到滿足，探索慾得不到保護和開發，很可能會因壓抑而枯死，這樣孩子的智慧就很難得到良好的發展。

著名教育家陶行知先生曾碰到過這樣一件事。一位母親對他抱怨說,她的兒子非常淘氣,把好好的一塊貴重金錶給拆壞了,她把兒子打了一頓。

陶行知先生當即說:「可惜呀,中國的愛迪生讓妳給槍斃了。」陶行知先生的這番話形象的道出了目前在家庭教育中,父母是怎樣無意識的扼殺孩子可貴的好奇心,抑制孩子創造性的形成的。

發明家愛迪生,幼年時好奇心和求知慾都很強,凡事喜歡追根尋源。他因為向老師提出「二加二為什麼等於四」的問題而闖下大禍:剛進學校三個月就被勒令退學。他的母親十分悲憤,下決心親自教育兒子成長,為了給兒子建立自信心,她給他講解文學、物理和化學,培養他愛學習、愛科學的習慣。愛迪生的求知慾因此被母親進一步激發起來。「天才」在不知不覺中成長萌芽,最終成為舉世聞名的發明家。

由此可見,孩子的好奇心和求知慾需要得到別人的認同。如果連做父母的都不能認同自己的孩子,那麼孩子就很難自信的面對這個世界。試想,愛迪生的母親如果不認同自己的兒子,與學校和老師的看法一樣,認為自己的兒子是一個白痴、一個怪物,那大發明家愛迪生很可能就不會出現在歷史上。

有時候,孩子的好奇心會衝破父母的知識範圍,這其實是很正常的現象。父母對孩子的發問一時答不上來,可以透過翻書或向人請教,有了正確的答案,事後再告訴孩子,千萬不能

不耐煩的說：「就你愛問！」、「就你話多！」或者飯桌上父母回答不了孩子的問題時，就用「吃飯吧！」來加以搪塞敷衍。

勇於質疑，是孩子好奇心的萌芽。即使孩子因好奇而惹了麻煩或做錯了事，父母也要正確引導，不可大聲責罵，更不可動手打孩子。

三、不要打擊孩子的想像力

有一點，我們必須承認，每個孩子都有著豐富的想像力，之所以有很多孩子表現不出來，大多是被老師或者父母給扼殺在「搖籃」中了。

有一篇題為《創造性能不能教》的文章寫道：

美國孩子學畫畫，老師往往不設範本，不規定模式，讓孩子從現實生活到內心想像的過程中自由構圖。孩子雖然畫得「一塌糊塗」，但十分高興。畫完之後，只問老師「好不好」，而從來不問「像不像」。回答『像不像』，是指『複製』得如何？回答『好不好』，是指創造得如何？

還有這樣一個故事：

美國的小學美術老師琳達曾來臺灣做學術交流。不少老師請教她：「怎樣教孩子的創造性？」琳達很困惑：「創造性怎麼能教呢？」

琳達給孩子出了一道題目：《快樂的節日》。結果發現，很多孩子都在畫聖誕樹，而且畫得一模一樣！她仔細觀察，原來

孩子們的視線都朝著同一個方向：教室牆上的一幅畫裡有棵聖誕樹！琳達把牆上的畫遮起來，要孩子們自己創作一幅畫來表現這個主題。令琳達感到吃驚的是，那群孩子竟然抓耳撓腮，一副茫然的樣子……琳達老師不得不又把牆上的那幅聖誕樹揭開……

這個真實的故事令人深思。臺灣有千千萬萬個孩子在學畫畫，問題是怎麼學？學什麼？用什麼方法去學？是用「眼」畫畫，還是用「心」畫畫？

模仿是一個簡單的由眼睛到手的過程，由於沒有心的參與，可以說是一個類似「複印」的過程。長此以往，雖然技藝越來越高，可想像力卻越來越差。他的眼睛裡有畫，而心裡沒有。眼睛裡的畫只能是別人的畫，只有心裡的畫才是自己的。

再來看這樣一個真實的故事：

在某個學校的一次考試中，有這麼一個問題：「雪化了是什麼？」這個問題對於稍微有點常識的人來說，是很簡單的，但是老師在後來的閱卷中發現，有一個孩子給出了一個出人意料的答案：「雪化了是春天。」然而，這個別出心裁的答案被打上了一個鮮紅的「叉」號，至於原因，自然是因為跟標準答案不符。

好一個跟標準答案不符！它如同一把堅硬的銼刀，毫不留情的磨掉了孩子們的想像力。

事實上，面對老師的這種打擊孩子想像力行為，父母不能無動於衷。在這一點上美國有一位母親就做的非常之好：

一九六八年的一天，美國的一位三歲女孩指著一個禮品盒上的「OPEN」對她媽媽說，她認識第一個字母「O」。這位媽媽非常吃驚，問她是怎麼認識的？女孩說是幼稚園的老師教的。這位媽媽在表揚了女兒之後，一狀把幼稚園告上了法庭，理由是該幼稚園剝奪了孩子的想像的權力。因為她女兒在認識「O」之前，能把「O」說成是蘋果、太陽、足球、鳥蛋等等圓形的東西。但是，自從幼稚園教她認識了字母之後，孩子就失去了這種想像的能力。她要求幼稚園對此負責，並進行精神賠償。

此案在法院開庭時，這位媽媽作了如下辯護：「我曾在一個公園裡見到兩隻天鵝，一隻被剪去了左邊的翅膀，放在較大的水塘裡；另一隻則翅膀完好無損，放在很小的水塘裡。管理人員說，這樣能防止牠們逃跑，剪去左邊翅膀的因無法保持身體平衡而無法飛行；而在小水塘裡的因沒有足夠的滑翔路程，也只能待在水裡。現在，我女兒就猶如一隻幼稚園的天鵝，他們剪掉了她一隻想像的翅膀，過早的把她投進了那片只有 ABC 的小水塘。」

陪審團的全體成員都被感動了。幼稚園敗訴！

兩相對比，我們的父母是否應該有一番領悟和驚醒呢？

偉大的愛因斯坦曾說過：「想像力遠比知識更重要，因為知識是有限的，而想像力概括著世界上的一切並推動著進步。想像才是知識進步的泉源。」由此可見，培養孩子想像力對孩子是多麼的重要。孩子的想像也許有時候看起來，有些可笑和不切

實際，但是身為成人的我們是否想過，瓦特正是有了「為什麼蒸汽能把壺蓋頂起來」的思考，才有了後來蒸汽時代的到來；萊特兄弟正是有了「人能否長上翅膀，像鳥一樣在天空中飛翔」的異想，才有了人類飛翔於天空的現實⋯⋯

所以說，父母千萬不能打擊孩子的想像力，這樣做很可能會毀掉孩子輝煌的一生。

四、幫孩子擺脫慣性思考

父母在教育孩子時，經常會碰到這樣一種情況，孩子陷入自己的思考模式，固執的在一個範圍或一個角度尋找問題的答案，無論父母如何闡述，孩子都很難從中擺脫出來。比如，孩子做錯了一道題，其中的道理很簡單，但無論父母怎麼說，他就是想不通。這時，孩子就是陷入了自己的慣性思考。

陷入慣性思考是一種常見的現象，不止是孩子，在成人世界中，這種現象表現的也很突出。

有這樣一個故事：

在一個茶館中，一位警察局長正在和一個老頭下象棋，突然，一個小孩跑了進來對警察局長說：「快回家吧，你爸爸和我爸爸吵起來了。」老頭問警察局長：「這孩子是你的什麼人？」局長說：「這是我的兒子。」那麼，請問這兩個吵架的人和局長是什麼關係？有人拿這個問題問了一百個人，令人遺憾的是只有兩個人答對了。

　　相信有很多人在初次看到這個問題時，也會束手無策。但如果你仔細思考和推理，事情並不複雜。這個下棋的警察局長是個女局長，自然是孩子的媽媽。吵架的是孩子的爸爸和孩子的外公。而在許多人的心目中，警察局長被認為是男性。再加上茶館、下棋的老頭這些干擾因素的存在，人們更不容易聯想到警察局長是個女的。

　　再來看這樣一個小遊戲，由兩道問題組成。第一個問題是讓被試人快速說十遍「木蘭花」，然後突然發問：「古代代父從軍的是誰？」許多人這個問題都能答對；而到了第二個問題，請被試人說十遍「亮月」，發問道：「後羿射下的是什麼？」「月亮！」十之八九的被試人脫口而出，待幾秒鐘後才驚呼上當。本是爛熟於心的最簡單的常識，為什麼會答錯呢？第一個問題布置好了圈套，被試人由第一題的答案得出了結論，認定只要將自己口中所說的內容顛倒一下順序即可。慣性思考一旦形成，就難以排除其干擾，人們往往就順著它的思路走下去。待到反應過來，才恍然大悟。

　　這兩個例子說的都是慣性思考作怪的現象。

　　慣性思考是束縛和禁錮孩子創新的一種思考方式。若想讓孩子學會創新，就必須要幫助他擺脫慣性思考，養成多維思考的習慣，不墨守成規，不迷信權威，不迷信書本，堅持從實際出發，勇於在實踐中探索。只有這樣，創新的火花才會在突破慣性那一刻迸裂而出。

那麼，父母又該如何具體的幫助孩子擺脫慣性思考呢？

（一）孩子不是父母的附屬品

父母也不是孩子的替代品，孩子的想法不見得與你一樣，也許孩子的觀點在你們看來有些幼稚，甚至是異想天開，但這是他們對這個世界的解釋，是他們成長的收穫。所以，當孩子的想法和你存在差異時，千萬不要一棍子打死。

（二）父母應該鼓勵孩子多做開發智力的遊戲。

孩子需要遊戲，恰如魚兒離不開水一樣。遊戲對孩子的智力開發有著重要的作用。父母不要談「玩」色變，在玩中，孩子可以很愉悅的學到知識，從而鍛鍊大腦。

（三）父母要啟發孩子多角度看問題

孩子有很大程度會模仿自己的父母，父母的言行、舉止、思考方式都在潛移默化中對他們產生影響。所以父母應該積極的引導孩子，培養孩子從多個側面看問題的習慣。

（四）父母要對孩子的新奇思考進行正確引導

萬事皆有度，我們鼓勵孩子的創新思考，但也要防止他們走入歧途。打破慣性思考是創新，但過於別出蹊徑就是詭辯了。我們不希望孩子們從一個極端走向另一個極端，在孩子的思考出現了偏差時，父母應該及時的正確指導。

五、保護孩子的創造能力

創造力，是指人們根據已有的經驗和認識，找出解決新問題的方法，或創造出前所未有的新事物、新形象的能力。它是智力發展水準的重要標誌，心理學研究表明，創造力不是一種全有或全無的現象，而是所有正常人普遍具有的程度不同的能力。

不誇張的說，每一個正常的孩子都具有一定的創造力，他們的創造力主要表現在能夠用自己的方法，去解決一些日常生活和學習中的問題。可是，現實生活中，為什麼在創造力的表現上，孩子之間會存在不同程度的差距呢？這其中的關鍵就在於父母。

有一位爸爸想讓五歲兒子證明一下看不見的空氣是怎麼存在於我們日常生活中的（這位家長為孩子提供了杯子、塑膠袋、風扇、水等具體的東西）。兒子因為有具體的東西做直接的依據，思考就顯得十分活躍，他打開風扇，一邊讓風吹拂他的頭髮一邊說：「空氣現在正在給我梳頭。」然後他把空塑膠袋的袋口握緊，並不斷往裡捏直到塑膠袋變成一個氣鼓鼓的包，嘴裡還嚷著：「我已抓到了你，空氣，看你還往哪裡跑。」最後他將空杯子口朝下倒著壓入水裡，一開始因為沒有冒氣泡他著急了，他爸爸讓他想像一下潛水夫是怎麼呼吸的，他眨了眨眼睛然後讓杯子在水裡慢慢傾斜，哇！成功了，水裡冒出了氣泡，杯子裡的空氣排了出來。

從這個事例中，父母們應該可以看出，孩子的創造性活動必然以其創造想像為基礎，而孩子的創造想像是以他的日常生活經驗為基礎的。因此，父母要特別重視孩子日常生活各種經驗的累積，並不斷創造機會讓孩子充分表現其創造力。否則，你的孩子的創造力就會被束縛在腦子裡面，難以得到現實性的表現。

　　事實上，對於父母來說，培養、發覺和保護孩子的創造力並不是一件特別難的事情。只要我們從以下幾方面去潛心培養、教育，孩子的創造力就能夠得到正常或超常的發展。

（一）肯定、讚揚、扶植孩子的創造性

　　一些心理學家認為，四歲到四歲半的幼兒最富於幻想，創造性想像達到高峰，五歲後逐漸下降。究其原因，主要是因為成人不了解孩子的心理特點，習慣用常規和傳統經驗辦事，按自己設想的模式去教育孩子，自覺或不自覺的壓抑了孩的創造能力，使孩子的思考範圍逐漸狹窄，思考方式日趨固定化。

　　孩子的豐富想像能力與大膽創造的精神是難能可貴的。當孩子對某些事物興趣濃厚而尋根究源時，父母要熱情的鼓勵。對孩子提出的各種問題，父母都要做認真的回答，且要合乎孩子的心理，以啟發孩子積極思考。對於孩子在實際中生活、工作、學習中提出的新觀念、新做法、新設想，哪怕是點滴的、零碎的、不成熟的，父母都要熱情的加以肯定讚揚，及時扶植孩子正在萌發中的創造性。

　　孩子的想像力、創造力來源於豐富的見識。我們要帶孩子多看些能啟發想像力的電影、電視、科技展覽，指導他們閱讀一些科學故事、童話、科學讀物，介紹一些古今中外著名人物的創造發明，讓孩子了解和學習那些發明家、科學家、藝術家、工程師等偉大的想像和創造能力，拓寬生活面，擴大知識視野，增長才智，從而發展孩子的創造力。

（二）多給孩子一些實踐的機會

　　實踐是發展孩子創造力的重要條件。孩子智力的發展，是借助於自己的感官、雙手的實踐獲取的。勤動手，會促進大腦相應區域的發育。實踐的機會越多，思考就越周密、細緻。例如，「昆蟲學」創始人法布爾小時候愛觀察、捕捉小昆蟲；牛頓在兒時創作過小水車、風車；郭守敬自幼愛動腦，十五歲時就製成了精確的計時器。日常生活中，我們見到孩子拆毀小鬧鐘、鋼筆、腳踏車之類的現象，正是孩子探求事物的奧祕、追根求底的好奇心的突出表現，應注意加以引導，盡量滿足孩子的求知慾與好奇心的需要，使他們的創造力在實踐中不斷得到發展。

（三）有意識的訓練孩子的創造性思考能力

　　創造性思考，主要指發散性思考與集中性思考兩種思考方式。

　　集中性思考，可訓練孩子從各種答案中找出唯一正確的答

案的能力。目前，一些教師傳授知識，多用這一思考方式，許多學生家長對子女也多是灌輸現成知識和已有結論。這樣對於培養孩子的想像力、創造力以及解決問題的能力是不夠的。

　　發散性思考，則是在思考過程中，以問題為中心，向四面八方展開，尋找多種答案。它不固守一個方向、一定範圍、一種形式，具有流暢、廣闊、深刻、靈活、獨特的特徵，是培養孩子創造力重要的方面。我們要改變舊的教育觀念與方法，調動孩子學習的積極性和主動性，採用畫圖畫、猜謎語、講故事、回答問題等方式，給孩子提出一些發散性的問題，並鼓勵他們迅速、靈活準確的回答出來。例如，在幾分鐘的時間內，說出某事物和其它事物的種種聯繫；說出解一道算術題的多種方法；說出某一物品的多種用途；說出一個詞語的多種意思；編出符合某故事情節的多種結尾……當孩子的思考遇到障礙時，我們就給予必要的啟發、幫助，不要使孩子感到過分為難，而影響其積極思考問題的樂趣。常常教育孩子從各種不同角度去考慮問題，才能使孩子思路開闊、靈活，孩子創造性就可逐步提高。

　　此外，父母一定要注意讓孩子將兩種思考方式的有機結合。如果只注意發散性思考的培養，就會使孩子產生過多幻想，得不到集中思考的幫助，幻想將成為空想，眾多的創造性設想將無法付諸現實。

　　與此同時，父母還要教育孩子從小樹立遠大理想，有進取

心，有自信心，勇敢創造。要能經得起挫折、失敗的考驗，具有堅強的意志和不達目標絕不甘休的毅力。這樣，孩子就會在成為「創造型」人才的道路上，留下一串串堅實的、令人振奮的腳印。

六、給孩子應有的自由

我們在前文一再提到過，孩子與父母是相互平等的個體，孩子擁有其天賦的自由。父母放不下孩子是出於對孩子的愛，這固然無可厚非，但這往往過多的限制了孩子自身的發展和其潛能提高。父母應該時刻提醒自己：在孩子的成長過程中，我們只是一個輔導性的角色，一定不要喧賓奪主，將孩子牢牢的握在自己手中，應該給予孩子應有的自由。

留學生季剛把九歲的兒子帶到美國。當他把兒子送進那所離寓公寓不遠的美國小學的時候，他的感覺就像是把自己最心愛的東西交給了一個並不信任的人去保管，終日憂心忡忡的。

這是一所什麼樣的學校啊！學生可以在課堂上放聲大笑，每天至少讓學生玩兩個小時，下午不到三點就放學回家。而最讓人驚訝的是根本沒有教科書。那個金髮碧眼的女老師看了他兒子帶去的臺灣小學四年級的課本後，溫文爾雅的說：「可以告訴你，六年級以前，他的數學不用學了！」面對她充滿善意的笑臉，季剛就像挨了一悶棍。一時間，真懷疑把兒子帶到美國來是不是做了一生中最蠢的一件事。

把孩子從固定的角色中解放出來

　　日子一天天過去，看著兒子每天背著空空的書包興高采烈的去上學，季剛的心就止不住一片擔憂。因為在臺灣，他從一年級開始，書包就滿滿的、沉沉的，從一年級到四年級，他換了三個書包，一個比一個大，讓人感到「知識」的重量在增加。而在美國，孩子的書包卻總是空空的，這能叫上學嗎？一個學期過去了，季剛把兒子叫到面前，問他美國學校給他最深的印象是什麼？兒子笑著送給爸爸一句英語：「自由！」這兩個字像磚頭一樣拍在季剛的腦門上。

　　此時，季剛真是一片深情的懷念臺灣的教育，似乎更加深刻的理解了為什麼臺灣孩子老是能在國際上拿到奧林匹克學習競賽的金牌。

　　不過，事到如今也只能聽天由命。

　　不知不覺一年過去了，兒子的英語長進不少，放學之後也不直接回家了，而是常去圖書館，時不時的就背回一大書包的書回來。季剛問他一次借這麼多書做什麼？兒子一邊看著那些借來的書，一邊打著電腦，頭也不抬的說：「作業。」

　　這叫作業嗎？一看兒子打在電腦螢幕上的標題，季剛真有些哭笑不得——《臺灣的昨天和今天》，這樣大的題目，即使是博士，敢去做嗎？於是，季剛問這是誰的主意，兒子坦然相告：「老師說美國是移民國家，讓每個同學寫一篇介紹自己祖先生活的國度的文章。要求概括這個國家的歷史、地理、文化，分析它與美國的不同，說明自己的看法。」季剛聽了，連嘆息的

力氣也沒有，他真不知道讓一個十歲的孩子去運作這樣一個連成年人也未必能做的工程，會是一種什麼結果？只覺得一個十歲的孩子如果被教育得不知天高地厚，以後恐怕是連吃飯的本事也沒有了。

過了幾天，兒子完成了這篇作業。沒想到，列印出的是一本二十多頁的小冊子。從九族文化到中央山脈，從十大建設到一零一大樓……。季剛沒讚揚，也沒評判，因為連他自己也有點驚訝，一是看到兒子把這篇文章分出了章與節，二是在文章最後列出了參考書目。季剛心想，這是我讀研究生之後才運用的寫作方法，那時，我已經三十歲。

不久，他的兒子的另一個作業又來了。這次是《我怎麼看人類文化》。如果說上次的作業還有範圍可循，那麼這次真可謂不著邊際了。兒子很真誠的問自己的父親：「餃子是文化嗎？」為了不耽誤後代，季剛只好和兒子一起查閱權威的工具書。費了一番氣力，他們總算完成了從抽象到具體，又從具體到抽象的反反覆覆的折騰，兒子又是幾個晚上坐在電腦前煞有其事的寫文章，看到他那副專心致志的樣子，做父親的不禁心中苦笑，一個小學生，怎樣去理解「文化」這個內涵無限豐富而外延又無法確定的概念呢？但願對「吃」興趣無窮的兒子別在餃子、包子上大作文章。

在美國教育中已經變得無拘無束的兒子無疑是把文章做出來了，這次列印出來的是十頁，又是自己做的封面，文章後面

還是列著那一本本的參考書。兒子洋洋得意的對父親說：「你說什麼是文化？其實特別簡單──就是人創造出來讓人享受的一切。」那種自信的樣子，似乎他發現了別人沒能發現的真理。後來，小傢伙把老師看過的作業帶回來，上面有老師的批語：「我布置本次作業的初衷是讓孩子們開闊眼界，活躍思考，而讀他們作業的結果，往往使我進入了我希望孩子們進入的境界。」問兒子這批語是什麼意思，他兒子回答：「老師沒為我們驕傲，但是她為我們震驚。」兒子接著問他父親：「是不是？」面對兒子的提問，季剛竟無言以對。他覺得這孩子怎麼懂了這麼多事？再一想，也難怪，連文化的題目都敢做的孩子還有不敢斷言的事情嗎？

　　兒子六年級快結束的時候，老師留給他們的作業是一連串關於「二次大戰」的問題。「你認為誰對這場戰爭負有責任？」、「你認為納粹德國失敗的原因是什麼？」、「如果你是杜魯門總統的高級顧問，你將對美國投放原子彈持什麼意見？」、「你是否認為當時只有用投放原子彈一個辦法去結束戰爭？」、「你認為今天避免戰爭的最好辦法是什麼？」……如果是兩年前見到這種問題，季剛肯定會抱怨：這哪是作業？分明是競爭參議員的前期訓練！而此時，季剛也能夠平心靜氣的思考其中的道理了。學校和老師正是在這假設與提問之中，向孩子們傳輸一種人道主義的價值觀，引導孩子們去關注人類的命運，讓孩子們去尋找思考問題的方法。這些問題在課堂上都沒有標準答案，它的答案有些可能需要孩子們用一生去探索。

看著十二歲的兒子為了完成這些作業興致勃勃的看書查資料的樣子，季剛不禁想起了他自己當年學二戰史的樣子，按照年代事件死記硬背，書中的結論明知迂腐也當成聖經去記，不然，怎麼能通過考試奔向光明的前程呢？

由此可見，我們在追求知識的過程中，重複前人的結論往往大大多於自己的思考。而沒有自己的思考，就很難有新的創造。

季剛的兒子在小學畢業的時候，已經能夠熟練的在圖書館利用電腦系統查找他所需要的各種文字和圖像資料了。有一天，兒子和季剛二人為獅子和豹的覓食習性爭論起來。第二天，兒子就從圖書館借來了英國國家地理學會拍攝的介紹這種動物的錄影帶。季剛十分高興的發現，他的孩子面對他不懂的東西，已經知道到哪裡去尋找答案了。

兒子的變化促使季剛重新去審視美國的小學教育。他發現，美國的小學雖然沒有在課堂上對孩子們進行大量的知識灌輸，但是，他們卻想方設法的把孩子們的眼光引向校園外那個無邊無際的知識的海洋，他們要讓孩子知道，生活的一切時間和空間都是他們學習的課堂；他們沒有讓孩子們去死記硬背大量的公式和定理，但是，他們煞費苦心的告訴孩子們怎樣去思考問題，老師教給孩子們面對陌生領域尋找答案的方法；他們從不用考試把學生分成三六九等，而是竭盡全力去肯定孩子們的一切努力，去讚揚孩子們自己思考的一切結論，去保護和激

勵孩子們所有創造慾望和嘗試。

　　明眼人很容易看出，美國的這種教育方法，其重心就在於給了孩子們挖掘自我潛能的自由性。讓孩子們獨立自發的主動去學習。這不僅不會給孩子造成什麼壓力，反而能讓其更加努力的投入到「學習」中，學習不再是一種負擔和責任，而成了一種興趣和愛好，這也就難怪其效果會這麼好了。

七、分數並不能代表一切

　　現在的父母往往把孩子的分數看得比什麼都重要，回家對孩子說的話除了問成績之外，幾乎再沒有別的了。好像只要成績好，孩子一切都好；只要成績不好，孩子一切都不好似的。父母的這種思考方式和評價標準嚴重的影響到了孩子的健康成長，他們背負了太重的學習壓力，尤其是那些學習成績不夠理想，或偶然在考試中失手的孩子，迫於大人的壓力往往不能正確的認識自己，從而導致自卑心理的產生。

　　針對這種現象，在這種急功近利的惡劣環境中長大的孩子，往往胸無大志，缺乏理想，計較得失，甚至心懷仇恨，很難與他人友好相處。的確，如果父母只重視孩子的考試分數而忽視了對他們思想道德素養的培養，將會給孩子的成長帶來不可忽視的負面影響。

　　一位正在上國三的孩子在他的日記中這樣寫道：

　　在很多父母看來，我的孩子只要成績好，分數高，就是老

師的眼中寶，就會有高人一等的貴族血統。雖然這荒謬的理論沒有絲毫的正確性，但父母卻深信不疑，而我們與父母的隔閡往往就是在這裡產生的。

我們要利用假期去打工，父母就會說：「現在不是賺錢的時候會影響學習。」我們要去郊遊，父母就會說：「一整天就荒廢了，沒法看書了。」我們要去看電影，父母就會說：「現在的電影不適合中學生，別把時間耽誤了。」於是我們就假裝說去學習，父母這次說「乖，別分心，抓緊時間。」但實際上，我們去溜冰了。

這樣無奈的事實，能怪誰呢。父母和我們在同一個戰壕裡，我們又怎麼忍心看他們為我們的學習日漸憔悴。我們努力的讓老師表揚，讓父母高興。我好想說：「爸爸媽媽，我不想丟掉手中的畫筆。」但我放棄了。為了父母的厚望，我放棄了許多夢想。於是，我與他們的溝通少了，我的書本多了，屬於我自己的時間幾乎沒有了。

直到有一天，我發現自己變得傻乎乎的，眼睛模糊了，戴起了厚厚的眼鏡。我不願再做沉默的羔羊。我要為贏得自由而戰。隨著時間的推移，戰場被一條條深深的壕溝隔開了，這深深的壕溝，刻進了彼此的心裡。從此，兩代人便在這被壕溝隔開的同一片藍天下生活著，心卻離得越來越遠……

孩子的日記是多麼的發人深省，又是多麼的讓人心酸，然而令人慶幸的是，生活中也有許多的父母並不「以成績論英

雄」，他們善於發現孩子的優點，並鼓勵孩子將這些優點充分發揮，終於獲得了傲人的成績。

筆者曾經接觸過一位家長，由於他家孩子的數學成績差，所以經常被老師找來談話，但這位家長說，我兒子雖然數學成績不是很好，但是他的作文卻寫得非常出色。主要原因是他除了大量閱讀之外，在日常生活中還觀察得很細緻。有一次，我帶兒子和他的同學一起到公園玩，我注意到在玩的過程中，我兒子所提的問題總是很多，觀察事物也非常仔細。

印度洋發生海嘯，我一直以為這是大人所應當關注的事情，從來沒有想到過給孩子講這些。直到有一天我和兒子的外婆在電話裡講起這件事，外婆問海嘯是怎麼回事時，我想也沒有想就說，誰知道啊，大概就是天災人禍吧！不料兒子卻馬上接過電話說，外婆，海嘯是因為在海裡面發生了地震造成的，然後便有板有眼的給外婆仔細的做了說明。我驚奇於兒子對事情的觀察和思考能力。後來，兒子還寫了一篇關於海嘯的作文，在報紙上發表了，慢慢的，隨著學習興趣的提高，他的數學成績也變好了。

這位父親的做法值得稱道，對父母來說，成績並不是最重要的，重要的是要看到孩子的優點。成績並不能代表一切，只能說明某一方面。而父母要培養的也並不是考試機器，而是心智健全、善良美好的人。當孩子的心理承受力還很脆弱的時候，對於他身上優點、長處的發現和肯定，對孩子極其重要。

所以，父母一定要把一種健康的觀念傳達給我們的孩子，使他們健康快樂的成長，成為一個真正對社會有用的人。肯定孩子好的地方，他只會越來越好，而不會越來越壞。尤其對那些長期被單一的成績標準壓得喘不過氣來的孩子，這種肯定將會對他的一生都產生影響，他會獲得自信，他對自身和他人的判斷也會變得豐富、全面。

也許你的孩子將來不會有高薪優職，不是所謂的「社會菁英」，那又有什麼關係呢？社會就是由不同特點的人組成的，每個人都有自己的一方天地，他會開拓他自己的世界。一個人若有快樂安靜的人生，你就不能說他的人生是不富足的。而一個長期被認為一無是處的孩子，他的內心在受到粗暴踐踏的同時，會產生怎樣的扭曲，滋長怎樣危險的心理，那才是真正值得憂慮的。

孩子做錯事，父母怎麼辦

一、頂嘴：正確溝通，要說服而不是壓服

很多父母都發現這樣一個現象：隨著孩子逐漸長大，他們不再像以前那麼聽話，與父母頂嘴的現象常會發生。

洋洋今年七歲了，嘴巴越來越厲害，大人說一句她能回十句，爸媽都被她氣得沒辦法。

一天晚上，她到鄰居家和小朋友玩。該吃飯了，爸爸要她回家，但她玩興正濃，怎麼也不肯回家。爸爸沒辦法，只好強行將其抱回家。回家後她大哭不止，反覆說一句話：「為什麼我要聽你的，為什麼你們大人就不聽我的？」

飯桌上，爺爺好意給她夾菜，說：「好好吃飯，以後洋洋要上大學的。」洋洋卻撇著嘴：「上什麼大學，有什麼好上的。」媽媽接過話：「不上大學將來怎麼有飯吃？」洋洋：「回家吃好

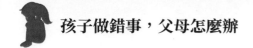

了。」媽媽：「以後媽媽老了，不會賺錢了，家裡沒吃的。」洋洋：「那妳不是還沒老嘛？外婆家有吃的。」媽媽：「到時候外婆更老了，活都做不動了呀！」洋洋：「那曾外祖母（外婆的媽媽）都七十多了還在幹活呢！」說完還白了媽媽一眼。

究竟是什麼原因讓孩子這麼喜歡頂嘴？其實答案很簡單：頂嘴只是孩子表達自身判斷的一種方式，父母不妨試著站在孩子的角度看看他們頂嘴的理由，那麼就能輕易的理解孩子為什麼要頂嘴了。

整體來說，孩子頂撞父母不外乎以下幾種原因：

（一）父母不考慮孩子的意願，獨斷專行

比如孩子看卡通片正看的入神時，讓他立即停下來去做作業；孩子不願學畫，父母硬要他苦苦練習等等。於是，衝突便在所難免。

（二）父母與孩子缺乏有效的溝通

有些父母一味採用家長制的教育方式，容不得孩子有半點不同意見。然而隨著孩子長大，孩子逐漸表現出自己的獨立性，便會覺得父母對自己的行為干涉太多，就容易與父母發生爭執。

（三）父母平時過於溺愛孩子

過於溺愛往往會使得孩子缺乏約束，不懂禮貌，在長輩面

前我行我素，而父母又未能及時糾正孩子的這種行為。等到孩子的壞習慣已經養成，要糾正就比較困難了。

(四) 父母自己不能以身作則

父母平時在家中不注意自己的行為，往往為一些小事而互相爭吵，這會對孩子產生潛移默化的不良影響。

隨著孩子年齡的增大，他們的獨立性就會逐漸顯露。這時如果父母採用不太合理的管教方法，勢必會使孩子產生叛逆心理。這樣不僅不利於孩子的學習和成長，而且會影響孩子將來的人際關係。那麼遇到孩子頂嘴的情況，父母具體應該怎麼辦呢？

一般情況下，父母可以按這幾個步驟來解決孩子的頂嘴問題：

(一) 尋找孩子頂嘴的原因

一旦發現孩子有頂嘴的習慣，父母就應認真分析原因，不要輕易責備孩子。不講方法、不分場合的批評孩子是一些父母的通病。有些批評十分尖銳，卻不完全正確，結果傷了孩子的自尊心，使孩子埋怨，甚至記仇。所以批評孩子前先要弄清緣由，不要亂批評。批評時要注意語氣、場合和方式。要循循善誘，使孩子心甘情願的接受。面對孩子的困難和挫折，要真心幫助解決。這樣，孩子就沒有理由再與你頂嘴了。

（二）多與孩子溝通，了解孩子的想法

父母應多與孩子談心，多與孩子溝通，了解孩子在想什麼，喜歡什麼。

父母與子女之間的關係是透過對話形成的。因此，父母最需要主動注意且虛心的傾聽孩子的話。父母要善用商量口吻與孩子對話，盡力理解孩子的感情和想法。不要有「我是大人」、「我要教育你」或者「要樹立權威」等想法。即使孩子的話可笑或者是錯誤的，父母也要認真的聽下去，用心體會孩子的感受。

（三）與孩子說話一定要有耐心

不少父母在與子女溝通時，矛頭往往直指孩子，如：「你怎麼怎麼……所以不對。」這樣很容易引起孩子的反抗心理。當孩子說「我在學校受到了批評」時，父母不要馬上問：「你又犯了什麼錯誤？」而是應該表示同情的說：「怎麼不高興了？」等孩子說明了詳細情況後，再透過對話，尋找使孩子反省和解決問題的辦法。

（四）千萬不要說傷害孩子的感情的話

在解決孩子的頂嘴問題時，父母還要注意對話方式，因為方式不同，效果也不同。表達同樣的意思，可能孩子會喜歡聽，也可能刺激和傷害孩子的感情。

總之，只要父母從愛護孩子的角度出發，站在孩子立場上考慮和理解孩子，並注意溝通的方式，孩子慢慢的就不會再和

你頂嘴了。

二、說謊：善意誘導，對症下藥

說謊是一個很糟糕的毛病，會對我們生活產生巨大的危害，而說謊的毛病一旦形成，便很難改掉。所以，父母有必要引導孩子從小說真話，一步步養成說真話的好習慣。

現實生活中，我們不難發現這樣一個現象：幾乎剛會說話的孩子就已經開始撒謊，有時可能更早些。孩子在成長初期，看不出自己言行之間的直接關係，對他們來說，行為遠比語言重要得多，而語言都是模糊的，是有多重含義的。

如果孩子一旦有了說謊話的毛病，父母切忌將此視為品行問題，大動肝火。我們應該認識到，孩子的謊言與成人的謊言有本質上的區別。孩子的謊言，大多是把內心想像的事物和現實中的事物混同起來。特別是小朋友在一起時的「吹牛」更是不著邊際，許多話都是無知的語言，不必介意。比如，「我爸爸帶我去動物園見到一個螞蟻比皮球還大」等。這些都是孩子們的想像。

當孩子慢慢長大後，他們會認識到故意說謊而誤導別人是錯誤的，當他們發現父母、兄弟姐妹或朋友欺騙自己時，會非常憤怒。他們逐漸開始區分謊言的類型和輕重的程度。

著名的哲學家羅素說：「孩子不誠實幾乎總是恐懼的結果。」孩子說謊並不可怕，可怕的是面對孩子的謊言，父母聽之任

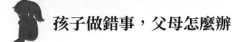

之，任其發展。當然，父母想要控制孩子的說謊，培養孩子的誠實，也的確是件不容易的事。

那麼，應該怎樣杜絕孩子說謊呢？父母需要做的是：

（一）不要惡語相向

切忌用「那麼小就騙人，長大必然學壞」、「你在說謊」、「你騙人」這些糟透了的語言，因為這些話很容易使孩子幼小的心靈受到傷害，並因此產生「我是騙子」的想法，進而產生自卑心理。

（二）找到孩子說謊的原因

如果孩子到了能夠分辨是非的年齡仍然說謊，父母應找出原因。孩子說謊的原因，許多心理學家都給出了答案。概括起來有如下幾種：

一、說謊有時比說真話更能免受處罰

大多數父母認為，孩子主要是因為不知道撒謊的嚴重後果才說謊的。事實上，孩子說謊有時是因為說了真話反而受到了懲罰。

二、出於無奈而撒謊

許多父母可能無法接受，但孩子撒謊有時的確是因為父母逼的。父母應該知道孩子也有沉默的權利。如果非要逼孩子說出真相，孩子就只能說謊了。鑑於這種情況，可以給孩子一

定的緩衝，等大家都心平氣和了，再讓孩子主動把事情的真相說出來。

三、為了討父母歡心而撒謊

著名發展心理學家皮亞傑博士發現，四歲以下的孩子判斷自己的言行是否正確的標準，通常是看爸爸媽媽臉上的表情。為了不讓爸爸媽媽生氣，他們最本能的反應就是不承認自己所做過的錯事。

（三）父母要以身作則

做到對孩子言而有信，說到做到，起表率作用，千萬不要欺騙孩子。並注意對孩子的誠信教育，多給孩子講一些誠信方面的故事，強調做人要以誠信為本。

（四）要讓孩子有安全感

孩子之所以說謊很多時候都是因為需要安全感，如果父母能夠給孩子安全感，孩子就會誠實起來。

（五）不要給孩子施加心理壓力

父母對孩子存有過高的期望，會給孩子增加壓力，導致孩子說謊。因此，父母對孩子的期望值要合理，不要希望他們做出超出自身能力的事。父母要以寬容之心對待孩子，經常與孩子傾心交流，減少孩子的心理障礙，做孩子的知心朋友。

總而言之，當孩子說謊時，父母正確的做法是去分析、研

究，找出孩子說謊的原因，對症下藥，進行善意的引導和教育。在孩子的成長過程中，有一個能保護和培養孩子說真話的父母，孩子就會自然而然的養成說真話的好習慣，長大後也一定會成為一個很正派、很真誠的人，並且會受到人們的歡迎和尊敬。因為只有一個人說真話，相信別人，對生活有信心，才會問心無愧的面對各種事情，也才會得到別人的信任和理解。

三、說髒話：除去髒話對孩子的吸引力

在六到十二歲的孩子身上，你常會有一個令人震驚的發現，那就是「髒話的魔力」。說它令人震驚，是根據家長們的感受，你可以想像一下，當你聽到自己一向甜美、純潔的小寶貝口出穢言時，你所表現出的是何等的震驚。

若想重新洗淨孩子的嘴巴，對他帶回家的那些髒話不要過度反應是最好的方式。首先，確認一下孩子是否了解自己口中所說的話的真正意思。讓他自己解釋，在使用那些髒話時他想表達什麼意思，而這些髒話是否能正確表達他的意思。

簡而言之，將髒話的魔力 —— 模糊的吸引力，從孩子心中除去，讓他知道，你很願意隨時和他討論髒話，或者是好話。

（一）問題的預防

一、　了解孩子的交友狀況。孩子總是會有幾個爸媽不太喜歡的朋友，例如愛說髒話的朋友。由於你不可能控制孩子所有的交友狀況，因而不如選定幾個比較讓你擔心的對象，規定孩

子：如果要和某某某玩，就請他到家裡來。這樣，就能比較
深入的了解並掌控他們的互動情況。

二、 訂立說髒話的規則。和孩子分享你對語言或詞彙的看法很重
要。當孩子說髒話時，問問他對自己說那句話的感覺：「你
說那句話時有什麼感覺？有哪些其他的話可以表示同樣的感
覺？」最後，提醒他在家裡說髒話的影響。確切的讓孩子知
道，你愛他，可是不喜歡他說髒話。

三、 和孩子討論如何說話。孩子應該學習在這個社會文化中，哪
些用語是被接受的，哪些是帶有侮辱性的。因此，當孩子問
到某些用語時，詳細解釋給他聽，讓他明白為什麼某些用語
不被接受，如果說了會造成什麼後果。

四、 以身作則。父母本身習慣使用適當的言語，孩子聽慣了自然
而然也會照著用。設計一張表格，將適當和不適當的詞語並
列。教導孩子分辨、學習不同的詞語所代表的意義，若他使
用適當的詞語就讚美他。

（二）可行的方法

一、 彈性疲乏法。若孩子使用無禮的字眼，罰他不停重複同樣的
字眼五分鐘。他很快就會對那個字眼失去興趣，懶得再說
它。如果他拒絕照你的話做，不肯重複五分鐘，告訴他，在
處罰完成前不准做其他的事情。

二、 讚美。如果孩子在可以使用髒話時，選擇用更恰當的語言表
達方式，你一定要記得讚美他的自我控制能力。讚美，會讓
孩子更有信心使用適當的語言來表達自己的意思。

（三）禁忌的方法

一、 不要震怒或恐慌。孩子很喜歡有力量的感覺，如果你對他的髒話反應過度，他反而會覺得自己很強。保持鎮定，不要讓憤怒影響你，以免孩子用髒話來控制你。

二、 不要嚴刑峻罰。用肥皂水洗孩子的嘴巴，可以清潔他的口舌，卻洗不掉他說髒話的習慣。如果你採取類似的方法，例如打、罵、威嚇，孩子只會學到不在你面前說髒話，其他時候就很難說了。

十歲的小龍在自己家附近和學校裡惡名昭彰，人人叫他「髒話大王」，他覺得這個綽號聽起來很威風，好像自己已經是大人了。

終於，這個綽號傳進了小龍爸媽的耳朵裡。他們又震驚又尷尬，於是，在小龍回到家後，他們命令他坐下，狠狠的訓了他一頓：「你知不知道當我們聽到你對鄰居講的那些話時我們有多丟臉！難道你自己一點也不覺得羞恥嗎？現在你有什麼話說？」

小龍不知道該說什麼，於是爸媽就用最傳統的方式懲罰他——用肥皂水洗他的嘴巴。他們把肥皂塞到小龍嘴裡，罰他坐著不許動五分鐘，以為這樣就可以讓他遠離髒話了。

然而，小龍是「髒話大王」的傳言還是不斷傳來。雖然沒有大人再度聽到他講髒話，可是其他的孩子都出來指證，並向他們的家長告狀。

小龍的爸媽知道他們必須徹底改掉小龍說髒話的壞習慣

了。他們記得，小龍小時候最愛吃熱狗，幾乎餐餐都吃。有一天，他偷偷爬到冰箱裡吃掉了一整包的大熱狗，從此以後，就再也不肯吃熱狗了。

他們決定要用同樣的方法戒掉小龍說髒話的習慣。為了讓小龍知道哪些字眼很粗俗不雅，他們列了一張表，上面記載了各種「禁止使用的詞語」。過了不久，小龍的爸媽就聽到他說了表上的某個字眼，媽媽就說：「看樣子你很喜歡那個字。現在，我要你坐在這裡，大聲、清楚的說出那個字，連續說五分鐘不准停。」

「我不要！」小龍不滿的說，然後坐在媽媽指定的椅子上，雙手抱胸，嘴巴閉得緊緊的。

媽媽平靜的回答：「好吧。隨便你。你可以選擇不說話一直坐著，或照我說的，連續說五分鐘，然後去做你想做的事。你自己決定。」

小龍悶不作聲的坐了一會兒，爸媽聽到他開始說那句髒話。

這個處罰方式後來又進行了好幾次。最後，小龍覺得說髒話太不划算了，就開始小心的選擇自己說話的字眼了。

四、愛發脾氣：切忌簡單粗暴

在孩子的成長過程中往往會表現出現一些極端性格，比如，小孩子往往目中無人，以自我為中心，無理取鬧，做什麼都為自己著想，從不考慮別人的感受；稍不如意就發脾氣、哭

鬧等。由於孩子性格的可塑性，常常會表現出沒有主見、性情隨環境而變，或是在一些非正式群體的活動中搞「哥兒們義氣」等，這一切都是孩子不成熟的表現，我們有責任引導他們冷靜的對待生活，潛移默化的幫助孩子糾正「愛發脾氣」的壞習慣。

孩子發起脾氣來，喜歡大哭大鬧，在地上撒野，令父母束手無策。有些父母為了節省時間，或一時心軟，又或許正身處公共場所，為了保存顏面，便依了孩子的心意去做，這樣往往助長孩子發脾氣的習慣，而且孩子也就學會如何控制父母的方法。

無疑，每一個人都有自己的情緒，孩子也有生氣的權利，問題在於如何引導孩子去正確表達和發洩自己的情緒。每當孩子發脾氣時，最好是先了解原因，加以合理處置，如發現孩子的表達方式不對，應作出指正。

孩子發脾氣的原因不外乎下列幾種：

（一）為了達到目的

孩子哭鬧，往往為了獲得喜歡的事物，或對父母作出一些要求。

對於這種情況，父母首先要衡量孩子的要求是否合理。例如父母答應了孩子今天去海洋公園，卻又臨時取消，這種情況下，孩子的要求是合理的，為了保持父母的信用，應立即作出行動，如果實在不能即時行動，便應答允孩子下星期再去，現在以其他東西補償。

如果孩子的要求不合理，例如出門前大家已商議好今天只逛街，不買玩具，但到了玩具店，孩子仍然固執要買，父母也只好直接作出答覆：「我們已作好協議，無論如何，我們今天是不買玩具的。」然後帶孩子離開現場，以免對別人造成滋擾。

在引導孩子的過程中，父母態度要慈愛，立場要堅定。玩具完全可以改天再買給孩子。

(二) 逃避責任

孩子犯了錯，害怕父母責罰，很可能會放聲大哭，企圖以哭聲掩蓋父母的注意力。父母措手不及時，不妨請他替自己的行為負責任。例如孩子不慎把湯弄灑了，就大哭起來，媽媽可以說：「湯灑了把它擦乾就好了，不要哭，下次要小心啊！」然後協助他擦好桌面。

(三) 吸引父母注意力

當孩子一個人獨處時，會很想要父母陪伴自己，但爸爸上班了，媽媽在廚房工作，以致於冷落了孩子，這時，他便會用大哭大鬧、亂發脾氣來吸引媽媽的注意。如果可能的話，最好陪孩子玩一會，然後告訴他父母要工作，待會再陪他玩。對於孩子經常性的撒嬌，父母大可以讓他自己安靜下來。

(四) 受父母的脾氣影響

如果父母本身也是性情暴躁，動不動就吵架，孩子的脾氣

便也好不到哪裡去。此外，父母的管教態度不一，令孩子難以適應，或常常找孩子出氣，也是使孩子愛發脾氣的原因之一。

當孩子年紀漸長，父母要告訴他們學會控制自己，改用別的方法向別人述說自己的感受，不要動不動就大吵大鬧。只有做到這樣，才能有良好人際關係。

要改變孩子發脾氣的習慣，父母必須為其建立一個安靜的環境與氛圍。

父母應該有意識的加強自身的人格修養，心平氣和的處理事情，特別是當著孩子的面更需心境平和，處事大度。孩子在安安靜靜的家庭環境中會逐步受到薰陶。

孩子的朋友，對孩子健全人格的形成是不可忽視的。父母應盡可能的向孩子推薦或者幫助孩子選擇一些性情比較平和的友伴，支持他們的交流，使孩子在這樣的群體氛圍中逐步潛移默化，改變發脾氣的習慣。

專家曾經建議一些孩子的父母，結合日常生活進行一系列「磨性子」的活動。例如，讓孩子參加學校或校外的書畫才藝班，在書畫練習中陶冶性情；讓孩子和媽媽一起剝毛豆，參加諸如此類的家務勞動，在勞動過程中培養耐心、毅力；週休二日時，與孩子一起進行登山、遠足等活動，磨煉孩子的意志，增強孩子的自我控制能力。許多實踐證明，這些活動實施一年之後，有發脾氣習慣的孩子都有了不同程度的改正，發脾氣行為的發生率也明顯降低。

此外，對孩子的發脾氣行為不要過多責難，更不要實行體罰。那樣做，效果只會適得其反。父母要把目光更多的放在孩子身上，把讚揚的話語、讚許的笑容更多的投向孩子平和的行為上，讓孩子在不自覺中將其注意力移向好的方面。千萬不能讓孩子時時提心吊膽，總是擔心自己又做出激烈的為父母所討厭的行為。要知道，越是提心吊膽，越容易出錯，越容易發脾氣。

五、叛逆：以尊重為前提，平和對待

叛逆是青春期的孩子一般都有的心理特徵，只是程度不同而已。父母應該明白，如果對待青春期的孩子，還像是對待小孩那樣，自然會產生矛盾、對立與衝突。

維維自從上了上國中以後，開始與媽媽唱反調，媽媽說束，她偏說西；媽媽說這樣，她偏說那樣。一天，她做作業時，手中總在玩筆，媽媽就對她說：「妳這樣玩筆會耽誤時間，分散注意力。」不說她還好些，媽媽一說她，她反倒玩得越起勁。有時，她在做作業時，一見媽媽進屋，就馬上玩起筆來，把她媽媽氣得冒煙。

維維的表現出來叛逆行為讓她媽媽很生氣，也很失望，覺得原本很聽話的孩子不知是什麼原因竟變成現在這個樣子，這令維維的媽媽非常苦惱。其實維維存在的問題主要是她存有叛逆心理，這是許多進入青春期的孩子都存在的一個心理問題。

青春期的孩子是由小孩走向成人，由對父母的生活依賴逐漸走向獨立的時期。孩子進入青春期後，自我意識和獨立能力得到了進一步的增強，從孩子主觀意願上來說，一般都想自己管理自己，自己來處理自己的事情。父母一旦在有關孩子的事情上說長道短，指手畫腳，孩子就會產生厭煩和抵觸情緒，於是就顯得越來越沒有小時候聽話了。以上就是青春期孩子形成叛逆心理的主要原因。

事實上，對於青春期孩子的叛逆心理，父母不必太過於著急和苦惱。父母不妨改變一下對青春期孩子的教育方式，不要按照舊有的命令式的教育方式，而應採取商量的態度來處理問題，做到既不放任自流，又要細心誘導。這樣，孩子才容易接受和採納父母的意見和善意的批評，消除叛逆心理。

為了避免因叛逆心理而與孩子產生衝突，父母應該做到以下幾點：

尊重孩子

對待青春期的孩子，父母特別要注意讓孩子有與家長同等的發言權，同等的表述自己的看法的機會，不能什麼事都由父母說了算，不許孩子表述自己的看法。否則，孩子的叛逆心理就會加重，凡事都想與父母作對。

了解孩子

青春期孩子的生活範圍會不斷的拓寬，他有他生活的同

伴，也有他生活的圈子。父母在充分了解孩子情況的基礎上發現孩子有做得不當的地方要採取商量的態度，討論的方式，交流看法，事事清楚又通情達理，這樣孩子是會接受父母的意見的。父母要避免不分青紅皂白的處理孩子的問題，這樣只會加重孩子的叛逆心理。

樹立孩子的自信心

父母對於青春期孩子所處理的問題中的積極方面要給予充分的肯定，在這個基礎上來與孩子討論怎麼進一步完善處理事情，這樣的話孩子是容易接受的。如果父母見孩子有些地方做得不妥，上來就是劈頭蓋臉的一通批評，完全否定孩子的做法，不但容易激起孩子的對立情緒，產生叛逆心理，還容易使孩子失去自信，導致自卑。

當與孩子在某一問題上出現爭執時，父母要學會傾聽孩子的意見，並向他提出忠告，用恰當的方法解決矛盾，這樣就可有效的防止孩子叛逆心理的產生。

六、過早戀愛：正確引導，不要迴避青春期教育

過早戀愛是父母在教育孩子的過程中經常碰到的一個棘手問題，父母也經常因此而與孩子產生衝突。若想處理好這個問題，父母就應該認識到在孩子的成長過程中，過早戀愛是必然（生理發展）與偶然（機會相遇）的結合，屬於正常（生理發展

的必然）中的不正常（不能控制，過早發生）。

父母應該如何對待孩子的「過早戀愛」問題，教育專家給出了兩點具有建設性的意見：

（一）不宜誇大性質，大驚小怪，以免傷害孩子的自尊心。

（二）不能粗暴干涉，「支持和指導」是唯一的選擇。在處理過早戀愛問題時，放任與強行阻止，其結果都是殊途同歸：影響學習、影響成長。曉之以理、動之以情、轉移、誘導才是合乎規律的對策。

以下幾種對待過早戀愛方法，在經過實踐運用後，證明是行之有效的，父母們不妨作個參考和採納。

耐心細緻的教育，避免孩子產生思想壓力

由於孩子的身心發育差別較大，又都處於性敏感期，故對過早戀愛者的教育不宜採取在家庭中公開批評或不點名暗示批評，因為這種方式易給孩子造成無形的思想壓力，進而產生消極抵抗心理，導致親子關係緊張而無法進行深入細緻的教育。例如：有一天，某位家長幫孩子清理房間時，突然發現書桌邊有一張折起來的紙，撿起來一看，發現是一張戀愛信，內容寫得不多，但寫了一些很曖昧的東西。這位家長便留心了，把信放在口袋裡。事後他私下找孩子談心，並沒有責罵孩子，而只是細心的講解，講清做人的道理，如何正確對待男女雙方的過早戀愛問題。結果，孩子的過早戀愛問題最終得到圓滿的解決。所以說，父母對過早戀愛孩子的教育應從關心孩子、愛護

孩子出發，以真誠平等的、循循善誘的個別談心為基本方法，進行耐心細緻的教育。

正確引導過早戀愛孩子認識到過早戀愛的危害

父母應該選擇在彼此了解、信任的融洽氣氛中，向孩子說明過早戀愛的危害和青少年對戀愛的正確態度，讓他們明白青少年時代是學習的黃金時代，是為一生事業打下基礎的時候，此時分散精力去談情說愛，勢必影響學習和身心健康，阻礙自身成才；而且，愛情需要當事人對自己、對他人、對社會負責，作為經濟上不獨立，精神和人格尚未成熟，事業上未定局，個人興趣、愛好、理想還可能有很大變化，未來人生道路還會遇到許多曲折的未成年人，沒有條件、沒有能力處理這些關係到人生命運的大事，只有自覺的走出個人狹小的情感圈子，投入到團體中，充分利用這大好時光，努力學習，才能早日成才。

指導孩子充分發展自我

若想讓孩子徹底的走出過早戀愛的情感盲點，父母還必須幫助他們充分發展自我，完善自我，尋找自己的目標。要做到這一點，父母應了解過早戀愛孩子的特點，發現孩子的特長愛好，培養其興趣，讓其在團體中充分展現自我特長，發現自身價值。

總之，孩子的過早戀愛就像一道嚴肅、複雜的考題，身為父母一定要掌握一套妥善、有效的處理辦法，引導孩子度過早

戀的危險期。否則，不但容易與孩子產生衝突，還容易使孩子
走向歧途。

七、網路成癮：合理疏導，培養孩子的自控力

　　孩子的天性之一就是具有強烈的好奇心、愛玩，在這個網
路異常發達的時代，網路聊天、電腦遊戲等成了很多孩子的最
愛。其實，不用說是孩子了，對成年人來說，網路的誘惑力也
是非常大的。

　　對於孩子上網這件事，父母一定要慎重對待，如果孩子是
上網查資料或者學習一些有益的知識，那自然是好事情，但如
果是為了玩遊戲、和網友聊天甚至是另外一些不健康的目的，
那父母就得慎重對待了，要注意千萬別讓孩子玩上了癮，一旦
形成網路成癮會給孩子帶來很大的危害，網路成癮會讓孩子迷
失方向。

　　香港著名心理學家岳曉東博士曾在一次講座上憂心忡忡的
大聲疾呼：「現在多少孩子打遊戲就像抽鴉片，去網咖就像去當
年的鴉片館，網路成癮破壞孩子的身體健康、心靈健康，造就
的是社會負擔。如果放任不加干預的話，青少年網路成癮即將
帶來的社會危害絕對不亞於第三次鴉片戰爭！」

　　這絕對不是岳博士的危言聳聽。據青少年網路協會提供的
資料，目前，上網小學生比例為百分之二十六，國中生為百分
之三十，高中生為百分之五十六。根據統計，罹患網路成癮症

的青少年高達百分之十五以上，網路這把「雙刃劍」正在無情的吞噬著青少年的身心健康。為上網而翹課、離家出走、搶劫甚至猝死網咖的事件也屢屢發生。面對孩子上網成癮，有些父母非打即罵，結果卻導致孩子自暴自棄，有些父母企圖用眼淚感化孩子，卻收效甚微。

那麼網路成癮對孩子有那些具體危害呢？父母又該如何幫助孩子摘除這個毒瘤呢？

先來看看網路成癮的危害：

(一) 網路成癮對孩子的身體健康有嚴重的影響

孩子過多的玩電腦，會產生頸椎病，會導致孩子的視力下降、目光呆滯、聽力下降等。更嚴重者，會覺得頭昏眼花、疲乏無力、食慾不振等。這一切都是孩子長時間玩電腦所引起的。

(二) 造成孩子情感淡漠

有網路成癮的孩子對網友如膠似漆，相比之下對有血肉關係的親人則顯得冷漠和疏遠。有網路成癮的孩子情緒低落時也不向家人和朋友表露，把情緒隱藏起來，轉而在網路上傾吐和宣洩。另外有網路成癮的孩子由於家人對其上網的限制而與家人時常發生衝突。

(三) 網路成癮產生了極壞的社會影響

有的孩子為了去網咖，去偷甚至去搶低年級學生的錢，偷

家長和老師的東西拿去變賣。有的甚至因為家長不給錢，把家長打得遍體鱗傷，給社會帶來極壞的影響。

（四）網路成癮對家庭也有一定的影響

孩子的精力都在網路上，學習成績急劇下降，家長擔心、憂慮，卻無計可施。有的父母會因子女上網成癮相互埋怨造成感情不和，甚至離異。

以上是網路成癮對孩子的危害，在了解這些以後，我們再來看看父母應該採取怎樣的措施才能有效的幫助有網路成癮的孩子。

一般來說，父母應注意以下幾個方面：

（一）讓孩子正視電腦的用途和危害

要告訴孩子電腦的真正用途，必要時可以專門請一位專業人士來指導孩子。另一方面，父母要讓孩子明白，長期處於網路裡會使人迷失於虛擬世界，自我封閉，與現實世界產生隔閡，嚴重影響學習，使孩子正確認識網路對身體健康的危害。

（二）監督孩子的上網時間，為孩子制定上網計畫

孩子的自控力一般較差，往往容易沉溺於網路而不能自拔，因此，父母就要嚴格的監督孩子的上網時間。父母可以給孩子制訂嚴格的上網計畫，讓孩子逐漸成為網路的主人，而不僅僅是依賴於網路。在時間的控制上父母要正確的引導孩子，

耐心的給孩子講解控制上網時間的重要性。

(三) 培養孩子良好的上網習慣

俗話說：「習慣成自然。」從一開始就要培養孩子良好的習慣，讓孩子能夠在無人監管的情況下自覺離線，自動自發的脫離電腦。當然，孩子的自控能力大都比較差，這就需要父母從制定計畫開始，耐心的教導孩子，幫助孩子提高自制力。

(四) 讓孩子學會帶著任務上網

父母要讓孩子明白，上網應當是一種學習方式，既是課堂上學習的補充，又是課外視野的擴展。每次上網前都應該有明確的學習目標，比如要製作網頁，或是查找資料，或者是探討問題……孩子有了明確的目標和任務，上網時就會專注於自己的目標和任務而不至於迷失自我了。

八、當父母錯了：真誠的向孩子道歉

父母做了錯事，不妨大膽的認錯。既然孩子犯了錯，要向父母認錯，要彌補過失。那麼身為孩子的榜樣，父母就更應該這樣做了。

來看一位母親的經歷：

在我女兒會說一整句話以後，她已經很會跟我們爭論了，有時候還真不是她的對手。記得有一次我不小心用手肘撞了她一下，她就翹起她的小嘴巴：「媽媽，妳撞到我了！」「我不是

故意的！」「但是妳真的撞到我了，這裡，很痛！」她不依不饒的說。「我真的不是有意的」當我看到她委屈的眼神時，趕緊說：「不好意思，對不起！」「來，媽媽抱一下！」說完，就抱了一下她。她就不再鬧了，還對我說：「媽媽，我不痛了！呵呵」

這位母親的做法值得稱道。父母在孩子面前做錯事了，應該及時承認錯誤，這樣才能給孩子起到一個以身作則的榜樣，對孩子的教育也可以說是立竿見影的。

有位家長曾向一位教育專家提出過這樣一個問題：「大人犯了錯誤，面對孩子，應該怎樣解釋呢？比如說，孩子做了一件錯事，被我知道了後就責備他、罵他。可後來我發現錯怪了他，但沒有勇氣向孩子承認錯誤，這一點讓我們大人很為難。」

這位專家回答道：「大人也有犯錯誤的時候，大人也要實話實說。如果能對孩子說一聲：『對不起，我錯怪你了！』我想，孩子是會非常感動的。有時候，家長老是放不下架子，覺得自己是大人，怎麼可以隨便向孩子說『對不起』呢？我倒是覺得，我們跟孩子可以建立一種朋友的關係，有來有往，誰做得不對誰就認錯。這樣，反而顯得大人很光明磊落，在孩子眼中也很有分量。那些只知道修飾自己的人肯定是很虛弱的人。」

孩子犯錯誤，父母教訓，這是天經地義的事情。而父母做錯了，孩子來教訓，顯然就是大逆不道了。因為「天下無不是的父母」，就算父母犯錯誤，做子女看到了，也只能是睜一隻眼，閉一隻眼，這是常人眼裡符合常規的人性！這種隱性的規

則導致很多孩子在父母犯錯時不能主動的指出，更別說是去批評父母，指正父母的錯誤了，而這就導致了孩子對父母產生置疑，進而對父母教育自己的理論產生置疑，如此下去，孩子早晚會對父母產生不信任感，逐漸疏遠父母。所以說，父母犯錯時，應該主動的承認。「人無完人」，誰都免不了會有過失。我們總不能像蝸牛一樣，把所有的錯誤都裝進一個大殼子裡，天天背著，那樣多累啊！其實，大人做了錯事，也應該像孩子一樣大膽承認並立刻改正。丟掉面子，丟掉錯誤，輕裝上路，那該有多輕鬆啊！

九、以獎代罰，包容孩子的錯誤

孩子犯錯是一件難以避免的事情，父母在遇到這類事的時候，不應該只想著怎樣批評孩子，相反的，在有些情況下，父母如果能嘗試著以寬廣的胸懷去包容孩子，那麼孩子就有勇氣去承認錯誤，改正錯誤。

大教育家陶行知先生在育才學校當校長時，發生過這樣一件事：

一次，陶行知先生在校園裡看到男孩王友用泥塊砸自己班上的男生，陶行知當即喝止了他，並讓他放學後到自己的辦公室去。

放學後，王友早早的就站在校長室門口準備挨訓。陶行知走過來，一見面卻掏出一塊糖果送給王友，並說：「這是獎勵你

的，因為你按時來到這裡，而我卻遲到了。」

王友驚愕的接過糖果。隨後，陶行知又掏出一塊糖果放到他手裡後說：「這第二塊糖果也是獎勵你的，因為當我不讓你再打人時，你立即就住手了，這說明你很尊重我，我應該獎勵你。」

王友更加驚訝了，他眼睛瞪得大大的，不知道校長想做什麼？

陶行知又掏出第三塊糖果放到王友手裡：「我調查過了，你用泥塊砸那些男生，是因為他們不守遊戲規則，欺負女生；你砸他們，證明你很正直善良，且有跟壞人鬥爭的勇氣，所以應該獎勵你啊！」

王友感動極了，他流著淚後悔的說道：「陶……陶校長，你打我兩下吧！我砸的不是壞人，而是自己的同學啊……」

陶行知聽了王友的話，滿意的笑了，隨即他掏出第四塊糖果遞給王友，說：「為了你能正確的認識錯誤，我再獎勵給你一塊糖果，只可惜我只剩這一塊糖果了。我的糖果發完了，我看我們的談話也該結束了吧！」

陶行知校長的教育方法實在太高明了！他用以獎代罰的方法觸動了孩子的心靈。「親其師，善其道。」當一個孩子被師長寬闊的胸懷所包容時，他內心產生的是深深的感激和強烈的震憾，那將會使他終身難忘。在這種情況下，不必「批評」、不必「指責」，孩子自己就已經心悅誠服的知錯了。

事實上，在現行教育體制下，陶行知先生「包容學生」的教育思想已得到了廣泛傳播和弘揚。

某小學的校長就曾提出了「無錯原則」的教育思想。他要求每個老師都認識到，學生是正在成長的尚不成熟的個體，要以理性的態度對待學生在學習中可能出現的各種錯誤，要從發展的角度發現和理解這些「錯誤」在某個方面的價值。要允許、容忍學生的錯誤，進行延遲反應，將重點放在弄清出現錯誤的原因與改進上。為此，這位校長還提出，在課堂上「不讓勇於發言的學生帶著遺憾坐下」、「讓每個積極發言的同學都畫上滿意的句號」。

該學校的許多老師都合理的運用了「無錯原則」，只要學生思考了，無論答案如何，都不批評。這樣就使學生在課堂的學習中有了安全感，減輕了心理負擔，勇於發表自己的見解。對於說錯的同學，許多老師不是生硬的說一句：「坐下！」而是問別的同學：「有不同的意見嗎？」大家討論後再問這個同學：「你同意這個意見嗎？」或「你能再說一遍嗎？」給孩子改正的機會。課堂上老師評價學生，也一改過去挑錯的做法，而是改為先看優點，再提不是，並且在肯定優點的基礎上，使用「如果能……就更好」等語言。

「無錯原則」極大的調動了學生的積極性。如今，這所學校成為全市最熱門的小學之一。父母都希望自己的孩子在這樣的教育環境中成長。

　　事實上，學校教育與家庭教育有著很多的相通之處，「無錯原則」在家庭教育中有著同樣不可忽視的作用，在面對犯錯的孩子，父母不妨試一試這種方法，或許能收到讓你意想不到的效果。

　　當然，父母不一定什麼事都要以獎代罰，但是卻一定要謹記，多去包容孩子，給孩子自我反省的機會，這不僅有利於培養孩子的完美人格，使他們以健康的心態去面對挫折，而且有益加深親子間的交流。

解放孩子的雙手

一、過分保護帶來孩子的無能

在孩子成長的道路上，存在著一個愛的陷阱，這就是父母對孩子的過分愛護，掉進這個陷阱的孩子由於被剝奪了犯錯誤和改正錯誤的機會，從而也失去了健康成長的機會。

一位母親為他的孩子傷透了心，她不得不去找青少年問題專家諮詢。

專家問她，孩子初學綁鞋帶的時候打了一個死結，您是不是不再給他買有鞋帶的鞋了？母親點了點頭。專家又問，孩子第一次洗碗弄溼了衣服，您是不是不再讓他走近洗碗槽？母親點頭稱是。專家接著說：孩子第一次整理自己的床用了一個小時，您嫌他笨手笨腳對嗎？

這位母親驚愕了，從椅子上站起來，湊近專家問：「您怎麼

知道的？」專家說，從那條鞋帶知道的。母親問，以後我該怎麼辦？專家說，當他生病的時候，您最好帶他去醫院；他要結婚的時候，您最好給他準備好房子；他沒錢時，您最好給他送去。這是您今後最好的選擇，別的，我也無能為力。

再來看一則真實事例：

在國內某大學，曾經發生過這樣一件事，一位即將畢業的物理系高材生，因成績出類拔萃，被學校保送到美國某知名大學深造。誰知該高材生卻一口回絕，說什麼也不願出國。拒絕的原因說起來令人難以置信：他不會洗衣服、不會買東西、不會煮飯、不懂得與別人交往，也就是說，他根本無法獨立生活。大學四年中，他的衣服枕被都是媽媽定期到學校來取回去清洗。

很顯然，這位大學生是在其父母的過分保護下成長起來的。所謂的過分保護，是指父母親對子女的一切包辦代替，像老母雞護小雞仔一樣，始終將子女護在自己的羽翼之下，他們不捨得讓孩子做力所能及的的事情。還有的父母出於望子成龍之心，將子女活動的範圍完全限制在自己的視線之內，在某些地方，他們對子女實行了直接、甚至完全的控制，用各種清規戒律來約束孩子的意志行動，沒完沒了的糾正和指責，生怕孩子越出雷池一步就會出差錯。殊不知，這種過分保護做法將嚴重干擾孩子身心的正常發展，產生極其惡劣的後果。一方面過分保護會使孩子失去鍛鍊、成長機會，另一方面過分保護也使

孩子感到能力缺乏，因而對自己失去信心。

　　孩子們需要一定的空間去成長，去試驗自己的能力，學會如何對付危險的局勢。身為父母，不要為孩子做任何他自己可以做的事。如果我們這樣做了，就剝奪了孩子鍛鍊發展自己的機會，也剝奪了他的自立能力的形成和自信心的建立。

　　明智的父母，應當鼓勵孩子的自信心，讓孩子根據自己的條件，盡量的培養自理能力，發揮自己的潛能，使自信心在能力的加持上成長。

　　一位初三的學生曾寫過一封信，信中說：

　　媽媽，您為了讓我一心一意的學習，平時什麼活都不讓我做。每到節假日，我總想幫您做點家務，但您卻說：「不用妳做，妳只要努力認真學習，就算幫了媽媽的忙了。」一個星期天，您從街上買菜回來，我高興的想幫您挑菜，您卻說：「妳放下吧！下星期測驗多考幾分就行了。」

　　我心裡明白，您這是責怪我上次考試的名次沒有排在前面。我扔下菜，跑回自己的房裡傷心的哭了。媽媽，您對女兒學習生活的關心照顧是「無微不至」的，然而，您知道嗎？您的女兒多麼想求得您對女兒的理解，多麼希望您不再像保姆似的「關照」我，「代替」我，而是像舵手一樣用您那豐富的生活經驗為我指引航向，讓我在大千世界的海洋裡搏擊、奮鬥、成長。

　　這位女孩的肺腑之言，說出了許許多多孩子的心裡話。過度的愛護更易傷害孩子，正像歌中所唱：「不經歷風雨，怎麼見

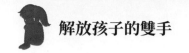

彩虹。」父母應該適當的放開雙手，讓孩子去經風雨，遇見彩虹，不要一直把孩子困在自己的羽翼之下。

二、「授之以漁」和「授之以魚」

民間有這樣一句俗語：「一升米救個恩人，一石米養個仇人。」意思說的是：在別人遭遇危難時，即使救濟少量的米，也會使其感激不盡，因為這種幫助沒有使他失去自立的責任心；而用大量的米去長期救援一個人，會使他慢慢喪失自立的責任心，從而生出依賴的惰性。一旦你終止支援，他非但不會感恩，反而會因此仇恨你。

在家庭教育中，我們也常常會遇到這種情況：有的孩子深受父母以及長輩的寵愛，常常是飯來張口，衣來伸手，一些本該由自己動手做的事情也全部交由父母代勞，如果稍有不順心，便會對父母發火，而做父母的卻只能無奈的感嘆：「我們捨不得吃，捨不得穿，什麼都為你做了，怎麼到頭來卻養出你這麼一個沒心沒肺的孩子！」父母看到孩子不孝的一面，但更為嚴重的後果是，面對殘酷的生存競爭，這樣的孩子是沒有絲毫機會的。

學會生存就是學會讓生命保持健康成長的狀態。孩子的健康狀態，不僅是指身體無病，更是指心理健康。心理健康包括情感、性格、意志、毅力等多方面健康。相對於已開發國家，我國兒童心理健康還有待加強。

日本兒童的心理合格率比較高，這跟他們從小就接受兒童心理教育有關。在日本常能見到這樣的場景：氣溫在零度左右的日本街道上，一隊排列整齊的小學生在做早操，男孩穿著短褲，女孩穿著短裙，個個精神抖擻喊著口號，這種訓練極大的鍛鍊了他們的心態。

再來看我們的孩子。這樣的場景是我們經常可以看到的：在上學或放學的路上，蹦蹦跳跳的孩子後面跟著背著書包的年邁的爺爺奶奶；在家裡，對著沒有削過皮的水果，孩子說：「我不吃」；面對鮮美的魚，孩子更是等著父母剔完了刺才放入口中；在寒冷的冬天，如果有哪個時髦的家長給自己的孩子少穿一點衣服，馬上便會招來別人關心的責問。內因和外因綜合起來造成這樣的現實：孩子們被捧著、被嬌慣著，他們被那些「愛」他們的人設置的屏障重重的保護起來，最大限度的遠離了困難和挫折，而他們的心靈卻在這重重護佑之下變得日益脆弱。事實已經作出回答：有的孩子因為遲到幾分鐘，被老師批評了幾句，就難以承受而跳樓身亡；也有的孩子因為與同伴吵了一架而走上輕生的道路。嚴峻的事實提醒我們，把一切都給孩子安排好，並不等於安排好了他們的人生，相反的，這是對孩子人生的最大戕害。

來看這樣一個故事：

一個老翁在河邊垂釣，兩個年輕人走來，都非常羨慕老翁籃子中所釣到的閃耀著金光的大鯉魚。其中一個聰明人說：「老

人家，您的魚太美好了，我想得到牠。」於是老翁將金色的大鯉
魚送給了他。另一個愚鈍的人說：「老人家，你的釣技太神了，
我想得到它。」於是老翁讓他坐下靜心學習垂釣。多年過去了，
兩個年輕人也成了老漢，聰明人因為只會吃現成的而一事無
成，而愚鈍者卻憑著自己手中的釣技和耐得寂寞的勞動，成為
富有且受人敬重的人。

　　故事中所謂的聰明人不過是自作聰明的目光短淺者。而所
謂的愚鈍者卻是大智若愚的、能掌握自己命運的人。望子成
龍、望女成鳳的父母們，你們是應該繼續不辭辛勞的抓魚給孩
子吃，還是努力教會他們捕魚的本領呢？

　　這就是我們常說的「授之以魚，不如授之以漁。」這也是教
育的核心。為了把你的孩子培養成一個未來的強者，那你一定
不能包攬他的一切，而要教會他生存與學習的本領和方法。

三、讓孩子從小事做起

　　美國哈佛大學的學者曾花費四十年時間，追蹤觀察了
一百五十六名少年的表現。結論是：從小愛勞動、能做事的孩
子成年後，與各種人保持良好關係的比不愛勞動的孩子多二
倍，收入多五倍，失業少十六倍，健康狀況也好得多，生活過
得美滿充實。這說明勞動能使孩子獲得各種能力，並提高其社
會責任感。

　　以上是從社會學的角度來看的。從生物學的角度看，人的

個體成長也需要勞動和製作。因為勞動和製作需要動手，手上的大量神經束通向大腦，促進腦神經的發育完善；還因為勞動和製作要伴隨思考和想像，這必然促進智力發展。所以自古以來都把「心靈」和「手巧」連在一起，因為它們是相互促進的。

哈佛女孩劉亦婷，從三歲起就開始做一些打掃家庭衛生的事情，每次吃完東西，桌面和地面的果皮和瓜子殼都由她收拾。長大後，上街買東西的時候，問路、問價錢、請售貨員過來、提要求等簡單的事務，都是由她出面去辦。有時候沒有時間排隊，也是由她上前去向服務人員和排在前面的人說明情況，商量能否得到優先順序。這些事，她每次都辦得很好。為了不讓女兒產生道德方面的混亂，媽媽事先已經教過女兒：「用欺騙或耍賴的辦法插隊，是令人討厭的自私行為。如果排隊確實有困難，應該正大光明的請求幫助，只要妳說清楚需要幫助的理由，人們一般都會讓妳優先的，因為人性有尊老愛幼的好傳統。但是如果妳說不清楚，那我們只好不辦這件事。」女兒十分清楚「取巧插隊」和「請求優先」的區別，每次得到照顧，都忘不了真心誠意的向那些好心人連聲道謝。

其實，做家務也是孩子拓展知識面的好機會。比如，讓女兒洗襪子時，媽媽可向她介紹肥皂和洗衣粉的去汙原理；女兒協助媽媽做菜時，就可以告訴她糖或鹽的溶解、濃度與味道的關係等等。

讓一個已經習慣於「飯來張口，衣來伸手」的小懶蟲改變

好逸惡勞的習慣是很困難的，這往往需要一整套獎勵和懲罰制度，而且還不一定能使孩子做到從內心變得熱愛勞動。但在把模仿大人當遊戲的幼兒階段，使孩子養成熱愛勞動的習慣卻並不難。心理學知識告訴我們，剛會走路的孩子，就有幫媽媽做事的願望，兩歲時會幫著遞送物品，三歲時便產生了參與成人生活的願望，四到五歲時就能自己收拾玩具、衣服和洗刷自己的碗筷。這說明孩子的嬌懶不是天生的。從人的本能來講，是願意做事的，只由於父母過分照顧，事事都要包辦代替，才使孩子養成了嬌懶的不良習慣。

對於獨生子女的父母來說，不在幼兒時期培養孩子的勞動習慣和辦事能力，是一件後患無窮的事。社會心理學家做過的一項調查發現：親子之間的糾紛，大多源於子女過分依賴父母，使得父母力不從心，子女則因為某些要求沒得到滿足，而埋怨父母無能。那些從小習慣於大小事都依賴父母的孩子，成人後的自立能力都比較差，遇事總是指望著父母一幫到底。隨著子女的需求和父母的能力之間的差距越來越大，相互間的不滿和怨言也與日俱增，以至出現糾紛和衝突。這些孩子很少考慮自己為父母做了什麼，他們把父母為他們付出的艱辛勞動看作理所當然，但一旦父母失去了自理能力或勞動能力，這種人卻很少去盡起碼的孝道。

農村的孩子們目睹父母的勞動，也參與一些輔助勞動，對父母的辛苦有直接的體驗，大多比城裡的孩子懂得心疼父母。

城裡的孩子則很難體會到父母工作的艱辛，所以，更需要讓他們在家務中體驗父母的勞累，即使家裡有保姆，也應該讓孩子洗自己的小衣物和打掃自己房間，以免養成「小皇帝、小公主」作風。

四、培養孩子的生活自理能力

父母不可能伴隨孩子一輩子，孩子終將獨立生活，走向社會。所以，對於父母來說，培養孩子獨立處世和生活自理能力，與關心孩子的學習成績一樣重要。

邵明，已經十二歲了，他是個永遠也長不大的孩子，什麼事情都由父母操心，一旦父母不管，他就什麼都不知道了。每天早上起床、刷牙、洗臉、吃飯，晚上回來做作業，睡覺……樣樣都要父母安排好，哪一天如果少了一樣，他的生活就會發生混亂。

他的父母每天工作都很忙，碰到這樣的情況，也只有嘆氣的份兒。他的媽媽心底裡暗暗羨慕同事的孩子懂事，不需要操心。同事建議他不要管孩子，讓孩子自己來，可是她又放不下心，更不忍看孩子茫然無措，手忙腳亂。

邵明在學校的成績很好，還是班級幹部，其他方面也不錯，深得老師和同學喜歡，可是他一回到家裡，就什麼也不會做了。

很顯然，邵明是缺乏自我管理能力，而原因就在於他的母

親過於關心他了，從小沒有注意對他自理能力的培養，結果把自己弄得很累。現實生活當中，像邵明的母親這樣把孩子慣得什麼都不會做，反而把自己搞得很累的父母不乏其數。

孩子一進入大學，反映在孩子身上的普遍現象就是沒有生活自理能力。他們由於缺乏獨立性，一時間把自己搞得非常狼狽，有的被子不知怎麼疊，有的吃飯不知道到何處去買，有的新買的手機不知怎麼用，有的把東西亂擺亂放，過一會想找就找不到了等等。這些現象的發生，都是由於他們小的時候從來不動手，父母沒有給他們提供動手的機會造成的。其結果是孩子的想像力和思考得不到好的發展，即使學習成績好，也是理論脫離實際，成為高分低能的書呆子。這樣的人只是記錄知識的機器，鮮有創造力。由此可見，培養孩子的自理能力是至關重要的。

那麼，自理能力指的是什麼呢？又該如何培養呢？

自理能力一般是指一個人能自己安排學習、生活、工作、交際，能妥善處理自己所遇到的各種問題。培養孩子的自理能力，最重要的是放手讓孩子去實踐，給孩子累積經驗的機會。

經驗長知識，實踐出能力，良好的自理能力和自理習慣，只有在不斷的、長期的實踐中才能培養起來。這就需要父母不能怕孩子吃苦，也不能怕孩子做不好。凡是應該由孩子自己去做，而且孩子力所能及的事情，一定要讓孩子自己去做。比如除了孩子自己的房間或床鋪的整理應由孩子自己負責外，還應

該讓孩子做一些力所能及的家務，教會孩子做飯、洗衣服。孩子在學校裡的各種事情，自己所用的東西應由孩子自己整理。所有的作業，除了需要父母配合才能完成的以外，都應由孩子獨立完成，父母既不應代勞，也不必坐在孩子身邊陪著，盡可能讓孩子自己妥善解決各種問題。父母可以指導，但不要代替。

　　無論是孩子之間，還是孩子與老師之間的事情，都要鼓勵孩子自己處理，鼓勵孩子與人交流，學會表達、商量、道歉和原諒。孩子在生活中遇到什麼困難、意外、變故，做父母的可以提供必要的幫助，但這種幫助應有分寸，這樣，才有助於孩子自理能力的提高，為孩子將來進入大學、走向社會打下堅實的基礎。

　　此外，父母需要注意的是對孩子的事情切忌大包大攬，力爭做到該放手時就放手。

五、讓孩子有計畫的做事

　　做事沒有計畫的人，無論從事哪一行都不可能取得成績。一個在商界頗有名氣的經理把「做事沒有計畫」列為許多公司失敗的一個重要原因。

　　事實上，做事有計畫對於一個人來說，不僅是一種做事的習慣，更重要的是反映了他的做事態度。對於孩子來說，做事有計畫同樣是非常重要的。

　　許多孩子都有早晨起床找不到襪子、學習用品或者生活用

品的現象，這便是做事缺乏計畫性和條理性的壞習慣所導致的。做事情缺乏條理、沒有計畫是兒童時期的一種自然反應，但是，如果父母不注意引導，孩子們往往會養成不良的習慣，從而給自己的一生帶來無窮的麻煩。

對於孩子來說，做事有計畫是非常重要的。它可以幫助孩子有條不紊的處理應該處理的事情而不會手忙腳亂。做事沒有計畫的人，必將無法很好的料理自己的生活，也必將無法很好的進行學習和工作。在走向成功的道路上，做事沒有計畫的孩子將會比其他人走得更辛苦。

那麼，父母怎樣培養孩子做事有計畫的好習慣呢？

（一）讓孩子做事有條理

在日常生活中，不管做什麼，父母都要讓孩子做得有條有理。例如，房間擺設井井有條，用過的東西放回原處，以免需要的時候找不到。晚上睡覺之前，整理好書包、準備好第二天要穿的衣服等。這些都可以幫助孩子養成做事有條理的好習慣。

在日常生活中，父母做事一定要有條理、有計畫。比如，家裡要整理得井井有條，東西不要亂放，看完的書要放回原處，衣櫃裡的衣服要分類擺放等，這些細小的行為都可以影響孩子養成做事有條理的好習慣。當然，讓孩子養成做事有條理的習慣不是一朝一夕的事，需要父母的耐心和恆心，還要善於抓住教育的契機進行適時引導。

(二) 教孩子做計畫

要讓孩子做事有計畫，父母可以向孩子示範自己的計畫。即把自己的計畫告訴孩子，並且徵求孩子的意見，讓孩子幫著計畫。比如，在週末的清晨，可以這樣對孩子說：「今天我想好好安排我們的活動，吃完早餐後，我們到公園去看花展，然後回來吃午餐，午餐後你小睡一會，一點鐘我們去學畫畫，三點我帶你去海洋館，回來後，你要寫一篇一天的見聞，你覺得這樣安排好不好？」

這種示範不僅可以幫助孩子理解計畫的重要性，而且，他也能夠學著去安排自己的事情。

如果孩子對父母的計畫提出了疑問或者孩子有了計畫的意識後，那麼，父母就可以讓孩子來安排、計畫一下了。

比如，一家人有老有小，在週末的時候去公園遊玩，孩子往往會喜歡玩一些新奇刺激的活動，像是碰碰車什麼的。於是，可以讓孩子將一些活動，如划船、拍照、玩碰碰車、釣魚，按一定的次序和時間來安排，既要照顧到大家，也要考慮個人的喜好。如果孩子安排得合理，就按照孩子的安排去做。如果安排得不合理，就要跟孩子講清楚為什麼。

這種實踐性的鍛鍊最能培養孩子做事有計畫的習慣。對於孩子自己的事情，父母更應該讓孩子自己來安排和計畫，這樣一來孩子才能夠更好的按照自己的計畫做事。

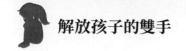

（三）讓孩子按計畫做事

在日常生活中，父母要向孩子強調計畫的重要性，並給孩子的各項行為制定一些計畫。當然，這些計畫的制定應該讓孩子參與進來，與父母一起來制定計畫。

當計畫制定了以後，孩子必須按計畫做事，不能半途而廢。對幼稚園的孩子來講，父母應該要求他們在玩的時候自己把玩具拿出來，玩完以後自己收好。對小學生來說，就要求他們看書做作業的時候要認真，寫完以後才能去玩。對於中學生來說，應該要求做事有責任心，自己掌握做事的進度。這樣讓孩子凡事都有計畫的去做，並漸漸養成習慣。

六、培養孩子勇於冒險的能力

很多父母說，孩子都已十六歲了，這時候才發現，自己有太多的教養方式值得檢討改進。以給孩子穿鞋子為例，他們小時候經常在孩子高喊「我不會」時，仗義幫忙，一副大俠替人解危的模樣。雖然如今孩子並沒有出現什麼大的紕漏，但依然可以明顯發現，他們的孩子似乎比其他小孩子更加膽小、缺乏信心，一點勇於冒險的心理都沒有。

確實，長期以「我不會」換取父母幫忙的孩子，比較缺乏再嘗試的勇氣。從心理學的角度來看，其一是孩子想偷懶，或避開責任；其二則是父母的過度保護，讓孩子有機可乘。基本上，這兩種原因應該是互為因果，值得父母好好反省的，否則一定

會有「虎父有犬子」之嘆。

有的父母或許會說，讓孩子事事自己動手，不是有點冒險嗎？但話又說回來，比起孩子的未來前途，這點小冒險又算什麼呢！更何況，很多情形只是一種挑戰而非冒險，就以穿鞋為例，你便不必為他效勞，只要多給他些時間，孩子自然有能力把它做好。拼圖也是如此，只要孩子願意多花一些時間，拼圖並不能難倒他，你說不是嗎？

或許從高高的滑梯上溜下來，對一個三、四歲的小孩子而言，有點困難，但只要你能讓他從矮一點的開始嘗試，他們也必然可以克服這種心理障礙。既是如此，你何不讓他冒點險呢？

另一方面，在複雜多變的現代社會，未來的形勢經常是不可預測的，過於小心謹慎，就會讓我們滯步不前，從這一點出發，為了孩子的將來，父母也有必要讓孩子培養勇於冒險的能力。

那麼，父母又該如何具體的培養孩子勇於冒險的能力呢？

(一) 讓孩子積極嘗試新事物

在生活中，由無聊、重複、單調而產生的寂寞會逐漸腐蝕人的心靈。相反的，消除一些單調的常規因素倒會使我們避免精神崩潰。積極嘗試新事物，能使一蹶不振、灰心失望的人重新恢復生活的勇氣，重新把握住生活的主動權。

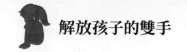

（二）要讓孩子試著去冒一些風險

冒險是人類生活的基本內容之一。沒有冒險精神，就體會不到冒險本身對生活的意義，就享受不到成功的樂趣，也就無法培養和提高人的自信心。因此，瞻前顧後、驚慌失措、避免冒險無疑會使我們的自信喪失殆盡，更不用指望幸福快樂會慷慨降臨。

（三）讓孩子向自己挑戰，而不是與別人爭奪

卓越有成就的人，更熱心於傾注精力擴大和完善自己取得的成果，而不是一定要打敗競爭者。實際上，擔心對手的實力以及可能具有的特殊優勢，往往使自己精神上先吃敗仗。

七、讓孩子敢作敢當

有責任心、敢作敢當是成功者最重要的素養之一，在現實生活中，很多優秀領導者、企業總裁乃至於許多優秀父母之所以能夠取得成功，都與他們具有這種素養有著重要的關聯，他們運用自己的智慧、信心和判斷力去做出決定，盡自己的努力去做事，考慮自己行為的後果，一旦遇到問題，他們一定會第一個站出來承擔自己應盡的責任。

對於孩子來說，也應該具備這種素養。有責任心、敢作敢當的孩子往往學習積極向上，從不要父母和老師花費精力。生活上嚴謹樸素，懂禮貌，尊敬師長，對自己的一言一行、一舉

一動都會負責。

　　所以，對於父母來說，一定要告訴孩子，不管犯了什麼錯誤，都不能為了推卸自己的責任而編造謊言，要敢作敢當。比如：兩個人搶一本書，結果書被撕壞了。如果你的兒子說：「都是他不好，我叫他別搶，他偏不聽。或者告訴你，書是他撕壞的！」諸如此類的話，你都要重視起來，因為你的兒子正在將他自己放在被同伴輕視與討厭的位置上，「搶」本是雙方的行為，根本不需要辯解。

　　再比如說：家裡來了個比你的兒子小幾歲的孩子，大家都將注意力放在了更小的「小不點」身上，你的兒子可能會因嫉妒而趁大人不注意的時候掐那個男孩，使得那男孩大哭，但卻因為太小而不會解釋。而他呢，卻故意說：「這不關我的事！」、「瞧這傢伙，老是哭，多煩！」

　　這些都是孩子可能會做的事，做父母的一定要讓孩子明白：推卸責任的同時，你也就可能失去同伴，因為本來是兩個人抬的東西，你突然放手，豈不害慘了同伴？而如果是一起扛著很重的東西，你的「逃跑」，就可能要害死同伴了。即使沒有害死同伴，同伴又怎麼敢再與你在一起呢？

　　那麼，父母應該如何培養孩子有責任心、敢作敢當的素養呢？

　　首先，父母要滿足孩子合理的願望和要求。

　　對孩子提出的合理要求要盡量滿足，如一時無法滿足，必

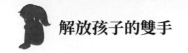

須向孩子說明理由。如果對他們的願望與要求不分青紅皂白的一律不予理睬或一味拒絕，就容易使他們說謊或背著父母做壞事。

其次，正確對待孩子的過錯。

孩子或因自制力弱，或因年幼無知，或因其他偶然的原因，常會出現差錯。對此，家長要冷靜對待。孩子犯了錯誤，父母要本著關心愛護的原則，態度溫和的鼓勵孩子承認錯誤，幫助孩子找出錯誤的根源，改正錯誤。這樣，孩子才會信賴親近你，勇於向你說真話。

最後，父母要做孩子的優秀榜樣。

有的父母要求孩子有責任心、敢作敢當，自己卻常常言而無信、逃避責任。試問，你又有什麼資格去要求孩子呢？

八、讓孩子學會保護自己

毋庸置疑，相對於成人來說，孩子的抗危險能力還是很脆弱的，而身為父母，又不可能也沒必要時時刻刻的與孩子待在一起。所以，對孩子進行一些切實可行的生存訓練，有意識的提高他們的自我保護意識，加強他們對危險的自我防範能力，這些就成為了擺在父母面前的重要「課題」。這些對於孩子的生命安全和健康成長是十分重要的。

為了提高孩子的自我保護意識和自救能力，父母可以透過一些經典事例對他們進行教育。

美國一名六歲的孩子撥通了一一九的電話救護了心臟病發作的母親；奧地利一名傷殘斷臂兒童用嘴咬住鉛筆撥通電話自救。十四歲的女孩被強盜扔進二十多公尺深的山洞，但她卻憑著堅強的意志力和良好的生存能力，靠吃洞中的青苔和岩洞水，在暗無天日的山洞中度過半個月之久，最後終於獲救。這些典型事例都是父母對孩子進行生存教育的生動素材。

我們再來看一看一個十歲的小女孩娟娟是如何機靈的逃出「人口販子」魔掌的。

二○○五年的某一天清晨，娟娟正走在上學路上，這時迎面走來兩個男子，她只覺得一陣頭暈，便不省人事了。

不知道過了多長時間，娟娟睜開眼睛，感覺自己正躺在一輛疾駛的汽車上。車上坐著四個男子，聽說話的聲音特別蠻橫。娟娟把小臉縮進很厚的圍巾裡，閉著眼睛假裝昏迷。汽車在一小時後停了下來，車上四個男子下車解手。小娟娟輕輕的將車門打開一條小縫，順勢溜到公路邊的一條水溝裡，拔腿就往來的方向跑。小娟娟一邊跑，一邊記著清醒後在車上看過的路標。天黑了，她一天沒喝水也沒吃飯，又累又餓。她隱隱約約看見前面一片亮光，便奔了過去，這裡離她下車逃跑的地方已有二十里路。她掏出口袋裡僅有的兩元硬幣，找到一個公用電話亭給家裡打了電話。

電話鈴響了半天，沒人接。此時，她的爸爸媽媽正和老師、親屬們滿世界的找她。路上，小娟娟遇到一個阿姨，按照

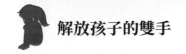

阿姨的指點，她坐上了火車。

火車上的一名男乘務員見小娟娟迷了路，就主動在車到終點站時把她帶到公車站，送她上了車，並囑咐乘務員讓孩子在新春街下車。娟娟推開家門進屋時，已是晚上七點三十分。

小娟娟之所以能逃出虎口，是由於她採取了一系列正確的做法，比如假裝昏迷、記住路標、及時趁「人口販子」解手時跳車、找人幫忙等，否則她肯定難以逃生。而小娟娟的這種本領除了她求生的本能外，恐怕首先得益於父母平時注意培養她的自我保護意識，使她具有一定的自救能力。

孩子天性單純，對生人很少有戒備心理，大人必須重視這一點。有的父母為了提高孩子的自我保護意識，從小就給孩子一些鍛鍊機會，這是很必要的。當然，這其中也存在一定的風險，父母需要區別對待。孩子的年齡不同，其所具備的能力和膽識也不同。父母應該根據孩子的實際情況，教育孩子如何注意安全，如注意關天然氣、不要接待不認識的人、如果遇到突發性事件該怎樣報警、求救等等，從而培養孩子的自我保護和應變能力。

九、讓孩子融入到團體中去

現在的孩子有很大比例是獨生子女，而獨生子女有一個最大的特點就是孤獨。獨生子女沒有兄弟姐妹，家庭成員往往對其極為疼愛，使他們成為小皇帝、小公主。這些孩子如果長期

與家長生活在一起，而缺乏與外界接觸，特別是與同齡人接觸較少，那麼就很容易產生孤獨感（畢竟孩子與孩子是最容易溝通的，而孩子如果生活在以自我為中心的環境內，其溝通必然是難見成效的）。而這種孤獨感又會成為孩子成長道路上的心理障礙。

如果說身體健康是孩子成長的物質保證，那麼心理健康和良好的性格培養則是孩子成長的精神動力。現在大多數孩子都是獨生子女，容易形成「以自我為中心」的意識，在與別人的交流中，必然就會發生碰撞，產生磨擦和矛盾。這種「只願他人順從自己的意志，不願聽取他人看法」的問題，是當前孩子們在交際中遇到的典型心理問題。所以父母要鼓勵孩子多參加人際交流活動。

小敏是獨生女，她家的經濟條件特別好，父母因為工作的關係特別忙，沒時間照顧她，所以特別給她請了保姆。小敏從小由保姆帶大，從來沒有和小朋友玩過，其他小朋友會做的遊戲、會跳的舞、會唱的歌小敏一概不會。就連小朋友送她一個帶皮的水果，她都會手捧著問老師怎麼吃。因為在家裡都是保姆削好皮，切成片放在她嘴裡。

小敏在自己家中處於絕對核心地位，習慣了做家中的小公主，過慣了飯來張口、衣來伸手的生活，因此缺乏獨立生活的能力。

更嚴重的是，由於長期不與別人交流，小敏的性格變得越

來越刁蠻任性、不懂禮貌，動不動就亂發脾氣，也越來越內向，終日沉默寡言，見了客人躲躲藏藏，唯唯諾諾，膽小怕事。

像小敏這種情況在獨生子女中並不少見，這是客觀環境造成的。一般獨生子女家庭對孩子的呵護往往細緻入微，孩子生活中的大事小事多由父母或保姆包辦代替，這就造成孩子對什麼都不感興趣，什麼都不會做。

另一方面，獨生子女的家長忽略了零到三歲孩子的早期教育，沒有培養孩子手、眼、腦的協調能力，更沒有培養他們的觀察力和創造力，損害了他們的心理健康，形成孩子刁蠻不講理，以自我為中心的不良心態。

父母應該認識到，孩子只有生活在孩子們的集體中，才會感到不孤獨，尤其是對於獨生子女來說。要知道，孩子與孩子之間是最容易溝通的。同齡孩子在一起，即使打打鬧鬧，有爭吵，也會玩得好，學得更好。他們可以在共同的遊戲活動中為彼此出主意，想辦法，互相取長補短，增長知識，發展智力，提高自身的認知能力。

所以說，對於孩子，父母一定要勇於放手，不要有太多的擔心和顧慮，讓孩子融入到團體當中去，讓孩子在集體生活中得到適時的鍛鍊，培養起孩子多方面的興趣，讓孩子在集體生活中體驗家庭不能給予的興趣，使孩子由於長期禁錮在家庭中形成的內心的孤獨感逐漸得以消除。

透過融入團體、與別的孩子積極交流的過程，孩子的注意

力會被其他孩子所吸引，其心理活動就不會局限於個人的小圈子裡，性格也就會變得開朗。此外，透過融入團體、與別的孩子的積極交流，孩子還能正確的認識他人的長處，並透過比較，客觀的認識自己，調整自我評價，學習他人長處，減少自卑感。不僅如此，透過融入集體、與別的孩子積極交流，還可開闊孩子的視野，增長知識和經驗，使孩子樹立健康的心態。

解放孩子的雙手

如何做，孩子才能學得更好

一、讀萬卷書，行萬里路 —— 帶著孩子去旅行

　　與其對孩子進行填鴨式的教育，不如開闊他們的視野。而帶著孩子去旅行就是開闊孩子視野的一種最好的鍛鍊方式，不僅如此，它還能培養孩子的耐力以及解決問題的能力。所以說，父母應該帶著孩子旅行，陪他們去海邊走走，去山裡逛逛，去領略一下不同的城市、不同地域的風光，去感受一下不同風景、不同民俗的內涵。

　　透過帶著孩子旅遊的過程中，父母可以使孩子體驗到五大教育效果：

（一）　自然科學教育。在旅行中，奇花異草、山川河流對孩子來說是最為直觀的自然科學教育，也是讓他們認識自己國家的山河風貌的大好時機。

（二）　社會風情教育。「千里不同風，萬里不同俗。」各地獨特的

人文風俗，能使孩子感受世界的豐富多采。

（三）安全自救教育。出門在外，存在各種不安全因素，這就給孩子提供自我保護的教育契機。比如跟著大人不掉隊，不到危險的地方玩，注意乘車，乘船安全等等這些都需要在旅行過程中時時提醒，處處教育。

（四）獨立能力教育。自己整理行裝、自己吃飯睡覺、自己爬山走路、自己拿東西，這些獨立能力的教育非常適合在旅行過程中進行。

（五）性情教育。在孩子眼中，一花一草會說話，一山一水皆有情，父母以積極的心態引導孩子體味欣賞，潛移默化的培養孩子豐富的情感，陶冶孩子的性情。

讀萬卷書，行萬里路。帶著孩子去旅行，對孩子的益處多多，在這一方面，古今中外有很多的成功典範。

卡爾‧威特是十九世紀德國一個著名的天才。他八、九歲時就能自由的運用德語、法語、義大利語、拉丁語、英語和希臘語這六國語言；並且通曉動物學、植物學、物理學、化學，尤其擅長數學；九歲時他進入了哥廷根大學；年僅十四歲就被授予哲學博士學位；十六歲獲得法學博士學位，並被任命為柏林大學的法學教授；二十三歲他發表《但丁的誤解》一書，成為研究但丁的權威。與那些過早失去後勁的神童們不同，卡爾‧威特一生都在德國的著名大學裡授學，在有口皆碑的讚揚聲中一直講學到一八八三年逝世為止。

卡爾‧威特能取得這番驚人的成就，並不是由於他的天賦

有多高超 ── 恰恰相反，他出生後被認為是個有些痴呆的嬰兒 ── 而是全賴他的父親教育有方。卡爾的父親把小卡爾長到十四歲以前的教育寫成了一本書，這就是暢銷全球的《卡爾‧威特的教育》。書中詳細的記載了卡爾的成長過程，以及自己教子的心得和獨闢蹊徑的教育方法。

而在《卡爾‧威特的教育》一書中，老卡爾就特別提到了「帶著兒子去旅遊」的教育方式。老卡爾在兒子小的時候就經常帶著他去各地旅行，他利用一切機會來豐富兒子的見識。比如他們看到建築物，他就告訴兒子那是什麼，它所坐落的地方叫什麼，有著什麼樣的歷史。看到歷史遺跡，就告訴兒子這裡曾經發生過什麼，對歷史產生了什麼樣的影響。只要有時間，他就帶兒子去參觀博物館、美術館、動物園、植物園、工廠、礦山、醫院和保育院等，以開闊他的視野，豐富他的見識。

每次參觀回來，老卡爾都會讓讓兒子詳細描述所見到的一切，或者讓他向母親彙報。因此，卡爾在參觀時總是用心觀察，認真聽取父親或者是導遊的講解。

兒子五歲時，老卡爾就幾乎帶著他遊遍了德國所有的大城市。他們在旅途中，既登山，也遊覽名勝；既尋找古蹟，也憑弔古戰場。回到旅館，老威特就讓兒子把所見所聞寫在信上，寄給母親和親友。回家後，還要向母親詳細的做口頭彙報。

老卡爾為了滿足兒子的求知慾和培養他追求真理的精神，從來都是不辭勞苦，也不吝惜金錢。他的這種做法值得我們的

父母用心學習。

二、化被動為主動，激發孩子學習的潛力

孩子是最快樂的群體，也是最具有好奇和好學習精神的群體。然而現在卻有不少孩子整天愁眉苦臉、長籲短嘆，對一切事物都失去興趣，缺乏信心和進取心。總體說來就是對自己的學習和生活缺乏一種主動的精神。

現在的很多學生，對自己的學習目的並不清楚。當被問到「你為什麼學習」時，不少學生的回答是「父母要我來讀的」，也有學生的回答是「將來找份好工作」，甚至有的學生說「我學習的目的就是不想整天和父母待在一起」，真是眾說紛紜，莫衷一是。孩子學習的目的不明確、缺乏崇高的人生理想，是不能主動學習的內在的最主要原因。

此外，薄弱的心理也是孩子失去學習主動性的一個主要原因。

小剛是一個非常聽話的孩子，剛上小學的時候，他的學習成績很好，讓父母很放心，可是自從上了國中後，學習成績卻急轉直下，這讓父母十分著急，但卻找不出原因，自己的孩子絕對不是那種調皮搗蛋、不愛學習的學生。問題到底出在哪裡呢？

其實，說穿了，這裡面的原因很簡單。小學的時候，孩子大多跟著老師和父母的指揮棒走，只要聽老師和父母的話，

一定會是一個好學生。但是國中和小學不同，國中要求學生在學習中不但要學會知識，更要學會學習知識的方法。「魚」和「漁」的矛盾，使得一向缺乏學習主動性的小剛吃到了應試教育的大虧。

在傳統的應試教育的壓力下，學校和家庭對孩子的心理健康教育都不是很正常，學生缺乏良好的心理健康知識的指導，心理上不成熟，存在不少弱點，也必然影響學生的主動學習。比如當問學生為什麼不能在課上主動提問或發表自己的意見時，往往有這樣的回答：「害羞」、「答錯了丟人」、「書上說的（或是老師講的）不會錯」、「會被人家說愛表現」等等，這種膽怯和對權威的盲從心理造成學生在學習上不敢提問，不能追根究底，更不會對權威的觀點提出疑問和發表自己的見解。

正是由於上述主客觀的原因，才導致孩子缺乏積極、主動的學習態度，導學習效率較低，成效不高。於是補課、家教、題海戰術之風盛行，成了提高成績的法寶，屢禁不止，而這無疑是飲鴆止渴。不能從根本上解決孩子的學習主動性問題，而是盲目的施加壓力和負擔，只能讓孩子走入歧途，離家出走、自殺、痴迷於網路等等惡果往往就是因為這個原因而造成的。

那麼，父母到底應該如何正確的幫助孩子增強學習主動性呢？

(一) 給孩子營造良好的主動學習氛圍

良好的氛圍能對孩子的學習產生潛移默化的作用。為了使

孩子能主動學習，父母應該創造一個良好的學習氛圍，比如孩子學習時，父母不要從事娛樂活動，諸如看電視、打麻將等等，而是應該安靜的看一會書。

（二）對孩子主動學習的積極性予以鼓勵

孩子如果能夠積極主動的學習，父母就應該鼓勵他們把這個好習慣堅持下去，而不是給孩子潑冷水。

（三）激發孩子主動學習的內在動力

孩子學習需要有動力，它既可來自外部的壓力，也可來自內部的驅動力，而後者最為關鍵。所以，要使孩子增強學習主動性，父母就必須採取有效方法，使孩子把學習作為自己的一種內在需要，從而產生持久的、強大的學習動力。

三、激發孩子的學習興趣

很多孩子對學習沒有興趣，父母讓他多學一會就不行，只對玩感興趣，怎麼玩也玩不夠。怎樣才能讓孩子對待學習就像玩遊戲、看電視或者去動物園那樣興致盎然呢？方法很簡單，就是激發孩子的學習興趣，讓孩子帶著興趣去學習。

美國的斯特娜夫人親身指導女兒的成長，她的教育經驗在全球範圍內都有很大的影響。在激發孩子興趣這一點上，她就有很獨特的心得。

斯特娜夫人在培養女兒的過程中感到，在所有的學科中，

再也沒有比數學更難以使孩子感興趣的了。儘管她曾透過遊戲法很容易的教會了女兒數數，並用做買賣的遊戲很容易的教會了她錢的數法，然而，當她在教女兒乘法口訣時，卻碰到了麻煩：女兒有生以來第一次討厭學習。

斯特娜夫人真是有些擔憂了。你想想，她的女兒維尼芙雷特五歲時，已能用八個國家的語言說話，還在報刊上刊登了許多詩歌和散文，在神話、歷史和文學方面已達到國中畢業生的水準，然而，卻連乘法口訣都不會。她是否在學業上有所偏向了呢？一個偏科的學生顯然不符合斯特娜夫人培養孩子的理想，因為她的理想是使女兒均衡發展，在成才的同時真正感到幸福，片面發展就不能成為真正幸福的人。為此，她為女兒對數學不感興趣而苦惱。儘管如此，她還是沒有強制女兒死記硬背乘法口訣，這是由於她堅信強制是行不通的，並容易扭曲孩子的性格。斯特娜夫人的苦惱被與一位數學教授的一次會面而解開了。為了宣傳世界語的優越性，她曾帶女兒到紐約去演講，在那裡正好遇到了來自芝加哥的數學教授洪爾魯克女士，她的數學教學技巧相當高明。

在聽了斯特娜夫人的擔心後，她一語道破了問題之所在：「儘管妳女兒缺乏對數學的興趣，但絕不是片面發展，這是妳的教法不對她的胃口。因為妳不能有趣味的教數學，所以她也就沒有興趣去學它了。妳自己喜好語言學、音樂、文學和歷史，所以能有趣的教這些知識，女兒也能學得更好。可是數學，由

於妳自己不喜歡它，因而就不能很有興趣的教，女兒也就厭惡它。」接著，這位傑出的女士十分熱情的教給她一套教數學的方法。她用這些方法教女兒數學後，效果果然很好。

這位女士的建議是首先讓孩子對數字產生興趣，例如把豆子和鈕扣等裝入紙盒裡，母女二人各抓出一把，數數看誰的多；或者在吃葡萄等水果時，數數它們的種子；或是在幫助女傭人剝豌豆時，一邊剝一邊數不同形狀的豆莢中各有幾粒。

母女倆還經常做擲骰子的遊戲，最初是用兩個骰子玩。玩法是把兩個骰子一起拋出，如果出現三和四，就把三和四加起來得七分。如果出現二和四、三和三，就得六分，這時就有再玩一次的權利。把這些分數分別記在紙上，玩三次或五次之後計算一下，決定勝負。

女兒非常喜歡這類遊戲。在女兒投入到這種遊戲的樂趣之後，斯特娜夫人仍按洪爾魯克女土的建議，每次玩遊戲不超過一刻鐘。理由是所有數學遊戲都很費腦力，一次超過一刻鐘後就會感到疲勞。在這一遊戲玩了兩三週以後，她們又把骰子改為三個、四個，最後達到了六個。

接著，她們把豆子和鈕扣分成兩個一組的兩組或三組、三個一組的三組或四組，把它們排列起來，數數各是多少，並把結果寫在紙上，然後把這些做成乘法口訣表掛在牆上。這樣一來，維尼芙雷特就懂得了二二得四、三三得九的道理，而且非常高興。更複雜的遊戲則可以依此類推的繼續做下去。

為了使女兒將數學知識運用於現實，斯特娜夫人還經常與女兒做模仿商店買賣情境的遊戲。所賣的物品有用長短計算的，也有用數量計算的，還有用分量計算的。價格是按著實際的價格，錢也是真正的貨幣。媽媽常常到女兒開辦的「商店」買各種物品，用貨幣支付，女兒也按價格表進行運算，並找給媽媽零錢。

當維尼芙雷特學習努力、工作積極或幫助家裡幹活時，媽媽就付給她錢。她還不斷的從雜誌社和報社領取稿費。她把這些錢用自己的名字存入銀行裡，並計算利息。

不久，維尼芙雷特就對數學產生了濃厚的興趣。一旦有了興趣，她便從算術開始一直到順利的學會了代數和幾何。

由此，我們不難發現，激發孩子的學習興趣對孩子是多麼的重要。沒有興趣，孩子在學習上就不可能有好成績，學習就會變成沒有出路的牢獄，孩子就會成為牢獄中的囚犯，終日飽受折磨。所以，如果愛孩子，身為父母，你就應該想方設法的激發孩子的學習興趣。

以下幾點建議可以作為如何激發孩子學習興趣的參考：

(一) 與孩子分享學習的樂趣

若想激發孩子對學習的興趣，父母要先有興趣，帶領孩子一起尋找學習的快樂，斯特娜夫人的育女經歷就是一個很有說服性的例證。

（二）和孩子一起克服學習困難

當孩子在學習中遇到困難時，父母不應該指責孩子。而是應該耐心引導，最好是先表揚孩子所付出的努力，再引導孩子尋找問題的關鍵所在。

（三）要求孩子尋找學習的快樂

每一科目都不可能是完全枯燥的，父母要學會給孩子布置任務，讓孩子從各個科目中找到快樂。

（四）別人的興趣是怎麼來的

為什麼同樣一個科目，別的孩子就有那麼大的興趣呢？這是父母應該鼓勵孩子去探詢、去請教的一個問題，在別人的幫助下，解決一道難題並不會有很大的收穫，可是，如果能從別人那裡找到學習樂趣，那將受益一生。

四、培養孩子勤於思考的好習慣

思考是一種樂趣，是一種遊戲，是精神上的享受，是快樂的泉源。對於孩子來說，養成勤於思考的好習慣，將讓學習中遇到的難題變的輕而易舉，將讓成績突飛猛進，將讓自己受益一生。

拿破崙·希爾說：「思考能夠拯救一個人的命運。」事實正是如此，有思考力的人才會有創造力，才會掌握自己的命運。

據說，諾貝爾獎獲得者、英國物理學家約瑟夫‧湯姆森和歐尼斯特‧拉塞福一共培養出十七位諾貝爾獎得主，這些天才們不僅懂得如何去思考，改變了自己的人生軌跡，而且為我們的社會發展作出了巨大的貢獻。

蒸汽機的發明人瓦特在很小的時候就愛動腦筋思考問題。有一年他到鄉下的奶奶家做客，看見奶奶家火爐上的水開了，水壺蓋在冒著熱氣的水壺上跳動，他便抱來一隻小凳子，坐在火爐邊看水壺蓋在熱氣騰騰的水壺上舞蹈。後來，順著這一現象展開思考，瓦特發明了蒸汽機。

十五歲的那一年，瓦特到父親的工坊裡去學習機械製造技術，在工坊裡瓦特謙虛的向工人們學習，後來他的技術在工坊裡竟然無人可比。

瓦特之所以能夠有超出常人的表現，乃至後來能夠取得超乎常人的成就，就在於他比別的孩子勤於動腦，對什麼問題都愛問為什麼。

可見，培養孩子勤於思考的好習慣對於孩子來說是多麼重要。父母要不失時機的從小培養孩子的勤於思考的好習慣。科學研究證明，孩子最易於養成這種習慣，許多偉大的成功人物其思考能力的造就，都跟他小時候勤於思考的習慣密不可分。

那麼，如何正確的幫助孩子培養勤於思考的好習慣呢？以下四點建議可供父母參考：

（一）幫孩子培養良好的思考習慣

首先要培養孩子愛動腦筋，獨立思考的習慣。在學習過程中，要努力培養孩子愛動腦筋的好習慣，預習、聽課、複習、作業、考試的各個環節都要勤於思考、獨立思考，要多問幾個「為什麼」，多想幾個「怎樣辦」。做到不依賴、不等待、不偷懶、不斷增強好奇心，增加求知慾，增強獨立性。

再者要讓孩子有勇於提問、大膽質疑的習慣。課前、課後都要勇於並善於提出各式各樣的問題，不斷的解疑，並學會於無疑處生疑。疑是思之始、進之由；疑就是矛盾、就是問題。疑孕育著創造。

然後還要培養孩子有一邊聽講、閱讀、練習，一邊思考的習慣。有的同學不會把「聽、看、做」與「想」緊密的聯繫起來，從而影響思考能力的發展。所以，父母要注意陪養孩子一邊聽講一邊思考，一邊閱讀一邊思考，一邊練習一邊思考的良好習慣。

（二）鼓勵孩子發表自己的意見

調查顯示，在民主、平等的家庭氛圍中成長的孩子，勇於發表自己的意見，思考比較活躍，分析問題也比較透徹。而在專制的家庭氣氛中成長的孩子，則不敢暢所欲言，容易受父母的暗示而改變主意，或者動搖於各種見解之間，或者盲從附和隨波逐流，這就影響了其思考獨立性的發展。

因此，父母要鼓勵孩子勇於發表自己的意見，在孩子發表自己的意見時，哪怕是錯誤的，父母也應讓他說完，然後再給予恰當的指導。對於孩子的正確意見，父母應該肯定、表揚，讓孩子增強發表意見的信心。

(三) 善於對孩子發問

問題是思考的起點，如果孩子經常面對各種問題，大腦的思考就會比較活躍。因此，父母若想提高孩子的思考能力，就要多向孩子發問。

學者陳龍安認為良好的發問應該掌握十個方面，他總結的「十字訣」就是：假、例、比、替、除、可、想、組、六、類。

「假」：就是發問時以「假如……」開頭，讓孩子進行思考；

「例」：就是讓孩子在回答問題時多舉例子；

「比」：就是讓孩子比較兩件事物的異同；

「替」：就是讓孩子思考有什麼是可以替代的；

「除」：就是多問孩子「除了……還有什麼」；

「可」：就是讓孩子思考可能的情況；

「想」：即讓孩子想像各種情況；

「組」：教孩子把不同的東西組合，並思考組合在一起會如何；

「六」：就是「六 W」分析法，即為何人、何事、何時、何處、為何、如何。

「類」：讓孩子類推各種可能性。

（四）豐富孩子的知識與經驗

許多孩子之所以不能很好的思考，不是不知道思考的方法，而是在邏輯思考或者推理的時候，孩子們往往因為知識和經驗有限而無法得出準確的結論。因此，父母要注意豐富孩子的知識與經驗，讓孩子拓展思考的領域。

五、讓孩子懂得積累

《荀子・勸學》中有這樣一段關於學習的名言：「不積跬步，無以至千里；不積小流，無以成江海。」的確，學習從來就不是一蹴而就的事情，父母若想提高孩子的學習成績，就不能讓孩子急於求成，一定要能培養孩子善於積累的好習慣，讓他們知道學習絕不能臨時抱佛腳。

這是烏龜和兔子的另一場比賽。兩人都決定要經商，並且都選擇了釀酒業，看誰釀的酒好，誰賣的錢多。

兔子的動作很快，一天過去後，它已經開始喝自己釀出來的酒了。看到烏龜還在慢吞吞的釀酒，兔子一邊嘲笑烏龜，一邊將自己釀出來的酒拿到市場上去賣。

但是，它釀的酒味道又酸又澀，一壇也賣不出去，沮喪到極點的兔子只好垂頭喪氣的回到家中。而此時，烏龜的酒剛剛釀好，酒香撲鼻，還沒有等到烏龜把自己的酒拿到市場上，就

已經被那些聞香而至的客人買得一乾二淨了。

這個寓言告訴我們，釀酒與跑步不同，它是為了盈利，一定要注意品質，要一步一步來，其實學習也是一樣，其關鍵就在於平時點點滴滴，一步一個腳印的慢慢積累。

舉個例子來說吧，有很多孩子在寫作文時喜歡引用一些經典詩詞，名人名言，以此來增加文章的說服力和生動性。殊不知，結果往往適得其反，不是添字漏字，就是畫蛇添足，鬧出笑話。這是為什麼呢？其實原因就在於這種博大精深的詞句語言包含著人類豐富深刻的智慧，容不得一點胡來，它需要的是孩子們帶著好奇的心去一點點學習，慢慢積累，這是我們教育者必須讓孩子領悟的。

關於積累的重要性，還有這樣一則笑話。說的是一個路人，肚子餓極了，便到燒餅鋪買燒餅充飢。吃了一個不夠飽，又買一個，還是不飽，再買一個，就這樣一連買了六個，吃掉後仍感到不飽，又買了第七個燒餅但這次只吃了一半便飽了。這時他很後悔，狠狠的打了自己幾個耳光，懊惱的自責說：「唉，我這個人是多麼愚蠢啊！前面吃的六個燒餅都白白浪費了。早知道這半個燒餅就能吃飽，何必去買前六個燒餅呢！」

這個路人的話無疑很可笑。沒有前面六個餅子的墊胃，那半個燒餅怎麼可能吃得飽呢？

辯證唯物主義告訴我們：事物的變化總是先從量變開始的。當量變的積累達到一定的程度時，才會引起質變。不懂得這一

點，便會自覺或不自覺的重複「笨人吃餅」的笑話。

在學習過程中，總有些孩子喜歡投機取巧，平時不注意知識的累積，到考試前夕，才夜以繼日的「抱佛腳」，這實在是最自欺欺人的做法，如果你的孩子有這種愚蠢行為，你就一定要想辦法阻止。

一九九九年九月六日，奧林匹克運動會申辦委員會宣布了一個重要的決定：向全球公開徵集會徽設計。決定發布之後全世界皆表現出了極大的參與熱情。

奧委會的要求非常苛刻：規定設計階段為兩週，設計師們必須自費帶作品親自來北京；不發稿酬；包括交通費自己解決。就是在這種背景下，一位名字叫陳紹華的美術愛好者決定另闢蹊徑，他從一幅五星聯結五環的草圖中找到了感覺，用傳統民間工藝品「中國結」的形象設計了一枚獨特的會徽，相互環扣象徵著吉祥如意，並且圖案尤似一個打太極拳的人形，它表現了傳統體育文化的精髓。後來陳紹華從眾多參賽者當中脫穎而出，一舉中標，成為世界矚目的一顆明星。

陳紹華成了人們眼中的幸運兒，但是有誰知道，他的成功絕不是從天上掉下來的。陳紹華從小就是一個特別留意身邊小事的孩子，每一次靈感閃現，他都會記在一個小本子上，不管當時有沒有用，同時，他在平時也練就了相當深厚的美術功底。長大後，他在各大平面設計比賽中都獲得了獎項。由此看來，陳紹華的功夫是在平時善於積累，到了重要關頭才能

厚積薄發的，他所設計的奧運會會徽能勝出正是「上帝」對他的獎賞。

學習就是如此，不積小流，難以成江河，在教育孩子時，父母一定要能將這一點，滲透到孩子的腦中去。

六、讓孩子善於提問

質疑是發明的鑰匙，是天才的體現，是孩子提高學習成績的必要途徑。然而，有些父母或老師卻認為孩子提出質疑是在故意刁難自己，給自己出難題。出於自尊心的需要，他們把孩子的質疑強壓回去，並加以嘲笑、諷刺。

某小學三年級國文課上，老師正在講王之渙的《登鸛鵲樓》。「白日依山盡，黃河入海流……」

一個學生舉手問道：「老師，太陽下山時，都是紅紅的，可是這首詩為什麼寫『白日依山盡』呀？應該是『紅日依山盡』呀？」老師看了看教科書，張口結舌，不知所措。突然，老師瞪圓了眼睛對著學生吼道：「搗什麼亂，王之渙還不如你嗎？怎麼沒見你的詩歌選入課本呀！」教室裡一陣哄堂大笑，這個學生紅著臉，低著頭坐下了。以後，他再也不敢向老師提出問題了。而全班同學見此情景也都明白了一個道理，那就是對老師講授的東西不能有半點懷疑。

能夠質疑或有新的想法，表明孩子用了心思，進行了認真思考。北宋學者程頤說過：「學者先要會疑。」意思是說，學習

首先要會提出疑問。不管孩子提出的問題多麼天真，我們都應該報以鼓勵的態度，保護孩子的這種用心思考的精神，提高孩子的學習興趣和學習的自覺性，而不是斥責孩子，打擊他們的積極性。

對於現在的大部分父母來說，孩子不問問題已經是司空見慣、見怪不怪的事了。據調查，八至十五歲的孩子，有百分之七十五覺得：「不知道該問什麼？」或者是「該會的我都會了。」對於這個現象，父母們雖然心裡覺得孩子不問問題是不太好，但又覺得只要把老師講的記住了，考試時能考個高分，不問問題也罷，反正又不會有什麼損失。

然而，事實真是這樣的嗎？

（一）孩子不問問題，只要把老師講的記住了，考試時就真能考個高分嗎？

只要你留意一下，你就不難發現，學習好的學生，都是問問題多的學生！為什麼呢？原因很簡單：「主動接受」比「被動接受」的效果要好得多。因為前者順著問題又更進了一步，了解得多了，對問題本身的理解就會深入得多。雖然都是「接受」，但前者因為問了問題，獲得了更多、更深入的知識，所以，無論是記憶的牢固程度，還是在對問題的理解程度上，後者總是不如前者。所以，從考試的分數上來看，不問問題的孩子的分數即使有時比較高，那也是偶然的、經不起時間的考驗。從整體來看，還是問問題的孩子的分數高，不問問題的孩子即使把

老師講的記住了，那也是暫時的，而且有可能是片面的。

比如，提起我們中華民族五千年的燦爛文明，人們往往就想到了「四大發明」。一般孩子都是盡義務一般，將其「刻」進腦子裡，不會再對此進行追問。但在一位歷史老師講到這裡時，一個孩子問道：「老師，你說火藥是我們的祖先發明的，那我們打仗的武器應該是最先進的。可是，電視演八國聯軍侵略的時候，為什麼八國聯軍用的是先進的洋槍洋炮，而清朝的義和團用的卻是大刀長矛呢？」這個問題很好，說明這個孩子很注意觀察，而且善於思考問題、提出問題，所以，當老師把中國的火藥技術如何外流，清政府如何閉關鎖國、夜郎自大等一一講清楚後，這個孩子就不僅僅記住什麼是歷史上的「四大發明」，而且增加了更多的歷史知識，而這是那些不問問題的孩子所無法獲得的。

(二) 孩子不問問題，行嗎？

假設一下，如果我們都不問問題，那麼社會如何往前發展呢？哪一項偉大的發明或發現，不是因為我們先輩不斷的研究「為什麼」才出現的呢？如果沒有蔡倫問：「為什麼不能用廉價、輕便的東西代替絲綢或竹簡來寫字呢？」這個問題，我們今天能憑藉這雪白的紙，一起來探討如何教育孩子的問題嗎？如果人類的智慧只是局限在當時的用絲綢或竹簡來寫字，知識就不能夠得到最大限度的傳播與交流，那麼會有今日科技的無限發展嗎？

或許你又要說，他們都是科學家，當然要問為什麼了！我的孩子又不是！難道他們天生就是科學家嗎？當然不是！透過各種傳記我們不難發現，在這些大科學家、大學問家的身上，無不有著相同的一點，那就是：遇到自己不明白的，都要問個為什麼，直到把問題搞明白，就是這探詢的過程，往往促進了偉大的發現或發明。區分偉人和凡人的方法有時很簡單，就看他是否會問問題！

所以孩子不問問題，基本上就可以斷定：你的孩子與「偉人」無緣，不會在人類文明的大廈上加磚添瓦！

有可能你對別人的「天才教育」、「神童教育」無動於衷，因為你對孩子的要求並不高，只是想讓他做一個平凡的人，所以就無須去問為什麼了。其實，這個想法並沒有理解這其中的意思，我們不可能人人成為「偉人」，但我們同樣應該擁有優秀的特質，因為如果沒有這一個特質的話，連一個凡人都有可能做不好！

(三) 孩子不問問題，該怎麼辦呢？

對於孩子「不問問題」這個問題，有的父母把其原因歸結為「孩子性格內向」，其實這是片面的看法，人的性格固然有「內向」和「外向」之分，但無論是「內向」還是「外向」，他都有問個「為什麼」的「自然動力」，因為這是孩子的天性。所以孩子的起點是一樣的，任何藉口都只是強詞奪理！

那麼，為什麼會出現「不問問題」的孩子和「問問題」的孩

子呢？問題出在孩子的嬰幼兒時期！

　　有一項調查表明：在設定的孩子「拆裝鬧鐘」的具體情境中，高達百分之四十一的家長會對孩子訓斥、警告。對於孩子的提問，百分之五十三的家長會不耐煩、不屑於回答或敷衍。那麼你呢？你是否對於孩子那莫名其妙、無法回答、沒有答案的問題，表現出上面的情況呢？如果有，在一次又一次的「不耐煩、不屑於回答或敷衍」中，你的孩子還會再去問問題嗎？結果是很顯然的，所以，提高認知，防微杜漸，不要在孩子已經成型之後再去買「後悔藥」，而是應該善待孩子的好奇心、提出的問題，盡自己的可能去回答孩子的提問，根據孩子不同的年齡和認識事物的不同程度，來告訴他不同的答案。千萬不要認為自己回答不上來孩子的問題，就是家長權威受到了挑戰，遇到這樣的情況，你所要做的，是放下家長的架子，和孩子一起去研究問題。比如：當你的孩子問了一個和當年牛頓問的同樣的問題：「為什麼蘋果從樹上掉下來，會落到地面，而不是飛到天上去？」你會怎麼回答呢？是說：「你哪來那麼多事，哪裡涼快哪裡待著去！」還是說：「這個問題牛頓早就研究出來了，原因是地球的引力作用，這個規律叫『牛頓萬有引力定律』。」如果你是這麼回答，那你的孩子的好奇心還是不能完全滿足，因為他理解不了。

　　這時，你就應該想一想，怎麼解釋，孩子才會明白呢？這當然應該從實際出發，而不是套用別人的模式。比如，如果你

的孩子比較小，還不知道什麼是「吸引力」的時候，你可以找一塊磁鐵，讓孩子看一看，把一個小鐵釘靠近磁鐵，小鐵釘往哪裡跑呢？地球就好比是磁鐵，而蘋果就好比是小鐵釘，小鐵釘跑到磁鐵上去，蘋果當然要跑到地球上來了。至於這是什麼原理，等到孩子明白什麼是磁鐵的「引力」時，再跟他解釋。

另外，千萬不要認為自己「忙」或「煩」，就忽視或粗暴的對待孩子的提問，將孩子的前途和命運視同兒戲，錯過培養孩子的大好機會，要知道，你的孩子有可能就是牛頓、愛迪生或蔡倫！

說到這裡，多數家長或許會說：「我已經錯過培養孩子的大好機會，到到那裡去買『後悔藥』呢？」「後悔藥」當然是沒有的，但也並不是說無藥可救了，只要努力，局面還是可以挽回的。

孩子之所以不問問題，一是因為好奇心沒有得到滿足，二是因為思考惰性。所以，如果要補救，先要讓孩子對「問問題」的重要性有足夠的認識，然後，鼓勵孩子大膽的去問、去想、去探究。在孩子試著這樣做之後，要及時的鼓勵，當然，也要切合實際，切莫走向極端。

事實上，能夠提出疑問是創新思考的泉源。對於一切總是不經思考就記下，把自己的大腦作為裝知識的簍子，這樣的孩子是永遠無法真正的進行學習的。

七、幫助孩子提高閱讀能力

父母若想讓自己的孩子對讀書抱有濃厚興趣，以此提高孩子的閱讀能力以及學習的自主性和主動性，完全可以採取未雨綢繆、先行一步的策略，這就是從孩子幼年開始，用科學的方法培養孩子的閱讀能力。

(一) 在孩子身上播下愛看書的種子

想親自為孩子播下一顆愛看書的種子嗎？

你要每天抽出一點時間，和孩子一起看書。

你要善用睡前講床邊故事的機會，大聲讀書給孩子聽。

你要把讀書納入全家人的休閒計畫中，讓讀書成為家庭生活的一部分。

你要帶孩子上書店，或逛書展，讓他有機會自己摸書、看書、選書。如果要送孩子禮物，不妨考慮送圖書。

你要提供適合孩子認知程度的讀物，如三歲以內幼兒的書，要字大、圖大、字配圖，文字淺白，一頁一圖等。

你要安排舒適自在的閱讀環境，同時把書本放在孩子容易拿到的地方，鼓勵孩子一讀再讀，同樣一本書，每讀一次，體會和收穫都不同。

你要讓孩子有機會活用書本上的知識。比如外出旅遊、鼓勵孩子發表意見，讓孩子發覺讀書的好處而且可使自己受益無窮。

你要在孩子的房間設一專門書櫃，隨時擺上他們愛看的書，讓孩子和書生活在一起。

你要不間斷為孩子的讀書做計畫。即使孩子已經會自己閱讀了，有時候還是喜歡家長為他們朗讀某種書。

你要使孩子進入圖書館，書越看越廣，此時不妨利用家庭附近的圖書館，為孩子辦一張借書證，讓孩子學會如何運用圖書館的藏書。

讀書，長知識，益智慧，同時也能陶冶情操。醫學家和心理學家發現讀書還有顯著的輔助治療疾病的作用，有計畫、有目標、有選擇的讀書對防疾健身也大有神益。

（二）父母怎樣「陪」孩子讀書？

一些父母在陪讀過程中充當「監工」的角色，孩子學習時，父母端坐旁邊，不時旁敲側擊：「你又想玩了」、「你的心跑到哪裡去了」，有時乾脆武力征服。孩子處在這種情況下，思考游離不定，既要思考問題，又要顧及父母的反應，其效果可想而知。

孩子年齡小，自制力不強，父母對其進行督促是很有必要的，但要適度，切不可以變督促為管制。孩子做作業之前，父母可提供一些適當的品質、時間的要求以及注意事項，孩子做作業過程中可給予適當的提醒，完成作業後可以給予適當的檢查。

不過，孩子在學習或做作業時需要相對獨立、安靜，父母

不能用種種理由頻頻打擾。另外，在孩子遇到難題解答不出時，父母應在旁指點而非代勞。

一些父母「陪」孩子讀書，往往越俎代庖，將指點變成代勞，孩子在做作業前，要先嘮嘮叨叨說上好一會兒；做作業過程中，又在一旁動口動手，甚至代其思考；檢查作業發現錯誤時親自訂正，或直接告訴孩子錯誤之處……這一切很容易使孩子養成學習上的依賴性和惰性。

(三) 怎樣為孩子選擇圖書

為孩子選擇合適的圖書，從小培養孩子閱讀的興趣，享受閱讀帶來的樂趣和滿足，可打開廣泛的知識大門，使他們進入多姿多彩的圖書世界。

一、閱讀之趣不嫌早。

有些孩子常說：「看書沒什麼用，我看電視就可以了。」但是，他們不知道從不看書的孩子注意力短暫，也不懂得怎樣有條有理的辯論。更不幸的是，電視往往帶給兒童一個扭曲、膚淺的世界，在這個世界裡，孩子幾乎不必想像，也極少有機會創作。

讓孩子認識到閱讀的重要和培養看書之趣永遠不嫌早。你要抽空為自己的孩子朗讀圖書。小孩熟悉的押韻兒歌可穩定兒童的情緒，重複的句式也能幫助幼兒增強記憶力。讀故事時你還可以把孩子抱坐膝上鼓勵他指著圖書和文字就像他在跟你一

起念一樣。兒時聽到、學到的童謠是一生難忘的，所以要選擇優美的歌謠讀給孩子聽。

二、給幼兒選多插圖的書。

幼小的孩子，可以給他一些圖畫書，教他們怎樣翻書，為幼兒選的圖書，插圖線條要清晰明確、情景熟悉、溫馨，且用色要鮮明。例如多用紅、黃等暖色。即使是幼兒，也可以帶他到圖書館去，教他選擇圖書和借書。每週帶孩子去一次圖書館，可成為全家人愉快的活動。

四到七歲的孩子可以開始自己閱讀了。給孩子閱讀的圖書字體要大，每頁的字數不宜太多。對年幼的孩子來說，插圖能幫助他理解故事，猜測不懂的東西。

三、持之以恆的引導讀書。

學習閱讀應該是一個愉快的活動。幼兒需要成人不斷的鼓勵和讚賞。例如用注音符號、集中識字、隨課文識字、誦詩識字等，都是幫助兒童識字的方法。無論採用哪一種方法教導孩子識字、讀書，關鍵是持之以恆。即使掌握了數百個字、能嘗試自己閱讀適齡讀物的孩子，還是喜歡聽成人講故事和讀書給他聽。給孩子講或朗讀不同類型的兒童圖書，不但可以加強親子間的溝通，使生活更豐富，也可以幫助孩子認識新字。

為幼兒選讀故事書時，還要留心他們的接受能力。有個小女孩每當聽媽媽講「小紅帽」的童話故事時，都怕得跑開。原來

故事中的狼被剪破了肚子，才救出小紅帽的外婆。孩子被這個情境嚇壞了。

不同的孩子對這些古典童話的殘忍情節會有不同的反應。有些反應強烈，有些則若無其事。最熟悉孩子的還是爸爸媽媽。因此，最理想的做法是，你把孩子要看的圖書先看一遍。為孩子選擇圖書除了要「知書」之外還要「識人」。你要知道你的孩子關心些什麼？他和朋友間的話題是什麼？他們有些什麼娛樂活動？他認同的偶像、事物是什麼？就從他們生活中的興趣著手吧！

四、培養孩子讀書的方法。

留意書局和圖書館的推薦介紹活動，這些活動有助於引發孩子的閱讀興趣或接觸到新作者的書。

有些孩子很早就喜歡看書，也閱讀了很多古典童話和名著故事。對於這些閱讀能力強的孩子，讓他們參加讀書會是很有幫助的，可以互相交換閱讀，更可以善用圖書館的館藏。

如果孩子不愛閱讀的話，你要多和老師聯絡，透過學校與家庭的合作，幫助孩子邁開閱讀的第一步。說不定孩子受到成人的引導、鼓勵而愛上的一本書，會意想不到的影響他的一生呢！

對於那些不愛看文字，閱讀能力較低的孩子，可以先引導他們看那些文句較顯淺，內容較具體，不抽象的讀物。比如幽默搞笑的笑話、謎語、童詩、兒歌等。詩歌、短篇故事、問答

遊戲、智力測驗等也都可以考慮。兒童都喜歡選擇略高於自己年齡程度的書來看。因此，不要因為他們不愛看書而介紹他們看內容幼稚的讀物。

有時候，成人介紹的圖書，孩子未必感興趣。但若是年紀較長的朋友輩說：「這本書很好看！」他就會去讀讀看。有的孩子不喜歡看故事書，卻可能為弄懂電玩遊戲機的說明而徹夜不眠。

從小有良好閱讀習慣的孩子，到了九歲便可能有興趣和能力涉獵名著了。十歲、十一歲的女孩子往往開始嚮往愛情故事。描述忠貞、仁慈、可愛的《小婦人》以及《簡愛》等浪漫愛情小說都是好幾代女性所愛看的。若是女孩子還沒有成熟到了解兩性關係的程度，父母應該引導她們暫時放下那些暢銷的愛情小說。

孩子一旦開始為自己挑選圖書，也就意味著他們踏上了自學的道路，這樣，孩子從閱讀課外書所得到的知識遠較課堂上學到的多得多，而他自閱讀中所「儲藏」的知識和智慧更是一生享用不盡的。

五、不要使孩子遠離文學名著。

根據調查，現在好多人包括大學生的家裡，不缺電視、不缺高級音響，獨缺書架。許多人是透過電視才知道《紅樓夢》、《三國演義》的。

據統計，國中一年級平均每人讀課外書七十三本；國中二

年級平均每人讀九十本；國中三年級平均每人讀三十本。數目似乎不算少，但內容是什麼？是言情小說和反映西方社會爾虞我詐的作品，還有明清浪漫小說和武俠小說，這類書普遍思考性不高，藝術價值不大，書中還有不少「性行為」和「陰陽輪迴」等描寫，對青少年讀者有相當大的消極影響。

有位學者說：「沒有名著的民族是可悲的，擁有名著卻遠離名著的年輕一代更可悲。」何況，對一個時代的認識，不僅要看它生產出多少鋼鐵、汽車，更要看他生產出多少哲學家、文學家、藝術家，看它為人類文明發展提供了多少財富。拿這個來衡量，許多人對《紅樓夢》、《飄》、《子夜》等的無知，實在值得悲哀。

八、幫助孩子提高記憶力

記憶力對孩子的學習有著異常重要的作用，這是顯而易見的。而在很多父母看來，孩子的記憶力是天生的，後天無法做出改變。其實，這種看法並不正確，的確，記憶力和遺傳因素有關，但更重要的是和記憶的條件、方法有關。父母如果能儘早有意識的培養孩子的記憶力，讓孩子能夠有效的提高他的記憶，那麼，你的孩子的記憶力不會比任何人的差！

父母想要提高孩子的記憶力，下面的這些建議可供參考：

（一）激發孩子對記憶的興趣

興趣是學習的老師，孩子對有興趣的東西能表現出很強的記憶力。要激發孩子對記憶的興趣，父母首先要給孩子創設一個輕鬆溫馨的氛圍，讓孩子在心情舒暢中來記憶。孩子在精神放鬆的狀態下進行記憶不僅記得快，而且記得牢。因此，父母應該想辦法誘導孩子高高興興的去學習，而不要一邊責罵孩子，一邊呵斥孩子去學習，這時的記憶效果肯定是不好的。同時，父母也可以教孩子運用一些方法，把枯燥無味的知識進行特殊的加工，從而變成讓自己感興趣的東西來記。

（二）給孩子一個良好的環境

良好的環境對於培養孩子記憶力是非常重要的，尤其是年幼的孩子。環境是促進記憶的重要的因素。良好的環境包括父母在孩子學習的時候，不要去干擾孩子，不要在孩子旁邊走動，也不要大聲說話、看電視等，以免使孩子分神。同時，父母要注意孩子學習環境的布置。房間內東西的擺放要整齊，雜亂無章容易干擾視線，影響記憶。因此，孩子學習的房間不要擺放過多漫畫、玩具等容易吸引孩子注意力的東西，牆壁上不要張貼許多與學習無關的東西，以免孩子的注意力被周圍的東西所吸引。

學習時所坐的椅子對記憶力也有一定的影響。坐在舒適的椅子上，甚至允許他們半躺著讀書和坐在硬板凳上讀書的記憶

效果是不一樣的。

（三）讓孩子掌握記憶的規律

記憶的過程是識記、保持、理解、再認、再現的過程。在這個過程中，識記是記憶的開始，保持是記憶的中心環節，理解是保持的基本條件，再認和再現是記憶水準和品質的反映。

記憶有自身的規律，這是由遺忘規律所決定的。專門研究記憶的心理學家艾賓浩斯做過一個著名的實驗。實驗的結果是：熟記十三個無意義的音節後，僅過了一個小時，就遺忘了七個；兩天後，又遺忘了一個；六天後，雖然遺忘還在進行，但是速度更慢了。可見，當記憶過程一結束，遺忘就開始了。遺忘的速度是先快後慢，記憶剛結束，在短時間內就會遺忘很多，越往後則遺忘越少。

正是因為已經記住的東西在遺忘的時候有先快後慢的特點，所以父母要教育孩子掌握記憶的規律，針對遺忘的特點來進行複習。一般來說，剛學過的東西要多複習，以後的次數可以逐漸減少，間隔時間可以逐漸延長。對於年級較低的孩子來說，最好間隔一天，如果孩子要準備考試，則父母要強調平時經常複習，多熟悉教材，進行有意識的背誦，這樣可以提高孩子的記憶效果和對記憶的信心。

（四）讓孩子明確近期的記憶目標

人不管做什麼事，都要有目標。這個目標，誘惑著人，引

導著人，使人步入更高的境界。同樣，父母必須使孩子清醒的意識到，自己的學習總是有一定的目標的，這是成功的改進記憶效能的一個前提和基礎。

那麼，如何確立記憶的近期目標呢？關鍵是要學會安排記憶進程，把長遠目標劃分成若干不同的近期目標，一個一個的實現，一個一個的跨躍。每當達到了一個近期目標，就能增強信心，改進記憶效能，提高記憶速度。當達到了所有的近期目標後，苦心積慮所要追求的長遠目標也就勝利在望了。而對於長遠目標的靠近，無疑會更強的刺激記憶的效能，從而更有效的提高記憶能力。

例如，一個小學生要學習英語，倘若籠統的確立一個目標，將來要出國深造 —— 他會感到前途渺茫；如果確定不同的近期目標，先完成容易的部分，如每天學習十個名詞，進而掌握動詞、形容詞、副詞等，他就會感到信心十足，感到學習語言不再是枯燥乏味的工作。

每一次克服了困難，每一次獲得了成功，自信心便會隨之增長，而自信心同時又鼓舞他去爭取更大的成功。各式各樣的學習和記憶活動，都可以運用這種方法，化整為零，使長遠目標分解成若干不同的近期目標，由易而難，由淺入深，不斷的刺激學習興趣，增強記憶力。在學習過程中，小學生給自己提出一個記憶目標，充分利用有意意圖性記憶，可以使記憶效果大大提高。

一、讓孩子在理解的基礎上進行記憶

在積極思考、達到深刻理解的基礎上記憶資料的方法，叫做理解記憶法。理解記憶的基本條件是對資料進行思考加工。

有些資料，如科學概念、定理、法則和規律、歷史事件、文藝作品等，都是有意義的。人們記憶這類資料時，一般都不採取逐字逐句死記硬背的方式，而是首先理解其基本含義，即借助已有的知識經驗，透過思考進行分析綜合，把握資料各部分的特點和內在的邏輯關係，使之納入已有的知識結構，以便保持在記憶中。

理解記憶的全面性、牢固性、精確性及迅速有效性，依賴於孩子對資料理解的程度。理解記憶的效果優於機械記憶。

艾賓浩斯在做記憶的實驗中還發現：為了記住十二個無意義音節，平均需要重複曆十六點五次；為了記住三十六個無意義音節，需重複五十四次；而記憶六首詩中的四百八十個音節，平均只需要重複八次！這個實驗告訴我們：凡是理解了的知識，就能記得迅速、全面而牢固。不然，愣是死記硬背，那真是費力不討好。

理解記憶是以理解資料內容為前提的。這種理解不僅指看懂了資料，而且包括搞懂了資各部分之間的邏輯關係，以及該資料和以前的知識經驗之間的關係。因此，在記憶資料的時候，我們要盡可能向孩子強調「先理解、後記憶」的要求，而不要從一開始就逐字逐句的死記。

二、增強孩子記憶的信心

記憶力的好與差不完全是天生的，是可以訓練的，記憶力是可以提高的。但若對自己的記憶能力失去信心，就很難提高了。只有有信心，才能集中注意力、開動腦筋、想方設法把它記住。因此，父母切忌打擊孩子記憶的信心。如有的父母罵孩子「你什麼都記不住，一點記性也沒有，跟你說了也是白說」等等，是很不妥當的。父母要了解孩子記憶的不足之處，記不牢或記不正確的原因，耐心幫助他，要多給予鼓勵，從小就培養孩子對自己記憶力的信心。

三、練習、練習、再練習

父母不妨和孩子一起不斷大聲重複一些他們要背誦的東西，多重複幾遍之後，孩子就會覺得背誦非常簡單。經常考一考孩子他新學的字或者加減法，越多的練習，孩子就越熟練。在考完孩子簡單的字以後，應該很快把程度加深，考他一些更難一點的字，孩子慢慢會意識到記憶是一個積極的過程，他會越來越因為努力而感到自己是聰明的，他會因為自己能機智的應對那麼多的問題而越來越自信。

四、指導孩子記憶的方法

善於運用各種記憶方法是提高記憶力法寶，父母要針對孩子的不同年齡階段，進行記憶方法的指導。年幼的孩子的記憶保持時間短，記憶的主要方法是機械識記，要他們記住某種內

容就要不斷重複，可教他們背誦一些兒歌、詩歌，記住一些簡單的科學常識。入學前的兒童己會運用意義識記，可以教他們運用順序記憶、歸類記憶、聯想記憶等識記方法。入學後要記住一篇課文，可用整體記憶和分段記憶等方法。

　　關於記憶的方法還有很多，這裡不可能一一的詳述，還需要父母在實踐中發現並教給孩子。整體來說，將孩子引入記憶方法之門，讓他知道使用有效的記憶方法可以提高記憶力，促使他去探索、交流、創造適合自己的記憶方法，以達到提高記憶的目的，這些都是孩子提高學習成績的必要因素，父母有必要切實有效的做到。

九、讓學生懂得珍惜時間

　　對時間的價值沒有沒有深切認識的人，絕不會堅韌勤勉。誰能抓緊時間，做時間的主人，誰就能比別人學到更多的東西。在學習中，能抓緊時間的孩子也必然會取得好成績。但事實上，在現實生活中，卻有許多孩子還不懂的時間的珍貴，在學習時總是喜歡拖延和推託，這不但讓父母的教育做了無用功，而且會耽誤了孩子的學習和成長。實在是孩子學習的一個最大弊端。

　　所以說，身為父母，我們一定要能讓孩子糾正這種壞習慣。

　　成語「聞雞起舞」源於這樣一個勵志史實：

　　晉代名將祖逖年輕的時候，胸懷大志，他與好友劉琨兩人

相互勉勵，珍惜每一刻時間，苦練本領，決心復興中原。

在一個寒冷的夜晚，北風刺骨，雪花紛飛。突然「喔喔」的雞鳴聲劃破寂靜的夜空，聽到雞叫聲的祖逖推一推與自己一起下榻的劉琨喊道：「雞都叫了，我們快抓緊時間練劍去吧！」當時正是半夜，古時「半夜雞叫」有不吉之說，可祖逖一邊整裝，一邊對同伴說：「半夜雞叫有什麼不好的，牠是在提醒我們別睡過了頭，耽誤了寶貴的時間！」他倆拿起寶劍來到室外，奮力舞動，只聽寶劍嗖嗖、喘聲吁吁；腳下雪融化，身上汗淋淋。從此，不論嚴寒酷暑、風吹雨打，兩人一聽雞鳴，立即翻身下床，勤奮練劍。後來，二人都馳騁疆場，為自己的國家建立了赫赫戰功。

偉大的思想家、文學家魯迅，幼年在「三味書屋」求學時，就在課桌上寫下「早」字，以警示鞭策自己珍惜時間，發奮讀書。後來他寫文章，經常一寫就到天亮，有時實在睏了，就泡一杯茶、抽一支菸，又繼續工作，直到他臨死前三天還替人家寫「序言」，臨死前一天，還記日記，實踐了他「節省時間，等於延長了一個人生命」的思想。

祖逖「聞雞起舞」和魯迅先生刻「早」的精神令人敬佩，也值得學習。而如今的學生們，很少有人具有他們這種惜時如金的精神，愛磨蹭、愛拖拉的毛病在很多孩子身上都能看到。

身為父母，我們一定要能隨時告誡孩子珍惜時間，千萬不能讓拖延成為孩子學習上的絆腳石。

(一) 告訴孩子，一寸光陰一寸金，寸金難買寸光陰

朱熹是南宋時期的偉大的思想家、教育家。他一生治學勤奮，著作眾多。他之所以能取得過人的成就，與他珍惜光陰、不捨分秒分不開。他特別強調讀書要「著緊用力」，不能因為時間寬裕而悠然自得的放鬆自己，而是要抖擻精神，像去救火治病那樣有緊迫感，像水上撐船那樣一篙不緩的努力往前。到了晚年，朱熹看到自己的滿頭白髮，想到許多事情還沒有來得及完成，便深深感到「光陰似箭，歲月如流。」他望著梧桐樹的黃葉在秋風中簌簌落下，更感到人生短暫，來日不多，便慨然寫下一首詩：「少年易老學難成，一寸光陰不可輕。未覺池塘春草夢，階前梧桐葉已秋聲。」

我們不妨為孩子們算一筆帳。人生短暫，轉眼就是百年。然而能活到上百歲的又有多少人呢？即使上百，按三分之一的睡眠時間算，那麼你最少要睡上三十幾年，必要的飲食消遣也得花去十幾年時間，況且還有老弱幼稚階段。這樣細算之下，真正能用到學習、工作上的時間就少得可憐，這極有限的時間如果我們再抓不住，那就會一事無成。難怪古人云：「少壯不努力，老大徒傷悲。」

(二) 告訴孩子，浪費時間將受到時間的懲罰

歷史上因為等一天而耽誤事情，甚至釀成大禍的事例舉不勝舉。

　　一八一四年六月十七日，拿破崙在擊敗普魯士軍隊以後，錯誤的讓軍隊休息一天，六月十八日才開始進攻固守在滑鐵盧的英軍，結果給了英軍構築工事的時間，從而導致十八日滑鐵盧一戰的慘敗。試想，如果拿破崙抓住戰機，馬不停蹄的進攻英軍，那麼歐洲的歷史將會重寫，拿破崙統治的法國將更加強大。

　　「明日復明日，明日何其多」，青少年時期是學習的最好階段，一定要珍惜每一刻的時間，在這一點上如果孩子難以做到，那麼就需我們做父母的去幫助和教育。

讓孩子學會如何與他人溝通

一、孩子應該擁有自己的朋友

　　成人需要朋友，需要從友誼中得到力量，孩子同樣需要。對於孩子的交友問題，父母一般都比較重視，畢竟「近朱者赤，近墨者黑。」父母都希望孩子的朋友是品學兼優的好學生，這樣就可以給孩子帶來有益的影響和幫助。

　　著名教育家孫雲曉教授曾講到，讓孩子擁有自己的朋友比擁有好的學習成績重要。孩子只有有了自己的朋友，他才會有更多的生活體驗，學會如何與人相處，如何關心和幫助他人，如何解決與他人的矛盾，如何向別人學習……，這樣孩子才能從中獲得交際的快樂，也才能有健康的人格。

　　但現實情況是：很多父母發現，自己孩子所結交的朋友不能令自己滿意。這時，有些父母就會按照自己的意願去要求

孩子選擇朋友，殊不知，這樣做會給孩子帶來了一定的心理壓力，甚至還會引起孩子的叛逆心理。如何正確的處理孩子的交朋友問題呢？這個問題一直困擾著許多父母。

其實，這裡面的關鍵在於父母要轉變態度，放開孩子的雙手，信任孩子，讓孩子自由的交友，讓孩子擁有自己的朋友，尊重他的選擇，而不是用挑剔的眼光來衡量他們。這樣，孩子自然也就會接受父母的幫助和指導。

一個沒有朋友的孩子是孤獨的，而在這種孤獨中，孩子很可能會出現各式各樣的問題，嚴重的還可能陷入犯罪的深淵。來看一則實例：

有個學生名叫王曉龍，學習成績非常好，曾拿了全國中學生化學競賽第一名，因而被保送到清大化學系。但在他讀大學三年級的時候，卻因犯故意殺人罪被判處有期徒刑一一年。

原來王曉龍從小就只知道學習，不會交友，沒有朋友。到大學三年級後，他發現沒有朋友很難生活。但交朋友是需要學習的，他不會。他就和同宿舍的一個男同學形影不離，兩個男生天天黏在一塊兒，別人覺得很奇怪，於是議論紛紛。那個男生受不了這種議論就不和他來往了。王曉龍很生氣，想要報復那個男生，他弄來一種劇毒的化學物品 —— 鉈，投放到那個男生的牛奶杯中⋯⋯

王曉龍在學習上是一個無可挑剔的優秀孩子，他為什麼會犯下故意殺人罪呢？這裡面，除了他自己的因素外，他的父母

也有著不可推卸的責任，在王曉龍的成長過程中，他的父母並沒有意識到孩子缺乏朋友的危險性，沒有意識到孩子有心理上的障礙。

出於對孩子的關心，很多父母都喜歡干涉孩子的交友，以致孩子很難交到朋友，甚至沒有朋友。在這個合作的時代裡，任何人都不能離開群體獨立存在，孩子也是如此。沒有朋友的孩子，其內心勢必會產生對友誼的極度渴望，行為上的孤僻與內心中的渴望容易造成孩子性格的扭曲。只有孩子擁有了自己的朋友，他才可能有健康的人格。

當然，讓孩子擁有自己選擇朋友的並不代表孩子無論交什麼樣的朋友都可以，這裡面還存在一個度的問題，而父母要做的就是適時適當的把握這個度。

再來看這樣一個故事：

美國佛羅里達州一個十歲的男孩傑森和一個叫羅伯特的男孩是好朋友，經常到對方家去玩。羅伯特的父母從不約束孩子的行為，於是這兩個孩子常常惡作劇，往經過的汽車下扔鞭炮。有一次，傑森去羅伯特家玩時，發現羅伯特的爸爸有一個沒上鎖的抽屜，裡面全是槍。傑森有些害怕，於是就告訴了母親。母親其實也很喜歡羅伯特，但為了孩子的安全和前途著想，禁止孩子再去羅伯特家玩了。

近朱者赤，近墨者黑。父母對孩子交友的擔憂有一定的道理。試想，傑森的母親如果不阻止孩子的交流，後果將會怎

樣？孩子由於年齡小，分辨是非的觀念不強，需要父母的及時指導。尊重孩子選擇朋友的同時，也要幫助孩子選擇，把握好度的問題。

對待孩子的交友問題，父母最好是尊重孩子的選擇，讓孩子擁有自己的朋友。父母不能以自己的意願來強求孩子選擇朋友，也不能對孩子的交友放任不管。只要孩子的朋友品德上沒有問題，父母就不應該干涉他們的來往。

那麼，如何才能真正的讓孩子擁有自己的朋友呢？以下的幾點建議父母可以作為參考：

（一）提早教給孩子正確選擇夥伴的方法

應提早教給孩子怎樣和夥伴相處，和他溝通、討論他的需求和困惑，不要等看到危險訊號出現了才倉促「應戰」。父母要清楚什麼是該做的，什麼是不該做的。除非你有足夠的理由相信，孩子的交友行為是極其危險的，否則就不要干涉他。

（二）不要給孩子施加壓力

在孩子交不到朋友時，父母不要施加太大的壓力，即使你感覺到孩子是多麼的孤獨。父母可以利用這個時間幫助孩子學習各種可以和他人分享的技能，比如學會下棋、樂器演奏，對音樂或藝術興趣的開發會讓孩子有和他人一起分享的熱情，或者鼓勵他們參加足球隊或上體操課，這樣的活動會讓孩子感受到自己是整個團隊的一部分，一旦他們有了能一起分享這些興

趣的夥伴，也就不會結交不恰當的夥伴了。

（三）尊重孩子間的差異

　　每個孩子的社會需求是不同的，了解這點很重要。比如，並不是每個孩子都需要很多朋友。數量不等於品質。對有些孩子來說，一兩個朋友就足夠了。十二歲的莎拉‧凱勒是一個聰明、創造力強的女孩，喜歡跳芭舞和彈鋼琴。當她不是一個人的時候，她總是和一個最要好的朋友在一起。不過，她九歲的妹妹瑞吉卻恰恰與她相反，她們的母親說：「我常開車送瑞吉去參加一個又一個社交活動。我曾勸說莎拉多出來活動活動，但我最終發現，莎拉的興趣和瑞吉不一樣。」

（四）別用打罵逼孩子「絕交」

　　一旦遇到孩子結交了不適當的夥伴，首先要冷靜分析，不要直接逼迫孩子與夥伴「斷交」，在了解情況時要表現出興趣，不要只是問一些諸如「他是誰，是做什麼的，在哪裡認識的」這樣膚淺的問題，應鼓勵孩子說出他和朋友之間交流的每一個細節，表示出你願意和他共同分享的興趣。尊重並認可孩子的想法，即使你反對他們的來往，也不要急於讓孩子接納你的觀點。不妨花時間多和孩子接觸，多傾聽他的心聲，堅持下去就會帶來積極的變化。

二、陪養孩子的寬容之心

寬容是人類的最崇高的美德之一，它體現了一個人高尚的人格；寬容是吹拂在人們心頭的春風，它可以融化凝結在人們心頭的寒冰；寬容像一支飽蘸感情的筆，它可以把胸中積怨一筆勾銷，在兩顆心靈之間架起一座友誼的橋梁。父母若想讓孩子學會如何與他人溝通，就首先要讓孩子學會寬容、學會諒解。

在日常的生活與學習中，父母應該教會孩子寬容，得饒人處且饒人，不要過於斤斤計較，當然，這並不是說讓你的孩子凡事都要忍，都要吃虧，而是說在堅持一定原則的前提下，常以一顆寬容的心去處理生活中的矛盾。這樣，孩子才能與父母、同學以及老師等在相互體諒的過程中攜手共進。

來看看一位小學生的經歷：

身為班上的總務股長，換餐券這個任務，就落在我肩上了。由於是第一次換餐券，對此還沒有經驗，我把餐券發錯了。二十元一份的餐券當成十元一份發給了同學。餐券發完了，但還有幾個同學沒領到餐券。當時真是把我急壞了，老師給的總數肯定不會錯的，一定是我多發了餐券。我著急的到宿舍去問有沒有發錯了，同學們聽了都立刻數餐券，把多了的還給了我。沒問到的過後也都陸續送了回來。

我非常感動，發錯了餐券，這本來是我的過錯，但同學們並沒有因此而嫌麻煩，發現自己的餐券給多了，他們立刻還給了我。幾個沒領到餐券的同學，那天中午吃的是泡麵，當我

把餐券給他們，並向他們道歉時，他們還說我辛苦了。當時我聽了，真想哭，由於自己的失誤，給同學添了這麼多的麻煩。但同學們真誠、諒解的精神感染了我，它激勵我更加努力的工作，多為同學服務，以不辜負同學們對我的支持。

我們班上是很團結的、溫暖的，但在實際學習、生活中也不免發生誤會。這就需要你遇事時要多從自己身上找不足，這樣關係才有可能融洽。記得那天正在大掃除，一個同學負責拖地，他懶懶散散，我很生氣，心想，別的同學都很認真的幹活，只有你那麼心不在焉，太不認真了。我走上去，說了他幾句：「別人都做得很好，你為什麼不好好做呢？」他看了看我，沒有說話，但顯然生氣了。做完掃除了，我看著他正在收拾書包，心裡很矛盾，很想上去對他說對不起。因為以前就聽同學說過，他是獨生子，在家很少做家務，這次，也許他很認真的去做了，但因為做不慣，沒有掃好。這麼想著，我覺得自己剛才說的話重了一些。於是我鼓起了勇氣，走了過去，不好意思的對他說：「對不起，剛才我的話說重了，你不要生我的氣呀！」他聽後，笑了，一看到他笑，我放心了，說明他不生我的氣了。他反問我：「你跟每個同學鬧彆扭，都道歉嗎？」我說：「不，但只要我做錯了，我就會這樣做的。」從那以後，我們之間，好像從沒發生過什麼不愉快的事似的。

孩子之間其實就應該這樣，只要孩子能真誠的面對每一個人，帶著諒解、寬容之心去對待每一個人，那麼，他就會贏得

每一個人的心。

對於父母來說，如果你的孩子能學會寬容而又善於寬容，那他的生活將會更加愉快，他的學習將會更加順利，他的人際關係也會更加良好。

那麼，父母如何做才能讓孩子擁有一顆寬容的心呢？

首先，教育孩子擺正自己的位置，克服自我中心主義。

現在的孩子大多是獨生子女，是家中的小皇帝，全家人都圍繞著他轉，孩子的各種要求都會得到滿足，會認為整個世界都是以他為中心的。身為父母，首先要認識到，其實孩子也只是家庭中普通的一員，不能享受更多的特權。孩子學會自我尊重厚，還要教會孩子尊重別人，因此父母要教育孩子懂得尊重的含義的另一方面，那就是別人也是有價值的，也與他一樣是獨一無二的。

其次，教孩子學會關心他人，在關心中學會寬容。

德國人最能體會寬容的真正含義，他們在教育孩子時非常注重對孩子的善良品格的培養。因此，同情弱者、善待生命是德國兒童教育的重要內容。在他們的「寬容待人」教育中，有這樣一個故事：「一個叫雪麗的七歲小女孩在自己的生日晚會上遭到好友麗芙的無端反駁而感到大丟面子，因而試圖報復以洩心頭之恨。但後來在母親的勸說下，她透過跟麗芙談心了解到：當時麗芙餵養的小兔子突然死去，心情十分沮喪，故難免『出言不遜』。在經過一番『將心比心』後，雪麗寬容的原諒了麗

芙，兩個小朋友的友誼更深厚了。」在生活中碰到類似的事情時，父母不妨學一學雪麗母親的做法，讓孩子在社會交際中學會關心他人，在關心中學會寬容。父母不能急於求成，尤其不要自作主張的讓孩子去寬容，而是當孩子有了寬容的行為時，要及時鼓勵，給予強化。教孩子學會寬容別人、理解別人，不僅能幫助孩子建立了一套健康的與人交際的生命原則，同時，還能賦予孩子一種生命智慧以及換位思考的能力。

最後，創造一個和諧寬鬆的家庭環境，用自己的言行影響孩子。

著名的教育家如是說：「如果一個孩子生活在敵意之中，他就學會了爭鬥……如果一個孩子生活在安全之中，他就學會了相信自己和周圍的人。如果一個孩子生活在友愛之中，他就學會了這世界是生活的好地方。」孩子如果生活在一個寬容友愛、溫馨和諧的家庭環境中，就會逐步潛移默化的形成一種持久的寬容忍讓的善良品格。

三、讓孩子學會分享與合作

細心的父母的不難發現，現在的孩子，大多數在物質方面什麼都不缺，可是卻越來越小氣，越來越自私，不願意和別人一起分享，別人的就是自己的，自己的還是自己的。在別人有好東西而自己沒有的時候（比如玩具或者零食），就想著辦法要別人一起「分享」，而當自己有別人沒有的時候，卻不願

拿出來。

五歲的小明「占有慾」特別的強，有了什麼好東西，總是自己獨占著，讓他分一點給爸爸、媽媽都不肯，一次爸爸下班回家後吃了他喜愛吃的糕點，儘管爸爸表示明天立刻給他買，可他仍然哭鬧打滾，不依不饒。他的玩具更是不讓別人碰。記得鄰居孩子來家裡玩，看見小明正在玩小火車便用手摸摸並說：「好漂亮的小火車呀！」小明小氣的將小火車收藏起來，並說：「這是我爸爸買給我玩的，你回家讓你爸爸買給你呀！」

才五歲的孩子，「我」字在他腦海裡竟如此膨脹，將來長大，這個以「我」為中心的小氣的孩子豈不是要自嚐苦果？

所以，對於父母來說，應該幫助孩子從小就學會分享。小明的父母採取了一系列的措施，努力的改變孩子的「小氣」，結果證明，效果還是很明顯的。下面就是小明父母的自述，或許會對一些「心有戚戚焉」的父母有所啟發。

要讓孩子學會分享，家庭生活就不能處處以孩子為中心。

首先，我們取消了孩子的獨食，寧可經濟上多支出一些，好東西也要大家分享，有時我們會有意識的少吃一些，也盡可能不讓孩子察覺。

其次，再也不時時處處都圍著孩子轉，把孩子看成「小皇帝」了。過去，孩子有點芝麻大小的事，只要吆喝一聲，我們便放下手中的一切，哪怕正在炒菜，也風風火火的趕到孩子身邊。現在孩子有什麼事，得過來給大人講，不急的事要等大

人的事告一段落再去解決，這樣逐漸去掉孩子以「我」為中心的意識。

再次，要讓孩子心中有父母、有他人，讓其懂得是父母、他人、國家和社會為他帶來了幸福。我們有意識的帶孩子去看新生兒的父母是怎樣無微不至的照料嬰兒的，以幫助孩子補上記憶中缺少的那部分。孩子看到新生兒的母親托著孩子的大便觀察孩子消化情況時深深被感動了：「媽媽真好！」風雪天當孩子裹在羽絨服裡還在瑟縮時，我們提醒他看看冒著風雪指揮交通的員警叔叔；烈日炎炎的盛夏，我們有意識的讓孩子在太陽下站一站，體味一下酷熱，再看看那些正在施工的建築工人，想想在田裡揮汗如雨勞作的農民……如此日復一日年復一年的教育，小明總算有了明顯的進步，吃東西知道和父母分享了，外出知道關心「他人」了，小客人來了也懂得熱情接待了。

小明父母的做法值得稱道。現實生活中，小氣的孩子並不少見。「小氣」雖然不是什麼特別大的毛病，但父母如果不能及時的幫助孩子進行糾正，那就會影響孩子的一生。試想，一個什麼都不願與他人分享、獨占意識很強的人，又怎麼能與他人形成良好的人際關係、學會和別人進行合作呢？而在這個越來越聯繫密切的世界裡，全球都在朝「地球村」的方向發展，互助與合作是無可避免的趨勢，沒有誰會和一個自私自利、只想著自己不管別人的人去合作的，而在如此競爭激烈的社會裡，單靠一個人的努力幾乎是做不出什麼來的，畢竟一個人的力量

太微弱，太渺小，沒有合作的競爭是蒼白無力、註定以失敗而告終的。

所以說，身為父母，一定要有意識的去培養孩子學會分享與合作，只有這樣，你的孩子在長大成人之後，才能很好的與他人溝通，也才能很好的生存。

四、讓孩子懂得關愛他人

每個人在出生時都如同一張白紙，長大後會變成怎樣的關鍵在於後天的教育和培養，孩子對他人的態度同樣來自於後天的教育和培養。是讓孩子自私自利，還是讓孩子學會關愛別人，全在於父母是如何教育孩子的。

某電視臺節目錄製現場，兩個青春活潑的男、女主持人和一群孩子正興致勃勃的做遊戲、聊天。主持人首先問孩子們說：「爸爸、媽媽都知道你們的生日嗎？」

孩子們異口同聲的回答：「知道！」

主持人接著問：「爸爸、媽媽給你們過生日嗎？」

孩子們還是異口同聲的問答：「過！」

主持人再問：「你們過生日的時候爸爸、媽媽送什麼禮物給你們？」

所有的孩子都神采飛揚的誇耀著爸爸、媽媽給自己送的生日禮物。這時候，主持人又問孩子們說：「你們誰知道爸爸、媽媽的生日？」

這時候，這些剛才還神采飛揚的孩子們突然都鴉雀無聲了。主持人問一個秀氣的女孩兒說：「妳知道妳爸爸、媽媽的生日嗎？」女孩兒漲紅著臉，搖了搖頭。

主持人接連問了幾個孩子，他們都回答不上來。主持人接著問：「爸爸、媽媽過生日的時候你們給他們送過什麼禮物？」

大多數孩子保持了沉默，只有少數孩子回答說曾給爸爸、媽媽送過生日禮物。

最後，主持人說：「孩子們，你們想過沒有？爸爸、媽媽為什麼能記住你們的生日，而你們卻記不住爸爸媽媽的生日呢？爸爸媽媽為什麼會給你們送生日禮物，而你們卻不知道要給他們送生日禮物呢？」

孩子們都低下了頭。主持人接著說：「那是因為你們還不知道關心別人，孩子們，你們說這樣做對嗎？」

所有的孩子齊聲回答說：「不對！」

接下來，主持人和孩子們做遊戲。男主持人假裝摔倒了，躺在地上大約有兩分鐘沒有起來。但是，好像沒有一個孩子注意他，也沒有人問他怎麼了，更沒有一個孩子主動去扶他起來。最後，那位男主持人只好自己爬起來。他很傷感的說：「說真的，我躺在地上的時候感到非常心痛。在錄製節目之前，我和這些孩子都混得很熟了，但我沒想到他們竟然對我如此冷漠！」

由此可見，父母在給孩子無私的愛的時候，一定要考慮這

樣的問題：孩子們是否意識到自己的歡樂和幸福是父母、老師、
學校、社會以及千千萬萬的長者用心血為他們創造的？他們是
否意識到自己也應該為別人做點什麼？如果沒有意識到這一
點，還以為享受這一切天經地義，那麼，你的孩子很有可能會
變成一個自私自利，只會關心自己的人。

怎樣才能讓孩子懂得關愛他人呢？

（一）　父母一定要成為孩子關心他人的榜樣。俗話說：「言傳身
教。」榜樣的力量是無窮的，也是最有效的。

（二）　營造互相關心的家庭氛圍。充滿溫情的家庭氛圍對培養孩子
的愛心有著潛移默化的作用。父母間經常爭吵、謾罵，甚至
打鬧的話，孩子時常處在恐懼、憂鬱、仇視的環境裡，又怎
能要求他去關心別人呢？所以，家庭成員之間要互相關心，
特別是夫妻之間要恩愛、相互體貼。

（三）　學會與人分享。這裡有兩層意思，既要教孩子學會分享，還
要讓家長學會分享，而家長學會分享更易被忽視。舐犢之情
使為人父為人母的人們都寧肯虧待了自己也不願怠慢自己的
孩子，好吃的、好玩的、好用的盡數都往孩子面前堆。一邊
擔心著孩子會發展為不關心別人的冷血兒，一邊又在做著阻
止孩子學會分享的蠢事。經常會發生這樣一幕：孩子誠心誠
意的請父母分享，父母卻堅決推辭，哪怕只是象徵性的分
享，也不肯接受，而是謝絕孩子的一份好心。久而久之，孩
子也就沒有了謙讓與分享的習慣。可以說父母自己首先要學
會分享，坦然的分享，成為與孩子分享的夥伴，孩子才會學
會與別人分享。

(四) 讓孩子了解生活中的一些真實情況。父母總是擔心孩子受苦受難，擔心孩子遭受挫折。儘管父母自己面臨著許多生活的曲折和坎坷，儘管父母有許多不快樂和不穩定的情緒，但父母總是竭力在孩子面前保持平穩。一來錯誤的認為這有利於樹立家長形象，二來美其名曰避免孩子幼小的心靈過早的承受生活重擔，其實這是錯誤的。既然我們在提倡和孩子建立朋友關係，建立平等關係，就應該讓孩子了解一些自己的喜怒哀樂，就如家長了解孩子的喜怒哀樂一樣，讓孩子學著承擔家長的一些喜怒哀樂。

總之，關愛他人，具有愛心是孩子與他人良好溝通的必要條件，父母們有必要在這一方面用心教育孩子。

五、千萬不可目中無人

在現實生活中，目中無人、高高在上者不但不能獲得別人的尊重，反而會引起他人對你背後甚至當面的譏笑。父母們應該明白這個道理，也應該將這個道理傳輸給自己的孩子，讓孩子知道：獲得別人尊重的惟一要訣，就是練好「謙」字功，先懂得尊重別人。

美國歷史上最著名的總統之一富蘭克林年輕時是一個驕傲自大、不可一世、咄咄逼人的人。造成他這種個性的最大原因，歸咎於他的父親過於縱容他，從來不對他的這種行為加以訓斥。倒是他父親的一位摯友看不過去，有一天，把他喚到面前，用很溫和的言語，規勸他一番。這番規勸，竟使富蘭克林

從此一改往日的行為，踏上了成功之路。

那位朋友對他說：「富蘭克林，你想想看，你那不肯尊重他人意見，事事都自以為是的行為，結果將使你怎樣呢？人家受了你幾次這種難堪後，誰也不願意再聽你那一味自大驕傲的言論了。你的朋友們將一一遠遠避開你，免得受一肚子冤枉氣，這樣你將從此不能再從別人那裡獲得半點學識。何況你現在所知道的事情，老實說，還只是有限得很，根本不管用。」

富蘭克林聽了這一番話，大受震動，一下子明白了自己過去的錯誤，決心痛改前非，此後，他在處事待人時處處改用研究的態度，言行也變得謙恭和婉，時時慎防有損別人的尊嚴。不久，他便從一個被人鄙視、拒絕交往的自負者，一變而成為到處受人歡迎愛戴的成功人物了。他一生的事業也得力於這次的轉變。

如果富蘭克林當時沒有接受這樣一位長輩的勸勉，仍舊事事一意孤行，說起話來不分大小，不把他人放在眼裡，那結果一定不堪設想，至少美國將會少了一位偉大的領袖。

父母應該讓孩子明白這樣一個道理：妄自尊大，目中無人，會讓跟你接觸的人頭痛不已，很難給別人一個好印象，從此你所能交得的新朋友，將遠沒有你所失去的老朋友那樣多，直到眾叛親離的絕境。試想到了那時，你做人還有什麼趣味？你還能有什麼偉大的成就？你的名譽還能靠誰來傳揚呢？

如果孩子已經有了目中無人的壞習慣，父母若想幫助他改

正也不是一件難事，只要讓孩子記住：未來要去成就的豐功偉業還有很多，現在即使有了一點點小成就，比起未來的成就也只是微乎其微。即使有人已對你大加讚美，也只是表明他們的眼界太低，而不能說是你的成就已達頂峰。當你與別人說話時，應該知道你是在向對方吸取學識經驗，而不是把你淺薄的學識全部搬出來炫耀。你發表意見時，必須抱著求人將它改善的目的，而不是用來壓倒人。因為實際上，沒有一個人是情願被迫接受任何意見的。

人們都不喜歡那些常常自吹自擂的人，你當然不願意人家也是這樣看待你。那麼最好的辦法，就是在自己的談吐行動之間，處處給人留下一個自由迴旋的餘地，如果你的意見的確是對的，他們經過思索之後，自然會樂於接受的。萬一他們抱著一種成見，始終堅持不接受，那你也必須知道：過分強調、誇大的語氣，並非是征服他們的武器，反而易使他們更走異端，與你深溝高壘的對峙起來了。

六、讓孩子學會傾聽

孩子要與人融洽相處，流暢的交流，必須要先學會傾聽。傾聽他人既是一個聽的過程，也是一個學的過程。在傾聽他人的過程中，孩子可以從他人的言語中學習到一些自己不知道的知識和他人的為人處事的態度與原則。

但是，在現實生活中，我們往往會發現許多孩子雖然非常

善於表達自己，但是卻不會傾聽他人，無法與人在交際中體現出真誠，甚至不願意傾聽他人的建議和忠告。事實上，每一位父母都應該培養孩子傾聽他人的習慣，它將使孩子終生受益。

那麼，怎樣培養孩子傾聽他人的好習慣呢？

（一）父母首先要善於傾聽孩子的心聲

在現實生活中，許多父母都沒有認真傾聽孩子心聲的習慣，這也是孩子無法養成傾聽他人習慣的原因。經常有父母這樣感嘆：「孩子有什麼話總不肯跟我說，我說什麼孩子也不願意聽，真是拿他沒有辦法。」事實上，父母不善於傾聽孩子，孩子說的話就得不到父母的重視，孩子便只會把自己的想法藏起來，而且，孩子還會感覺到父母是不尊重自己的，從此更加減少與父母之間的溝通。這種後果將是非常嚴重的。

心理學家提醒父母說：「如果父母從不聽孩子說話，孩子長大後往往要經過許多年治療才能恢復自尊。」事實上，孩子雖然還小，但是他們也有獨立的人格尊嚴，他們也需要表達自己的想法和感受，父母是沒有權力剝奪孩子的這些權利的。

傾聽孩子的心聲不僅是了解孩子心靈的有效途徑，也是培養孩子傾聽他人的重要方法。父母必須定期抽出專門的時間來傾聽孩子的心聲，讓孩子感受到你對他的重視和賞識。

傾聽孩子說話時，父母一定要端正姿態，千萬不要擺出一副表面上傾聽、實際上千方百計想出一些理由來反駁他的樣子，完全不顧及孩子的感受，總是否定孩子的思想，這樣孩子

便不會再主動與父母交流了。

(二) 教育孩子用心傾聽他人

許多孩子在傾聽他人講話時往往心不在焉，或左顧右盼，或處理他事，或擺弄東西，或不時走動，這種方式最易傷人自尊，說話的人往往覺得自己不被尊重，因此不願再講，更不願講心裡話，談話不僅無法收到好的效果，還會影響到雙方的關係。

(三) 教孩子學會提問

傾聽他人時，也要適當的發出提問，以表示你在認真的聽對方說話，這也是尊重別人的表現。比如，新同學在作自我介紹時，可以適時的問一句「你們那裡是怎麼樣的？有沒有好玩的地方？」、「你到我們班後有什麼感覺嗎？」、「你能不能談談你來這裡後的所見所聞？」這樣，對方就可能介紹一些提問者不太了解的事情，這種提問方式無疑是巧妙的。

當然，父母應該教導孩子，在提問的時候盡量避免涉及對方隱私和敏感的話題。

(四) 教給孩子傾聽他人的禮儀

一、 要面帶微笑，不要顯示出不耐煩的樣子，要讓對方感到輕鬆自如，而不是拘束。

二、 傾聽時不要挑對方的毛病，不要當場提出自己的批判性意

見，更不要與對方爭論，盡量避免使用否定別人的回答或評論式的回答，如「不可能」、「我不同意」、「我可不這樣想」、「我認為不該這樣」等等。應該站在對方的立場去傾聽，努力理解對方說的每一句話，並可以對他人的話進行重複。

三、 交談過程中要少講多聽，不要隨意打斷他人的說話。

四、 傾聽的過程當中可以適當的運用眼神、表情等非語言傳播手段來表示自己在認真傾聽。盡可能以柔和的目光注視著對方，並透過點頭、微笑等方式及時對對方的談話做出反應；也可以不時的說「是的」、「明白了」、「繼續說吧」、「對」等語言來表示自己在認真傾聽。

五、 如果對對方談到的內容較感興趣，可以先點點頭，然後簡單的表明自己的態度，最後再說「請接著說下去」、「這件事你覺得怎麼樣？」等，這樣會使對方談興更濃。

六、 如果對對方的談話不感興趣，可以委婉的轉換話題，比如「我想我們是不是可以談一下關於……的問題？」等等。

七、讓孩子懂得拒絕

喜劇大師卓別林曾說：「學會說『不』吧！那你的生活將會美好很多。」在拒絕別人時要講究技巧，表達自己的意願時語氣要委婉，同時一定要記住，拒絕是對事不對人的。另外，在拒絕別人之前，可以先聽一下別人所提出的要求，不要對方還沒有說要讓你幫什麼忙或是做什麼事，你就已經在找藉口拒絕，這會讓對方誤以為你在敷衍他。拒絕時要面帶笑容、語氣緩

和、講明理由。在拒絕之後，可根據對方的情況再提出建議。

英國心理學家朱麗亞、貝里曼等人提出的「破唱片技術」，對不會說「不」的孩子來說，具有很好的借鑒意義：如果你需要拒絕某人的不合理要求，或者想對他說「不」，或者想盡快結束某個你認為沒有任何意義的討論，你可以「像播放破損的唱片時總在一個地方一遍遍的重複那樣，你要做的事就是以堅定的態度一遍又一遍的重複你的意見」。

威洋帶著複雜的心情來到了心理諮詢室，他說在自己的心中藏著一個解不開的結，這個結常常讓他覺得心情非常壓抑，但是卻又找不到原因，也不知道要怎麼樣去打開那個結。

「我不知道怎麼拒絕別人，不知道怎樣對別人提出的要求說『不』。當別的同學提出一些要求的時候，我從來沒有拒絕過，即使那個時候我很忙，很不願意去滿足他對我提出的要求，可我卻從來不敢拒絕他們。就因為這樣，我常常會打亂自己所制定的學習計畫。」威洋說這些話的時候顯得非常的無可奈何。他還說，雖然自己的內心非常苦悶，但是在表面上他還是沒有表現出一絲的不高興。他常常責怪自己，為什麼這個「不」字會那麼難以說出口？

威洋的這種情況屬於從不說「不」綜合症。從不說「不」綜合症是指人們由於不會拒絕而產生的緊張、焦慮、恐懼、自信心下降等一系列情緒障礙。

患有從不說「不」綜合症的孩子，都是太過看重自己在別

人眼中的形象，他們認為自我的價值是取決於別人對自己的看法。如果拒絕了別人，可能會招致反感，從而影響到人際交往。所以，即使別人向他提出一些不合理或是超出他能力範圍的要求，他也不會拒絕別人，因為他害怕引起別人的不滿。如果是偶爾拒絕了別人，也總會感覺到很抱歉而後悔萬分。有時候，即使是別人傷害到了自己，也不會表達出自己的憤怒和不滿。對於這些孩子來說，拒絕別人的要求自己的心裡會很難受，但是事實上，如果不拒絕他們卻會更難受。由於他們的委曲求全，別人可能會提出更多或是更進一步的要求，這些要求有時會非常不合情理，有時甚至是挑剔、敵視的，這樣會導致更嚴重的後果。也就是說，有的孩子會將自己的這種焦慮情緒壓抑到極限，一直到他們不能或是不想再壓抑的時候，最終會以攻擊性的方式表現出來，這樣只會對人際的交往造成不可彌補的損失。那些患有從不說「不」綜合症的孩子曲解了人際關係的平等原則，他們是把別人的「滿意」建立在了自己的「痛苦」之上的。

從不說「不」綜合症的形成有很多原因，其中不排除不正確的家庭教育方式、對人際關係的錯誤認知等，而自卑則是一個很重要的因素。出現從不說「不」綜合症的人，往往會感覺自己沒有足夠的吸引力，總是害怕惹別人生氣，進而壓抑自己情感的表達，總是把自己和別人放在不平等的位置。

想要讓孩子學會拒絕，以下建議可供父母參考：

（一）營造民主的家庭氛圍

這個條件是教孩子學會拒絕的前提。父母要明白，不管孩子有多大，他都是家庭中的一個成員，是一個獨立的人，絕對不能對孩子持獨斷專行的態度，而是要用商量的口吻向孩子表明自己的態度和想法，也要允許孩子把自己的意見、想法充分的表達出來，允許孩子對父母的想法和做法持否定意見。如果孩子說得對，或在某些方面有一定道理，父母應該盡量接受。這樣既可以開發孩子的智慧，又可以培養其獨立能力和鍛鍊其意志。

（二）讓孩子獨立

在日常生活中，只要是孩子自己可以做到的事情，就要鼓勵孩子自己單獨去做。父母沒有必要代替他做。只有這樣做，孩子才能從日積月累的親身體驗中累積經驗、增長才幹，也才會有能力對父母或他人的行為做出接受與拒絕的判斷。

（三）掌握自己的情緒

父母要幫助孩子正確的掌握自己的情緒，明辨是非。父母所要教孩子學會的拒絕是一種經大腦分析思考後的有意識行為，是對人、對事做出的理智判斷，它與孩子感情用事、耍脾氣，或無端拒絕父母合理的要求是兩回事。

（四）商量是一種交流技巧

拒絕別人有時候要和對方反覆的「耍嘴皮子」，直到對方認可為止。比如志強不想把遙控飛機給嘉偉玩，於是就抱著飛機跑走，而這種行為的結果就可能是兩敗俱傷。與其這樣，還不如找一個理由，對他曉之以理，讓他心平氣和的接受。孩子的注意力一般會轉移得很快，只要這個「岔」打過去，哪裡還記得以後要怎麼樣？以商量的口吻和朋友對話，既可以巧妙的守住自己心愛的東西，又可以避免一場暴風雨。

八、幫助孩子走出自閉心理

所謂自閉就是自我封閉，自我限制。凡有自閉心理的孩子，在與人交流時往往處於惶恐、矛盾、徘徊的心態中不能自拔，十分痛苦，他們不能與人正常的交談、交流、溝通，更不易被人理解，整日把自己封閉在狹小的空間裡。這種行為正好與當今社會群體人員互動、交流、互勵互助的現實格格不入。

一位母親憂心忡忡的說：「我家孩子上小學時就擁有了自己的房間。但隨著年齡的增長，孩子越來越喜歡一回家就關上房門，而且還把門反鎖上。剛開始我們認為孩子獨自在房間裡會安心看書，沒想到她的成績一天天下滑。我們一氣之下，乾脆把孩子房門上的鎖給去掉了。誰知道孩子更絕，一回到家，照樣關上門，然後再用凳子把房門堵上。家裡買了電腦，我們說什麼也不敢讓孩子上網。但女兒乾脆借了一大堆影片，關了房

門獨自看電影，任憑我們在門外喊破喉嚨也不開門。我們給了孩子獨處的空間，但卻使孩子和我們越來越疏遠，這孩子到底怎麼了？」

其實，導致這個孩子出現上述行為的原因就是自閉心理。自閉心理必然會影響孩子的健康成長，因此父母不可忽視這一問題。

有自閉心理的孩子具體有那些特點呢？一般來說，這些孩子在有人的場合（特別是有生人的場合）他們會感到心理緊張，甚至恐懼。仔細觀察不難發現，他們交際時普遍出現心慌、不安、臉紅、手足無措、出汗、語無倫次等等症狀。這些現象，嚴重的妨礙了他們與人正常的交流，阻斷了心靈溝通的管道，呈現出令人尷尬的窘相，從而產生自卑的心理。

自閉心理產生的原因可以歸納為主觀原因和客觀原因。

主觀原因是：孩子自身的性格弱點，例如，靦腆、內向、害羞、不善言談、不喜歡與人交流；即使是有人來交談，心胸狹窄、度量很小、容不下別人；更有甚者自持清高，鄙視來客；或是心理上產生與人交流的恐懼。這些都不利於與別人建立很好的人際關係，長此以往必然走向自我封閉的深淵，陷入深深的痛苦困境之中。

客觀原因是：家庭教育中，家庭的客觀環境就不具備與人交流的條件，例如：獨門獨院，也沒有與人交流的機會；父母長期忙碌在外，無暇引領孩子去結交朋友。

對於孩子的自閉心理，父母應該抱有正確的態度：一方面要高度重視它帶來的危害，要盡力找到解決問題的辦法；另一方面，又不可誇大它的負面影響，給孩子心理上帶來陰影和創傷。以下建議可供參考：

（一）消除孩子對社會的恐懼心理，鼓勵孩子多接觸社會

孩子隨著年齡長大，必然要接觸社會，如果心理自閉，必然給今後的學習、工作和生活帶來很多煩惱，只有適應社會及變化，才能獲得社會的價值觀念、行為規範和知識技能，從而走向成熟。因此，努力參加一些公益活動很有必要，逐漸讓孩子學會當眾講話，鍛鍊他的心理承受能力。訓練他的說話能力，消除對社會的恐懼心理。

（二）接納孩子的朋友

在接納孩子朋友的過程中，孩子會學會與人溝通、交流的技巧和藝術，接納不同性格不同愛好的朋友，拓展交際的領域，從中受到啟發。

（三）正確看待孩子在交往中的挫折

不同性格的孩子交流，發生矛盾是難免的。父母要讓孩子知道，有了挫折，要正確面對，辯證的看待與人相處的關係，這十分重要。

(四) 帶著孩子到大自然中去，放鬆精神

孩子的天性是熱愛大自然的。在自然中，可以釋放壓抑的心情，使孩子變的豁達、開朗。

九、幫助孩子克服羞怯心理

羞怯心理是一種常見的心理弱點，在青少年群體中更更為普遍。美國俄亥俄州立大學的一項統計結果表明，百分之九十七的學生認為，做公開演說是世界上的兩件最可怕的事情之一（另一件是核武器）。某雜誌的「讀者信箱」曾收到一封學生的來信。

信中寫道：「我有一個大缺點，就是特別怕羞，一碰到上黑板做題目或和陌生人說話時就臉紅，我該怎麼辦？」

孩子羞怯的表現有多種形式，大多數羞怯的孩子都伴有以下現象：學習成績差，不與人交流，不願與同齡小孩玩耍，逃避課堂討論，不主動發言，不願在公開場合拋頭露面，做什麼事都要父母陪著，不能單獨外出，怕見生人，在生人面前不知如何應付，說話低著頭，聲音小，愛臉紅，說話辦事都落在別人後面，甚至連笑也不敢先於別人。除此之外，有時羞怯的小孩也會恃強凌弱，表現出驚人的舉動，但在內心深處卻是很羞怯的。總之，過分的羞怯會影響一個孩子的學習、生活和人際關係，給孩子的成長帶來極大的阻礙。身為父母，我們一定要能幫助孩子克服這種不健康的交際心理。

那麼，為了幫助孩子克服羞怯的心理弱點，父母具體該如何做呢？

首先，父母要搞清楚孩子羞怯的原因。

羞怯在本質上就是一種不自信，造成這種心理狀況的原因有很多，最重要的有以下三點：

（一）家庭原因

家庭是孩子健康成長的一個主要環境。如果這種環境不好，肯定會給孩子造成很多的心理障礙。根據調查，有羞怯行為的孩子，其父母本身就存在羞怯的情緒。在別人面前說話辦事畏畏縮縮。另外，對孩子經常打罵、責備，或者是夫妻離異，對孩子的打擊是很大的，使孩子缺乏依靠、交流和親情的撫愛。孩子從小就覺得比別人差，形成羞怯、自卑的心理。

（二）學校環境

孩子的成長，學校也是一個重要的環節。學習成績好的孩子，經常受到老師同學的表揚，在學校表現出自信。而學習成績差的孩子，往往受到老師同學的批評、責備，久而久之就形成一種害怕、羞怯的情緒，覺得自己比別人差，不敢與別人交際，用一種退縮的方式來保護自己受傷的心靈。

（三）重大的生活事件

小孩若體弱多病或受過一次重大的心理刺激，如受人欺

負，被恥笑，造成自尊心受損，都可能使其變得羞怯。

那麼，父母應該如何幫助孩子克服羞怯心理呢？

一、給孩子一個溫馨的家

平等、理解、溫馨的家庭環境能給孩子勇氣和自信。克服孩子的羞怯，更要有這樣的環境。在孩子面前不要濫用家長權威，尤其是對易羞怯的孩子。家裡的事尤其是與孩子有關的事，要多徵求和尊重孩子的意見。例如，帶孩子去公園，要徵求孩子去哪個公園，準備帶些什麼，使他覺得自己是這次小小旅遊的組織者和主人。這樣他就會以一種主人的姿態出現，樹立自信心。在家庭中，父母對孩子也要多用些民主型的語言，如：「你認為怎樣？」、「行嗎？」如果孩子為你做了些什麼，你要表示「謝謝！」讓孩子覺得在家庭中他是平等的，這有利於克服孩子的自卑情緒。

二、父母要做一個好榜樣

如果你是一個開朗的人，願意與人交流，那麼毫無疑問的，你能為孩子樹立一個良好的榜樣。如果遇見陌生的人或事對你來說都會有點難度，敞開心胸去面對別人不失為鍛鍊自己的好方法。即便這樣，你也用不著和孩子來討論。孩子們一般都會成長得比成人們更勇敢、更外向，超過我們，讓我們感到驕傲。

別用你自己的成見給他們施以壓力，諸如「你就是羞怯，

因為我就這個樣子」的說法，對孩子增進社交能力極為不利！

你和孩子一起在社交場合時，做自我介紹（臉上要有微笑）來給孩子樹立一個榜樣。讓你的孩子看看，你不害怕去見幼稚園的新人或者新鄰居。你甚至可以談一談向新人作自我介紹是一件多麼令人愉快的事，因為這能讓他們感覺更舒服自在。

三、鼓勵孩子交朋友

結交朋友是孩子社會化的一種表現。羞怯的孩子，擔心被人瞧不起而不去交友。這時父母就應鼓勵他，首先讓親朋好友家的較熟悉的孩子與之一起玩，克服他交際的恐懼心理，然後再鼓勵他在同學中去交朋友。當孩子帶朋友到家中時，父母要表現出熱情，別不當回事，以增加他的勇氣。

四、多給孩子以鼓勵

每個孩子都希望能得到別人的肯定和表揚，羞怯的孩子更希望得到。他們本身就喜歡自責，缺乏勇氣，在做某件事之前，預見的是自己不行。如果這時給他一些鼓勵，增加他的勇氣，他就會把事情辦得很好。

五、不要以成人標準苛求孩子

對於害羞、怕生的孩子，增加他面對人群的信心是很重要的。例如當他主動跟別人打招呼，或只是害羞的對新朋友微笑時，父母要適時給予鼓勵。孩子只要一受到稱讚，他就願意付

出更多的努力去嘗試。同時，在孩子沒有達到預期的表現時也不要責怪孩子，否則孩子會更退縮。

當人越來越了解自己周圍的人際關係後，他就能作出越來越合適的反應，這就是人為什麼能進步的原因。孩子之所以怕生，是因為他對身邊的人際關係還沒有什麼了解，所以會排斥、會害怕都是很正常的。父母如果能站在孩子的立場多為孩子著想，就不會再以成人的標準來苛責孩子，也才能在心平氣和的情況下對孩子作出適當的引導。

總而言之，我們做父母的要重視對孩子羞怯行為的矯正，為孩子順利成長並融入社會打好基礎。

十、幫助孩子克服嫉妒心理

嫉妒心理是人類的一種普遍存在的心理狀態，即使是孩子也不例外，我們常看到兩三歲的孩子看到媽媽抱起別人家的孩子，他就會很快的跑過去，推推他的頭，或抓他的腳，想把那個孩子支開，並且會立即要求媽媽抱自己。

孩子有一些嫉妒心理雖然可以理解，但這並不意味著父母可以採取聽之任之、放任不管的態度。因為孩子的嫉妒心理一旦嚴重化，就會演變為其人格的一部分。另一方面，孩子如果嫉妒心過強，也容易受外界的刺激，而產生諸多不良情緒，不僅影響學習進步，而且對身心的健康成長極為不利。

大學生盧剛在的學習成績一直是名列前茅。他於一九八六

年赴美留學，據說他的博士資格考試成績創下了愛荷華大學的紀錄。就是這樣一位優秀的學生，他的行為卻讓人備感震驚。

那是一九九一年十一月一日下午，美國愛荷華大學的物理大樓三樓的一間教室內，幾個教授和研究生正在進行有關天體物理的討論。三點三十分左右，一直參加討論的中國留學生盧剛突然從口袋裡掏出一把手槍，首先對準自己的導師戈爾咨開了一槍，戈爾咨教授應聲倒下。接著盧剛又不慌不忙的對準旁邊的史密斯教授開了一槍，史密斯教授也倒在血泊裡。盧剛把槍對準了自己的同學山林華，只聽到「呼」的一聲槍響。當教室裡的其他同學被嚇得目瞪口呆、驚惶失措的時候，盧剛匆匆離開了教室，跑到系辦公室，一槍擊斃了系主任。然後又走進行政大樓，向副校長開了一槍。最後的一聲槍響，他是對準自己的。

盧剛的這次行動，顯然是精心策劃的。然而他作案的動機，竟簡單得讓人難以置信。他認為戈爾咨教授在畢業論文答辯時有意刁難他，致使他沒有取得博士學位；另一個原因是，晚來一年的同學山林華不僅受到戈爾咨教授的青睞，而且還比他早拿到博士學位。最讓他嫉妒並難以容忍的是，山林華還得到了他渴望得到的競爭優秀論文榮譽獎的提名。

由此可見，嫉妒心理的確是一種破壞性極強的病態心理，如果不加以控制，就會對生活、人生、工作、事業都會產生極其惡劣的影響，正如培根所說：「嫉妒這惡魔總是在暗暗的、悄

悄的毀掉人間的好東西。」

　　所以說，父母在發現孩子有嫉妒心理時，千萬不可忽視，必須有意識的適時適當的指導孩子加以克服。具體可從如下幾方面努力：

一、　培養孩子分析思考問題的能力，使孩子的理智得到較好的發展。如果父母設法使自己的孩子養成分析問題、研究問題的習慣，孩子的情感就會不斷豐富，心理就會日趨成熟。

二、　教給孩子客觀的看待和分析問題的方法，使孩子能夠正確的認識自己，正確的對待別人。

三、　教育孩子具有博大的胸懷，胸懷寬大之人絕不會輕易的去嫉妒別人。

四、　要增強孩子的競爭意識，使孩子在強手面前，在困難當中，在挫敗之時，仍能以堅強的意志去頑強拚搏。

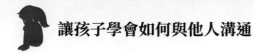

引導孩子的消費理財能力

一、管好孩子的零用錢

「自古英雄多磨難，從來紈絝少偉男。」縱觀古今中外，許多能成大器的人物在年輕時大都家境貧寒，一些世界著名的億萬富翁在青少年時代都經歷過坎坷與艱辛。金錢買不來成績，換不來成功，養不成孝子。因此，父母有必要引導孩子從小就養成勤儉樸素、自立自強的好品格。

洛克斐勒是全世界第一個擁有十億美元以上資產的富翁，但他對兒女們的零用錢卻始終抓得很緊。他規定，零用錢因年齡而異：七到十歲每週三美元，十一到十二歲每週一美元，十二歲以上每週二美元，每週發放一次。他還給每人發一個帳本，要他們記清每筆支出的用途，領錢時交他審查。記帳清楚，用途正當的，下週遞增五美分，反之則遞減。同時他允許

孩子透過做家務得到報酬，補貼各自的零用。九歲的二兒子納爾遜和七歲的三兒子勞倫斯，曾主動要求合夥承包替全家人擦鞋的家務，擦一雙皮鞋五美分。第一次世界大戰期間，全家老小都吃配給的糧食，在吃烤蛋糕時更是要兒女們交出相應的費用。那時男孩子們合辦「勝利菜園」，種瓜種菜賣給家裡和附近的食品雜貨店，合夥養的兔子賣給醫學研究所。

洛克斐勒家族的兒女們上大學時的零用錢與一般同學不相上下，如有額外用途必須另行申請。喜歡吃喝玩樂、交女朋友的四兒子溫斯洛普有一次欠了帳，只得向大姐去借。小兒子大衛讀大學時也一樣恪遵家規，有一次放假回紐約，同行的一個同學親眼見他記帳。

菲爾德掌管著全美著名的亞特蘭大速食經銷店，其年營業額達數億美元，但他對子女卻異常的「苛刻」、「小氣」。每到寒暑假，他要求子女到各地的餐廳去打工，以賺錢「糊口」，維持生計。此做法在如今已經富裕了的一些家長來看，似乎大可不必。殊不知，正是這種別出心裁的磨煉教育，使子女從小培養了一種吃苦耐勞的精神，成年後他們才能在紛繁複雜的世界中找到自己的位置，以強者的姿態迎接生活的挑戰。

一位在外國度假的加拿大富翁，接到上高中的女兒打來的越洋電話，問能否到銀行支取零用錢。這位平時一擲千金的父親卻不假思索的對女兒說：「零用錢可以透過做雜務，如送報紙的方法自行解決。」

　　我們有些父母缺少這樣的理念，他們儘管自己經濟不富有，但對孩子卻大把大把給零用錢，且不去過問這些錢的用途。殊不知，這恰恰是害了孩子。在某省有個收費不菲的外語學校，學生都是有錢人家的孩子，在學校他們不是比誰的學習好，而是比誰家更闊綽，甚至在洗澡排隊時，也要按誰家老爸賺錢的多少來排順序。很難想像，這樣的孩子長大後會成為什麼樣子。所以，父母不能忽視對子女零用錢的管理。

　　父母要管好孩子的零用錢，首先是要給好孩子的零用錢。一是數額要適當，要根據家庭經濟狀況和孩子的合理需要統籌考慮。一般以夠支付孩子合理的開支為限，不宜多給，也不宜少給。多給，容易養成孩子大手大腳的習慣，不知錢來之不易，不珍惜父母用血汗換來的金錢；少給，又不能滿足孩子正常合理的需要，弄得不好還可能引發孩子私自拿錢或偷竊行為。二是時間要適宜。零用錢可以選在一個有紀念意義的日子開始給，比如小孩上學的第一天等，告訴孩子這筆錢的用處，並使他懂得自己在家庭中的地位和責任，之後可以定期發給。根據孩子的年齡，對不同階段的兒童零用錢發給的數目與時間可以不同。

　　要指導孩子用好零用錢。要教會孩子如何用好這筆錢，告訴孩子少把零用錢花在吃喝玩樂上，並告訴他這筆錢可以用在什麼方面和最好用在哪些方面，使零用錢用得其所，發揮它的最好效益。比如，可以引導孩子把零用錢用在購買學習用品、

圖書資料上，或者用在集郵或養花養草上。還可以引導孩子把部分零用錢用在捐助希望工程等有益的活動上，以培養孩子社會責任感和良好的品行，這樣做既使孩子開闊了視野，又陶冶了性情。

父母要結合對孩子使用零用錢的教育，培養孩子初步的自我管理錢財的能力。零用錢對大人來說雖然不多，但對孩子來說可能是一筆可觀的財富，因此教育孩子用好零用錢的同時，也要培養孩子的理財能力，教會孩子有計畫、有選擇的花錢。

總之，父母在孩子的零用錢這種「小事」上千萬不要疏於管理，放任自流，否則將不利於孩子的健康成長，甚至可能會鑄成難以挽回的大錯。

二、教會孩子怎樣正確的花錢

一家商店的櫥窗上貼著一張新上市玩具「只要六十元」的海報。八歲大的小可跳上跳下的說：「我要這個玩具。小宇有這個，而且很好玩。就算買了，我也只不過有幾個玩具而已。別的小朋友都比我多。拜託啦，媽，好不好，拜託啦。」

如果妳是這是位媽媽？妳如何回應？

妳可以：

（一）和孩子爭論到他生氣或哭出來。

（二）討救兵：「我厭倦了你老是吵著要東西。等著看我告訴你爸爸。」

（三）以承諾在他生日時送這個玩具來搪塞，以免起爭執。

（四）開始長篇大論的說十分鐘「錢不是長在樹上的」道理。

（五）順從他的意思，省得和他爭論。

上述的選擇沒有一個是適當的。第一種，爭論到孩子發火或大哭的結果是，孩子會抱怨、哭泣，並且以為這樣做就可以得到他想要的東西。第二種，向父親求救會使孩子認為妳不是一個能夠做決定的人，而且他也不會指望能和妳討論重要事項。第三種，延緩決定或許是個不錯的戰術，但是不可以向孩子承諾妳並不是真心要送他的東西。第四種，開始高談闊論的大談金錢，其功效就和多年前你的家長對你說教的效果差不多。第五種，向孩子屈服以省得爭吵，就等於為孩子鋪了一條讓他胃口越來越大、而且知道你遲早會屈服的道路。

在決定買或不買這個玩具之前，妳應當先審視下列因素：

（一）妳買得起嗎？

（二）這個遊戲是否是妳希望孩子擁有的？

（三）別的小孩有什麼東西是否很重要，會影響妳的決定嗎？

（四）妳的孩子是否要求過多或者要求合理 —— 不論是數量或價錢？

（五）這個要求是「想要」還是「需要」？

在了解儲蓄、投資或借貸的基本觀念之前，孩子們就已經察覺到花錢的力量了。他們看到父母炫耀買來的東西，對鄰居的新車投以羨慕的眼光，或者在收到夢想的禮物時熱淚盈眶。

他們也察覺到了更微妙的訊息 —— 父母對他們花零用錢買

祖母的生日禮物，和買六包口香糖的反應大不相同。

我們常常把「想要」錯當成「需要」，說服自己「需要」最喜歡的那位歌手新出的專輯，但事實上只是純粹的「想要」而已。

「需要與想要」的認知對我們大人而言已經很難處理了，這也難怪孩子們會感到困擾。我們應早一點開始幫助孩子分辨「需要」和「想要」的不同，不論現在或以後，他們處理本身財務的大部分能力，均視其對兩者之差異的了解而定。把錢花在「想要」的事物上縱然既美妙又快樂、既有趣又重要，但是身為家長的父母有責任教導孩子「需要」才是應當優先滿足的。

值得一提的是，說到小孩和花錢，父母們千萬可別期待他們很快就會有清楚的洞察力。他們可能得花上好幾年的時間來學習分辨「想要」和「需要」，以及如何做明智的選擇。

三、糾正孩子用錢過度的毛病

用錢過度是絕大多數人都有的毛病。所以如果你的孩子在下一次發零用錢之前的幾天就沒錢了，千萬別感到震驚或擔心。

如何處理這種狀況？父母先要搞清楚孩子的用錢過度是長久以來的問題，或是偶爾的情況。幫一個總是花錢過度的孩子出錢解決問題，只會傳達出錯誤的訊息：只要有人伸出援手就行，即使沒有責任感也無所謂。

不論是積習或偶發事件，父母都要找出孩子的錢是怎麼花

光的。叫孩子說明上週的開支,問他都做了那些不同的安排。若是情況特殊無可避免,而孩子又迫切需要用錢時,那麼預支部分下週的零用錢給他並無不當之處。但是這種「預支」的手段非到最後關頭不要使用,否則你的孩子將會成為「先買,後付款」的專家。

孩子習慣性的弄丟零用錢。如何處理這種狀況?問題的關鍵在於這種情況是否常常發生或是難得發生一次。即使一年只發生一次,也可由此看出孩子的紊亂無章,或是單純的不懂錢有多麼容易掉出口袋、皮包、或書本。

如果發現這種情況,你應該找出孩子把錢放在哪裡。如果是塞在褲子後面的口袋,建議他把錢平整的放進褲子前面的口袋裡,放在這裡,就算有錢不小心掉出來,他也比較容易發現。有時孩子會把夾有錢的書或放有錢的皮夾遺忘在某處或弄丟,那麼給他一個扣在腰上的腰包會是很不錯的辦法。

另外有一個你可以參考給孩子提出的建議:「出門時別把所有的錢都帶在身上。如此一來,就算掉光了身上所有的錢,你也不至於完全破產。」

孩子把錢借給有借無還的朋友。如何處理這種狀況?你不能教孩子絕對不要借錢給別人,因為我們每個人都難免有要借錢給家人或朋友的時候,但是你要教孩子如何評估每一個請求。以溫和的問題點醒孩子,指出該借貸所處的狀況:

「強尼以前是否曾經向你或其他朋友借過錢⋯⋯他還錢了

嗎？」這會幫助你的孩子了解，錢一定要借給一個可信賴的人。

「強尼不就是上個星期把你絆倒的男孩嗎？那只是一個意外，還是他常常對你那麼做？」這可幫助孩子明白他沒有必要受人威脅去做某事。如果要借錢給朋友，那個朋友應該是他喜歡且尊重的人 —— 反之亦然。

「強尼說什麼時候還你錢？」孩子可由此了解借貸是一種彼此雙方都負有相當責任的協定。

孩子變成令人難以置信的吝嗇鬼。如何處理這種狀況？對錢過分關心和管理過當或導致極端節儉 —— 此乃最棘手的兒童問題之一。如果發現這種情況，你可以再檢視一次孩子的零用錢。以他的年齡而言，這個金額是否符合實際所需？你的用錢規定是否太嚴苛了？如果不是以上的情形，那麼就用實例來規勸他。告訴他你多麼喜歡他為自己買的新毛衣，或者為姑媽買生日禮物是件多麼有意義的事。倘若事態嚴重，你發現你的孩子以省掉午餐不吃來攢錢或有其他極端舉動的話，那就要求助於心理醫生了，因為這種節儉可能意味著更深層的心理問題。

四、學會拒絕孩子

身為父母，我們應該學會恰當的拒絕自己孩子的要求，只有這樣才能培養孩子的責任感。

在適當的時候，請毫不猶豫的對孩子說「不」。

一位媽媽一手抱著她的小兒子，一手拉著她八歲的小女兒

來到了一家鞋店。

這位媽媽正忙著給她的小男孩挑選鞋子時，她的小女兒發現一雙非常漂亮的跳舞鞋，便走到媽媽身邊，要媽媽給她買下這雙鞋。

她開始提出要求，見媽媽不太理睬，便開始哼哼唧唧的訴說、甜言蜜語的請求，用虛假諾言勸誘、用尖聲叫喊來逼迫……

她所能夠想出的各種招數，這個時候一一使了出來。

她見這些招數均不奏效，便不再作任何掩飾，厲聲對自己的媽媽說道：

「今天我想要這雙鞋，妳必須給我買下來。」

這位忙著為自己的小兒子挑選鞋子的媽媽，一直忍耐了大約十分鐘，一遍又一遍溫和的對自己的女兒說「不」。

最後，這位媽媽實在忍受不下去了，便在她的女兒面前，也是在鞋店裡的眾人面前屈服了。

「把我女兒相中的那雙跳舞鞋拿來吧！」她對售貨員說，「別的鞋不用拿了，我也沒有錢買了。」

對孩子提出的各項要求都做出讓步，是避免孩子吵鬧、糾纏的有效途徑。

但長此下去，會使孩子養成要了再要、毫不知足的不良習慣 —— 孩子每逢見到自己喜歡的東西，就讓父母去買，而且買了這次，下次還要買，沒有一個盡頭。

電視及街道上五花八門的廣告，無時不在刺激著孩子們迫切得到各種商品的慾望。

對於父母來說，成長中的孩子們必須找到離開昂貴的玩具或家長的幫助，自己還能過得愉快、充實的途徑。

如果你對孩子看電視及玩電腦的時間做出限制，他們最終都將各有自得其樂的方法，而且也用不著家長為他們花很多錢。

除了這個根本的方法外，家長還應該做到：

（一）不要將給孩子買的禮物作為補償

雙薪家庭的家長常常會有種愧疚感。他們認為自己在外工作一天，沒有時間待在家中陪孩子玩，每次逛商店的時候，無論如何也得給孩子買點東西作為補償。

習慣性的給自己的孩子買各種禮物，可能會使你感到自己慷慨大度、疼愛孩子，但你的孩子逐漸覺得自己應該得到這些禮物，而且需要你不斷的給他們買。

如果哪次你逛商店時，忘記給孩子買禮物了，恐怕回家就會碰到麻煩了。

（二）告訴他花錢是一件很慎重的事情

從一開始就讓孩子清楚的認識到，你去商店給他買東西，是一件經過認真考慮才決定的事情，在你決定是否要給孩子購買諸如腳踏車、電腦之類的大件商品時，可以把自己的一些打算告訴他。

如果你認為孩子提出的請求是合乎情理的，那麼你可以給他提供一個賺錢的機會，讓孩子用靠自己的勞動賺來的錢購買所需要的物品。

你可以對孩子說：

「今天我不能出錢給你買那條牛仔褲。但是，倘若這個月每天晚上你都能在廚房幫我忙的話，到月底我帶你去把它買回來。」

這樣是培養責任感的一個非常好的辦法。

（三）說出你拒絕孩子的理由，要盡可能簡單一些

在超市，一位爸爸向他年僅四歲的兒子解釋說，兒子所相中那個書包「樣式不好看，設計不合理，顏色太鮮亮，裝不了多少書，而且做工也不太精細。」

在一家雜貨店，一位媽媽告訴自己的小女兒說，自己不能給她買她看中的一對條狀髮夾，因為「已經妳有一對條狀髮夾了。再買就是多餘的了，而且為此會浪費家中的錢，浪費行為也是一種不負責任的行為。」

（四）絕對不要改口，否則前功盡棄

讓孩子在一番無理哭鬧之後心想事成，就等於在告訴孩子，他越把父母的生活搞得一團糟，就越能達到自己的目的。

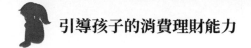

五、幫助孩子樹立花錢自己賺的觀念

在很多父母心裡，一直有這樣一個願望：什麼時候我們的孩子也能樹立起這麼一個觀念 —— 花錢要靠自己去賺？因為他們知道，只有這樣自己的孩子才能在未來成為社會競爭的強者，而如果繼續保持著眼下這樣一種狀態，那麼孩子可能永遠成不了氣候。

看看美國、日本、瑞士、德國的做法，我們可以得到不少啟迪。為了讓子女生活得好，自己卻像牛馬一樣拼命的工作，這在國外的人看來是不可思議的，我們的父母卻習以為常。

每一年在大學新生報到處，你會發現很多上了年紀的家長奔前跑後，替孩子搬運行李，辦理入學手續，而年輕力壯的「當事人」則坐在樹陰下看書聽音樂。而在一些小學更有不少父母常跑到學校來替孩子做值日生打掃。

有人對臺中市一千五百多名國中生進行了調查，結果發現百分之五十二的學生每天由家長代為整理生活和學習用品，百分之七十四的孩子離開家長就束手無策，只有百分之十三的人偶爾做些簡單的家務事。

整個世界上的家庭，孩子都在變少，但對待子女的態度，差別卻很大。

同樣是一個十三歲的孩子，有的父母談起來，就說：

「他才十三歲，什麼都做不了。」

有的父母卻說：

「他已經十三歲了，自己完全會料理生活了。」

很多父母總是認為自己付出得越多，子女也就越幸福。到頭來，父母替孩子做事做得越多，孩子就做得越少，直至無事可做，最後落個什麼也不會做的下場。

說臺灣的有些父母剝奪了孩子自力更生的機會是一點也不過分的。

在已開發國家的家庭裡，父母普遍都重視從小培養孩子的自理能力和自強精神。

美國的國高中生有句口號：「要花錢自己賺！」

美國青少年從小的時候開始，不管其家裡多富有，男孩子十二歲以後就會靠給鄰居或自己的家剪草、送報賺些零用錢。

女孩子做小保姆去賺 錢。有個女孩每逢星期六要去餐廳打工，母親就告訴她，妳完全可以在家裡幫媽媽幹活，照樣可以領取工資。但這女孩覺得在家賺自己母親的錢不是本事，她一定要去外面賺錢來表示自己有自立的能力。

日本人教育孩子有句名言：「除了陽光和空氣是大自然的賜予，其他一切都要透過勞動獲得。」

許多日本學生在課餘時間，都會去外面打工賺錢，大學生中勤工儉學的非常普遍，就連有錢人家的子弟也不例外。

他們靠在飯店端盤子、洗碗，在商店售貨，在養老院照顧老人，做家庭教師等來賺自己的學費。在日本，孩子很小的時候，家長就給他們灌輸一種思想：「不給別人添麻煩」。

全家人外出旅行，不論多麼小的孩子，都要無一例外的背上一個小背包。問其家長為什麼？父母說：「他們自己的東西，應該自己來背。」

這些父母為了培養孩子在未來社會中生存的本領，從很早就開始訓練孩子獨立生活的能力。

在加拿大有一個記者家中，兩個上小學的孩子每天早上要去給各家各戶送報紙。

看著孩子興致勃勃的分發報紙，那位當記者的父親感到很自豪：

「送這麼多報紙不容易，很早就要起床，無論颱風下雨都要去送，但孩子們從來都沒有耽誤過。」

不可否認，一個人的社會責任感就是這樣培養出來的。這正是需要我們許多臺灣父母用心學習的地方。

六、幫助孩子養成良好的儲蓄習慣

習慣，不論好壞，都是越早養成，越容易保持。父母可以幫助孩子養成最好的一種生活習慣之一，就是定期有規律的儲蓄。如果想要讓孩子養成這種習慣，你就要把它變得有趣，並且使它成為一種例行事項。

與孩子一起決定應該存多少錢。雖然要孩子從禮物、零用錢、壓歲錢中拿出多少比例的錢來存，所存的錢會隨禮物、工作和年齡而有所不同，但重要的是，要讓他們在拿到錢之前，

就先建立儲蓄的習慣。

儲蓄優先。孩子和大人一樣，都會把儲蓄這件事延後再做，結果到最後才發現自己沒錢可存了。所以幫助孩子在做其他事之前先把錢存起來。

為特定的目標設定期限。如果孩子要存錢買一組電腦配件，建議他找一張那組配件的照片，然後在上面寫上希望購買的日期。並把照片貼在冰箱門上或貼在他臥室的門上，讓他能時時看到自己的目標。

鼓勵你的孩子提早為要花很多錢的節日存錢。像聖誕節、春節、好友生日等。

鼓勵孩子把硬幣都收集起來。自覺年齡太大而不適合用小豬存錢罐的孩子，可以把手邊多餘的零錢放入一個罐子或盤子中，而不要把它們留在牛仔褲的口袋裡，以免在洗衣過程中弄丟。每幾週一次，叫孩子清點並兌換這些收集起來的硬幣。他們將會很驚訝那些有系統的收集起來的零錢竟然有那麼多。

如果你的孩子顯露出成為收藏家的跡象，鼓勵他好好照顧他的收藏品，因為那些很可能是一種投資。許多非常熱衷於棒球卡、奧運用品、填充玩偶、漫畫書、岩石和其他東西的年輕收藏家，已經了解幾年後其收藏品會帶來的利潤。告訴孩子什麼因素會增加收藏品的價值：收藏品的狀況與稀有性。很重要的一點是，記住儲蓄實際上可以是收藏有價值的物品，不論是錢還是其他東西。

　　和孩子分享你這些年來學到的一些「騙自己存錢」的技巧。每週存下部分的零用錢；將所有在節慶時收到的禮金都存起來；少花點錢在自己身上；多做些額外的家事；在有時間把錢花掉之前先存起來；看電影時和朋友共吃一盒爆米花，而不要自己吃一整盒；盡量少放錢在口袋裡。

　　鼓勵孩子自己做有關儲蓄的決定。孩子終於用他的存款買下的商品或參加的活動，遠不如他對自己的生活負責以及進行儲蓄的過程這些事實來得重要。

　　年齡在六歲到十歲大的孩子，當他們通曉為將來的開支而存錢的觀念時，當他們大到可以清楚的寫出自己的名字時，當他們已經存下一筆可觀的金額時，他們就準備好接受初次的銀行存錢體驗了——用他們自己的名字開戶。

　　在你們親自去銀行之前，先向孩子解說一些基本的銀行業務知識是有意義的。若孩子有後續的問題，或是仍然搞不清楚出了什麼事，那麼銀行職員就應該花點時間向他解釋開戶存錢的程序。

　　再和孩子複習一下銀行業務的基本原理。銀行會發放利息以增加存戶的儲金，這是小豬存錢罐做不到的。「什麼是利息？」

　　孩子一定會這麼問。你的解釋是：銀行並非將所有存戶的錢都放在金庫裡。他們把這些錢集中管理，拿出一部分來借給那些想要借錢買房子或車子或是創業的人至少一年的時間，然

後向借錢的人收取借用費，這和你租腳踏車要付費是一樣的道理，只不過銀行向借錢者收取的費用叫做利息。銀行為了賺取利潤，所以向借錢者收的利息會比存錢者分得的利息多。你存進去的錢就是你的，你隨時可以把錢提出來。

七、如何對待孩子不當的借錢行為

孩子之間常常互相借點小錢。在脫離了儲蓄罐存錢的階段以後，大部分的孩子就不太在意硬幣了，甚至不把這些零用錢當作真錢。然而，他們借給別人多少錢卻都記得一清二楚。當借的錢與還的錢數目不一致，問題就產生了。

一般來說，因借錢或借物所產生的問題有以下十種：

（一）一個孩子借錢給另一個孩子

但是這個向人借錢的孩子卻賴帳不還或還不了錢，我們假設這個借錢不還的孩子是我們的兒子。他受到慾望的驅使而和別的小朋友在遊樂場裡玩了一整天，於是向他的朋友借錢支付那一天所需的花費，允諾第二天還錢。

有時孩子希望會在某處發現這筆錢，有時明明知道自己還不起這筆錢，他們還是受不了誘惑而去借錢。

我們常常最先從借錢給人且受到傷害的那個孩子口中，聽到自己孩子的窘境 —— 借錢給人的孩子在收債不成後，只好向高等法院告狀 —— 債務人的家長。我們一定要私下和自己的孩子確認這件事是否無誤。如果真如討債的孩子所說的，我們就

要開始給孩子上課。錯誤的借貸現在成了眾所皆知的事實，如此可以加速他的學習。沒有一個孩子喜歡受困於窘境。

父母對此要承擔的責任是，誠心誠意借錢給我們的人或機構有權要我們償還這筆錢。如果兒子的朋友想要或需要馬上一次拿回這筆錢，不接受以分期付款的方式償還的話，我們可以先預借孩子一筆錢來償還他的借款，並且和他訂定一個新的契約，讓他成為我們的債務人。不論以什麼方式償還 —— 從零用錢扣除、用禮金抵償、或是以工作得來的錢償還 —— 借了錢就一定要還。如果不這麼做，我們就等於在鼓勵一種「現在花錢，永不還錢」的不負責態度。

（二）一個小孩向別的小孩借了東西不還時

假設這個慷慨借給朋友一晚自己最喜愛的洋娃娃的孩子是你的女兒。第二天早上，這個朋友不肯歸還洋娃娃，於是你的女兒便眼淚汪汪的來找你。

父母要做的是，同情的傾聽她的訴說，問清問題查明真相，和她一起想出取回洋娃娃的具體行動方針，並且幫助她由此學到一些啟示。

人人都需要傾吐出心中的悲傷之情，而對孩子來說，最心愛的洋娃娃被朋友奪走，的確是一件非常傷心的事。所以父母應該感同身受的傾聽她的訴說，也要問她朋友不歸還洋娃娃的原因。她生病了嗎？她只是想要把洋娃娃留到身體好些了再還嗎？這個洋娃娃是她唯一見過的玩具嗎？她以前也曾經拿走別

人的東西不還嗎？

　　如果確定那孩子是無故不還洋娃娃，我們一定要幫自己的孩子想辦法把東西拿回來。或許她想把這個問題告訴朋友的父母。若是這麼做，她將需要我們的協助，幫助她以能促使朋友的父母解決此事的方式進行訴願，例如：「你可不可以幫我拿回洋娃娃？」為了使這個與大人的交涉奏效，她需要練習。聽她說，並且給她指導。如果她無法使朋友的父母為她取回洋娃娃，我們就必須插手，與孩子朋友的父母見面。孩子顯然需要有人向他們示範如何交涉與如何解決問題，也要明白如果某樣東西對我們很重要，我們就有權也有責任捍衛它。

　　如果朋友不歸還的理由是因為那個洋娃娃被她的狗咬爛了呢？這麼一來，情況就多少有所不同了，因為她不是故意違反約定的。儘管我們希望這個朋友（和她的家長）能自覺為洋娃娃的毀壞負責，並且賠償我們的女兒一筆錢去買一個新的，但有時卻事與願違。有時候是朋友家沒錢賠償。但是就算他們賠了錢，我們的女兒可能還是會對這個無可取代的洋娃娃有份特別的情感。雖然在當時讓她明白自己失去了什麼東西並不能讓她感到好受些，但是卻可以幫助她了解意外難免會發生，而且並不是所有的意外都該受到責難的。

（三）粗心或疏忽導致某件貴重物品毀損時

　　例如，孩子用我們的電腦玩遊戲。一天晚上，他邊喝汽水邊玩電腦，一不小心把汽水濺到鍵盤上。第二天早上當我們將

電腦開啟時發現出了問題。在檢查過後，發現是因為被汽水濺到而造成的故障，因而必須買一個新的鍵盤。

父母對此事的做法是，別期望孩子們會知道如何使用或維護一部機器，除非你曾經特別指導過他們。所以在尚未教導他們之前就處罰是不公平的。父母的第一要務是教導他們適當的使用與維護方式。如果使用程序複雜或步驟繁瑣，我們可以列出一張核對清單，把它放在機器旁邊。

假設我們該做的都已經做了，而孩子還是把汽水放在鍵盤旁邊的話，既然權利與責任有連帶關係，那麼剝奪他使用電腦的權利是適當的。倘若孩子依舊不去注意而再三的造成電腦故障，那麼要求他出錢賠償是公平的。

（四）惡作劇造成他人財產的損失

在聖誕節的晚上，一群孩子向一位鄰居的屋子丟雞蛋。之後鄰居查出了這群「小犯人」，並且打電話告知他們的父母。也許你很驚訝自己竟然也接到了電話。在與孩子對質時，他顯得局促不安。先是矢口否認，但最終終於招認了。父母此時怎麼處理呢？當然，我們的孩子一定要賠償鄰居，而且不論花多少時間，也要把鄰居屋子上以及四周濺到的蛋漬清理乾淨。

（五）一個孩子問都不問就拿走朋友家中的某樣東西

順手牽羊，像未經允許就拿走朋友母親桌上的五支筆啦、或是從朋友家中的碗裡偷偷抓走一大袋的巧克力，這些情形在

孩子身上很常見，主要是因為他們並不認為順手牽羊是件什麼大不了的事。因為這些東西通常不大、也不貴，所以孩子很少認為拿走它們就等於是偷竊。

父母的責任是，我們一定要讓孩子明白，只要是未經允許而把他人的東西拿走就是偷竊的行為。

如果你十分確定自己的女兒偷了東西，那麼你一定要強硬的問出她是在哪裡、如何偷得的。不要讓她招供得太輕鬆，因為這麼一來就好像是你原諒了竊賊一樣。一旦被逮到，孩子應該知道父母並不贊許他們的所作所為，而家長也應該堅持要他們立刻將東西歸還失主。這是一個讓父母將價值觀傳達給孩子的好機會。

（六）一個小孩不付錢就拿走店裡的東西

商店扒竊比「順手牽羊」稍微嚴重一點，因為孩子是從不熟識的機構拿走東西。甚至連正直不阿的家長的孩子也會扒竊個一次、兩次、或更多次 —— 直到他們被逮到，或直到他們大到不再認為拿了東西跑掉是一種「樂趣」。

父母該怎麼處理呢？一旦發現孩子扒竊就要立刻向他質問。

並不是說不盤問的話，他就會變成慣竊，而是因為這提供了一個價值觀與行為直接相關連的情況，讓我們可以和學齡階段的孩子談談更廣泛的、與道德有關的問題。當然，孩子必須歸還、替換、或是賠償偷走的東西。我們要堅持孩子必須當面向店家道歉，以讓他明白偷竊會使人蒙受損失。很多父母也會

想要以施加某種處罰的方式，來讓孩子明白他們對這種偷竊行為是多麼不悅。

父母可以採取的一種預防措施是監控 —— 但並非窺探 —— 孩子的所有物。如果一個九歲大的男孩有一張父母以前從未見過的唱片，這時家長就有權質問他。如果他的解釋聽來可疑，家長甚至可以要求看他的購買收據。

如果扒竊的行為背後似乎隱藏著某些心理上的因素，或是難以抑制並且持續不斷的話，那麼你就應該尋求心理醫生的治療。

（七）一個小女孩經常向同伴誇耀她擁有的東西與金錢

孩子有時候喜歡炫耀，但這種情形若是經常發生，則可能意味著孩子需要有東西來支撐她的自我形象。她可能覺得自己不重要，所以需要展示自己的東西來使別人關心她。另外一個對於過度炫耀的解釋，可能是因為她聽到父母說「我的車子比鄰居的好」，所以她的炫耀就是學來的。

父母的責任是，別去管偶爾一次的誇耀。但是，如果你的孩子經常在炫耀她的東西，你就要找出原因。

如果能讓她了解她受歡迎與否並不在於她有什麼東西，而是在於她是什麼樣的人，我們就能助長其自信心。儘管她對自己以及與同伴之間關係的恐懼，在我們看來可能顯得毫無來由或有點兒傻，但是這些恐懼對她而言都是真實的。或許我們可以和她談談她在哪些方面表現不錯，以及她應如何利用那些特

質,來展示出她可能自認是缺乏的社交技巧。這將有助於讓她演練如何處理那些她最畏懼的狀況。

父母也必須審視自己的家庭對新事物或貴重物品的反應。我們是否花太多時間來談論貴重物品?以擁有它們而自鳴得意?讚賞它們?若真如此,我們就別對自己的孩子也作出相同的事而感到驚訝。

(八)同伴壓力迫使孩子花掉超越自己所擁有或想花的錢

孩子會拿自己和朋友做比較。在團體中被認同是最有意義的事,而和別人不同就表示要冒不被團體認同的風險。即使說「不」、「我不能」、或「我沒有」甚少會造成孩子不被朋友認同的結果,但很多孩子還是不太敢冒險與眾不同。家長的責任是,朋友很重要,甚至有時在孩子的某個人生階段,朋友是最重要的。如果孩子花錢的程度跟不上周圍的朋友,我們就必須幫助他了解自己有哪些選擇。他可以去賺取額外花費所需的錢。這麼做有兩點好處:其一是他將不會錯失大多數「有趣的事」,因為他有額外花費所需的錢。其二是當他在賺錢時,他便沒有時間花錢了。

如果他的收入仍然無法趕得上花錢快的朋友,那麼他或許應該尋求其他喜歡比較不花錢的活動的朋友。

(九)你的孩子心中充滿了對他人的嫉妒

嫉妒與羨慕是正常的。心理學家告訴我們這兩者反映出一

個孩子的成長。不過，嫉妒與羨慕是不同的。一個嫉妒的孩子看到別人有遊戲機時會想要把它從朋友身邊奪走，然而一個羨慕的孩子則是也想要一個一模一樣的。

儘管孩子嫉妒的因素很多 —— 兄弟姊妹之間的競爭、被注意與關愛的需要 —— 但持續不斷的嫉妒會成為一隻怪物。強烈的嫉妒可能會導致嚴重的行為偏差，例如偷竊。

父母的教育責任是，如果一個孩子嫉妒兄弟姊妹所擁有的東西，我們就必須審視自己的行為。我們是否在某個孩子身上投注比在其他孩子身上還要多的時間、金錢、或精力？我們是否因為特殊情況而必須那麼做？或者只是因為偏心？不論哪一種情形，如果孩子顯得特別嫉妒某一位同伴，你就應該和他談一談，看看他能不能告訴你他的感受。不必屈服於任何無法無天的要求，通常只須每週花一點時間私下與孩子聊聊，或是多給他一點你認為他所需要的讓自己好受些的特別擁抱與支持，這種情形就可以改正過來。

如果嫉妒導致孩子偷竊、打人、或是其他負面的行為，首先我們必須否定他的行為，然後堅持他必須為自己的行為負責，例如賠償偷竊的物品、向被他打的人道歉等等。

如果嫉妒的情況不但嚴重而且還持續不斷的話，這可能是孩子情緒苦惱的跡象，此時你應該尋求心理醫生的幫助。

（十）孩子因為父母失去工作或家庭有財務危機而恐懼

孩子很快就能發現家中經濟吃緊的狀況。若是沒有人停下

來為他們說明發生了什麼事，他們會變得極度不安。他們不知道自己是否就是造成家庭經濟吃緊的原因。即使察覺出事實並非如此，但是因為家庭的問題多少與錢有關，所以他們會擔心自己將成為那些在電視上或在街上看到的遊民。他們也會為與事實相差十萬八千里的事情擔心 —— 家長要離婚、有人會死掉、他們將搬家遠離朋友。

　　父母的責任是，我們必須簡明扼要的向孩子說明家庭的財務問題，這樣他們才不會把這種困境想得太悲慘。說明的深度則視孩子的年齡與成熟度而定。

　　縱使孩子常常願意為了幫助舒解家庭財務負擔而犧牲奉獻，我們也不可以讓他們覺得有責任要解決財務困難。畢竟那是大人的事。

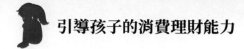 **引導孩子的消費理財能力**

讓家庭成為孩子詩意的天堂

一、給孩子營造一個民主和諧的家庭氛圍

父母應該努力給孩子營造一個民主和諧的家庭氛圍。這包括：父母之間感情和諧，家庭氣氛融洽，給孩子以足夠的溫暖和關心，給孩子必要的幫助和鼓勵；能夠設法了解孩子，能和孩子經常溝通，尊重孩子的人格和權益，給孩子適當的獨立和自由，鼓勵孩子發表自己的見解，要他學會怎樣解決自己的問題，讓孩子感受到家庭的責任。

一個民主和諧的家庭氛圍對孩子的成長有著不可估量的積極作用，在這種家庭氛圍中長大的孩子會充滿關愛、懂得合作，有較好的適應能力和自控能力，孩子的獨立性、積極性、創新精神和社會責任感也會得到最大程度的提高，孩子的性格會更加的活躍、開朗和外向。

那麼，什麼樣的家庭對孩子來說才算是民主和諧的家庭呢？

美國某學者在調查基礎上總結了十條各國兒童對自己的父母和家庭的最重要的要求：

（一）孩子在場，父母不要吵架。

（二）對每個孩子要一視同仁。

（三）不能對孩子失信或撒謊，說話要算數。

（四）父母之間要謙讓，不要互相責難。

（五）父母對孩子要關心，關係要親密。

（六）孩子的小朋友來做客時要真心歡迎。

（七）對孩子不要忽冷忽熱，不要發脾氣。

（八）尊老愛幼，重大事項決定前要徵求大家的意見，要有家庭民主。

（九）家裡要做一些文藝體育活動，星期天至少玩半天。

（十）父母有缺點，孩子也可以批評。

事實上，把上述十條要求簡單作一個歸納，就是要為孩子創造一個輕鬆、和諧、民主和充滿愛的家庭環境。

在認識到孩子眼中的民主和諧的家庭是什麼樣子之後，父母接下來要做的就是清楚的掌握如何打造一個民主和諧的家庭。

首先，父母要理解威信這兩個字的真正含義。

子曰：「其身正，不令而行；其身不正，雖令不從。」父母應該認識到，自己的威信和孩子之間的是一種積極的、肯定的相互關係，而這種關係的基礎，是父母對孩子的尊重與孩子對

父母的愛戴，不是訓斥與聽命、支配與服從的封建君主專制式的「威信」。

其次，父母要充分尊重孩子的人格，給孩子足夠的自主權，維護孩子的自尊心。

在教育孩子尊重父母，尊重他人的同時，父母也要尊重孩子，不要把孩子看成是自己的附屬物，而是應該把孩子當作一個獨立的個體，尊重孩子的人格。

再次，父母之間要互敬互愛、互諒互讓。

父母是孩子的第一任老師，一言一行對孩子有著潛移默化的影響。因此，父母之間要有民主作風，即使發生矛盾或者摩擦時，雙方也要心平氣和的講道理，妥善處理，以身作則，要求孩子做到的自己首先做到，而不能當著孩子，大吵大鬧，拳腳相加，用粗暴的方式解決問題。只有夫妻和睦，才能創造溫馨的家。

最後，父母要明確告訴孩子他所擁有的權利。

孩子身為一個獨立的個體，身為家庭一員，他應該擁有自己的權利，同時，也必須承擔一定的義務。因此，在孩子幼小時候，父母就應該明確的告訴他，他擁有哪些權利和必須承擔的義務。

二、給孩子建立一個家庭圖書館

家庭環境對孩子的學習有著至關重要的作用。在所有的家

庭開支中，父母應該考慮拿出一部分資金來購買一些對所有家庭成員都有益的參考資料，尤其是對於孩子有益的。

具體來說，如果孩子還小，父母可以購買一些帶有插圖的兒童詞典。但必須保證詞典內容具有高度的正確性。因為孩子在以後的學習生活中會時時用到它，初始的錯誤往往給孩子今後的學習造成極大的困惑。告訴孩子如何使用詞典，培養孩子不懂就查閱詞典的良好習慣。

你也可以教會孩子如何將詞典作為擴充自己詞彙的一種工具。如果他經常翻閱詞典，並從中認識一個字或學到一兩個詞語，詞彙量將會不斷增加，而且也能更好的欣賞別人的東西。鼓勵孩子一天內在三到四個句子中練習用同一詞語，這樣他便能更好的懂得其含義與用法。

地圖冊可以把整個世界呈現在孩子的面前。地圖冊比某一張地圖所包含的世界更大更廣。文化地圖也許是孩子們最感興趣的一個領域。

在孩子開始學習作文之時，教給他如何運用同義詞詞典。以擴大他的詞彙，使他的語言表達豐富多樣。

如果有可能，你可以買上一套大百科全書。但切莫買來之後讓它放在一邊，滿是灰塵。經常拿出來從中尋找問題的答案。

在你家裡應配上一套古典文學名著，讓孩子欣賞古代傑出的文化遺產。

你可以帶孩子去觀賞一次盛大的音樂會，也可以帶孩子去

觀看一次畫展，培養孩子對藝術的鑒賞力。你也可以購買些音樂、舞蹈、繪畫等方面的傑作，讓孩子有空之時拿出來慢慢欣賞。

買一些兒童烹調、科技原理、手工製作、修理等方面的書籍，讓孩子將科學、藝術與數學知識結合運用到實際生活中去。

在家人的生日、重大節假日、孩子畢業或考入更高一級學校或其他的一些特殊節日裡，你可以買一些書籍作為禮品，讓書向家人傳遞人間的溫情愛意。

在孩子出生以後，越早建一個家庭圖書館越好。父母越早讓孩子們習慣的看到書的封面、裝幀、書頁，他們也就會越早形成一個概念：原來書是日常生活的一部分。

美國著名教育家崔利斯對如何營造一個家庭圖書館提供了幾點建議（尤其適合孩子不滿四歲的家庭）：

（一）把書分成兩類：貴的和便宜的。貴的書和比較易損壞的書放在書架比較高的地方，孩子不能輕易拿到（但能看見）。在書架較低的地方，放比較便宜的書，最好是耐磨損的。如果足夠便宜，你甚至可以讓孩子去「玩」書，給他充分的機會去看、去摸、去嚐一嚐。（這就是公共圖書館的書做不到的。）

（二）父母要給孩子做個好榜樣，小心的、富有感情的對待書，可以試試這麼對書說話：「啊，這是我們的老朋友《小陶德》，好久不見了。」如果孩子像對待玩具熊那樣富有感情的對待書，父母應該鼓勵。孩子甚至可能會把書和他心愛的玩具放在一起。

（三）　如果空間許可，可以讓家庭圖書館裡擺放的一些書封面朝
　　　　外。這會讓孩子老想著：這本書裡到底有什麼東西呢？所有
　　　　學習興趣的基石都一樣，就是好奇心。

三、讓家庭帶給孩子快樂的力量

　　快樂是孩子的天性；快樂是成長的力量；快樂是成功的法
寶。然而，現實生活中，並不是每一個孩子都是快樂的，也不
是每一個父母都能改變孩子的不快樂境遇，即使父母已經意識
到這種不快樂境遇對孩子的惡劣影響。

　　為什麼有的家庭總能夠幫助孩子應付各種問題，有的卻不
能，反而因此埋怨孩子呢？其實，家庭是否能夠帶給孩子快樂
的力量，取決於家庭成員之間的感情和思想聯繫的密切程度。
因為不管孩子在外面遇到什麼，家庭是他的加油站，是他的堅
強後盾。

　　大學生小玲來自一個偏遠的小山村。因為她的年齡在同宿
舍四個女孩中最大，便被她們稱為「大姐」。她也真正承擔起
「大姐」的職責，認真打點全寢室生活中遇到的點點瑣事。

　　小玲是一個活潑可愛的女生，在她那清秀純潔的臉龐上，
永遠是燦爛的笑容，一個典型的「陽光少女」。小玲十分熱愛生
活，最喜歡穿粉紅色的衣裳；她性格開朗大方，人緣很好；她
回一次家需要半天的時間，首先坐火車，後乘長途巴士，再坐
船到他們鄉，還要走上半天的山路才能見到父母。

　　小玲的父母都是純粹的農民，全家人的生活和兩個孩子的學費都靠父母兩雙勤勞的手從地裡刨來。因此，家裡的經濟狀況十分拮据。回家的路費對於小玲來講，實在是太沉重了。以至於十分戀家的她，在長達兩個月的暑假裡不敢奢望回家，而是一口氣接了三份「家教」，頂著酷日奔波在城市的每一個角落。

　　這麼一個快樂開朗又極為懂事的孩子是怎麼教育出來的？是什麼給了她樂觀、勇敢面對生活的力量？

　　小玲自己說出了答案：是她那溫馨的家庭給了她快樂的力量。無任她在外面遇到了什麼，家庭都是她的加油站、是她的堅強後盾。

　　小玲的母親是他們山村中為數不多的高中生；父親曾當過六年的海軍，他們深知「知識能改變命運」的道理。只要兩個孩子能讀書，他們就甘願為此奉獻出了自己的一切。母親在小玲腦中的印象是「默默奉獻、忍耐、寬容」，父親是一個「從不洩氣、為了家庭仍像堅強的戰士一樣」的人。雖然村裡唯一一家沒蓋新樓的就只剩他們家了，但在這幢舊屋裡卻總是飄出一陣陣爽朗的笑聲。

　　小玲回憶起童年的生活來，眼裡寫滿了幸福的笑意：「家裡雖然清貧，但日子過的十分的快樂。最難忘的是全家人在一起吃晚飯、一起聊天的光景。我們每個人把一天中聽來的笑話和有趣的事講給家人聽，這幾乎成為固定的節目。我和弟弟一天

中最盼望就是吃晚飯。只要天氣晴朗，還有一件讓我們興奮的事，就是父親會帶上我們倆去村裡的小河灣邊玩耍，講一些他在部隊的趣事和大山外面的世界。讓我們自豪的是父母從不把我們當小孩子看待，經常和我們一起談他們年輕時的理想和目標，傾聽我和弟弟的胡思亂想。也從不隱瞞家裡的經濟緊張的狀況，面對貧困，我們總是一起想辦法、出主意，看怎麼來戰勝它。在我上高中、弟弟上國中時，全家就一起商量怎麼樣保證我倆的學費。年過四十的父親笑著告訴我們，他的隊友給他在找了一份工作，他會馬上動身去賺錢。他說學費的問題是他和媽媽的事，我和弟弟的任務是開心的讀好書。的確，父親的信任和樂觀給了我面對困難的勇氣，使我對未來充滿希望。」

小玲的講述令人感慨萬千。物質的貧乏、文化的閉塞並不能阻擋愛的傳遞，那種愛，來自他們善良的母親、勤勞的父親。他們積極向上的生活態度，像春雨一般的潤物無聲；他們撫養教育的目的，是讓孩子成為一個快樂的、有用的人。是快樂的家庭給了孩子快樂的力量！也只有快樂、積極的家庭，才能長出有快樂、積極心態的孩子；只有快樂、積極的家庭，才能讓孩子面對生活，微笑著說：「太好了！」；面對困難，勇敢的說：「我能行！」。

在人世中，不是每一位父母都有能力完全改變孩子的境遇，但是我們每個做父母的卻能改變自己的家庭。

那麼，如何改變家庭，使其給孩子帶來快樂的力量呢？

（一）與孩子交流

做父母的常常只注意到家庭瑣事或家庭開支等事情，而沒有時間和興趣去探知自己以及孩子的感情。你曾有幾次和家人坐下來談你的理想和目標呢？你又有幾次向孩子詢問：你擔心什麼？你快樂和不快樂的事是什麼？

（二）適當的讓孩子為家庭分憂

很多父母在遇到疾病，經濟緊張，親人死亡的事，常常會瞞著孩子，他們的理由是怕孩子被嚇到。其實，大可不必這樣，只要你在講述時不去誇大，而且表現得有信心，孩子是不會被嚇到的。孩子也只有在這些事情中才能培養起生活必需的勇氣。

（三）珍視全家一起用餐的時間

即使最忙碌的時候，每週也應至少有一兩次和孩子輕鬆的用餐，而這段時間不要數落孩子的不足，適當的時候，要鼓勵孩子請他的朋友來家做客，這樣可以讓父母認識孩子的朋友，也使孩子感到自己在家裡受到尊重。

（四）定期和孩子合作完成一件事

任何團體都是這樣，有人提出一件大家都感興趣的事去做，會使所有人的心情為之振奮。

（五）建立相對固定的家庭傳統和儀式

相對固定的家庭傳統和儀式，會讓孩子對家庭產生必要的敬畏和歸宿感，也能培養孩子從小學會區別哪些是一般的事哪些是重要的、特別有意義的事。如：春天出去遠足，秋天登高等。

（六）給孩子講一些家庭的往事

比如給孩子講老一輩創業的事，父母小時侯的事等。這些事有時會比講虛構的故事對孩子的吸引力還大，同時這會讓孩子體會到親密體貼的感覺。

家庭傳給孩子的力量是如此的巨大，什麼不快樂都會被克服。同時，孩子也會在參與家庭活動的過程中，逐步形成健康向上的價值觀。

四、把笑容留給孩子

臉上掛著微笑的人，無論是成功還是失敗，無論是快樂還是悲傷，都能在勇敢面對的同時，讓別人感受到他的快樂。這個道理用在父母與孩子的身上恰如其分。

人生難免遭遇風浪，如果把孩子比作風浪中行駛的小船，那麼父母的笑容就是那平靜的大海，它托著小船，護著小船，鼓勵孩子乘風破浪，勇敢的划向彼岸。

家庭生活，不能缺少了父母的微笑，少了父母的微笑，孩

子又怎麼能感受到家庭的溫暖與快樂？

陳先生過去因為兒子學習成績差，經常和妻子吵架，二人不僅互相埋怨，還要異口同聲的訓斥兒子是「笨蛋」，結果孩子的學習越來越差，最終有一天，終於落到了全班的最後一名。起初先生很氣憤，又想好好的教訓一頓兒子，可冷靜下來一想，生氣也沒有用，不如換一種方法試試。於是他接過兒子的考試卷，微笑著對兒子說：「太好了，兒子！這回你就不會再有什麼負擔了！」

兒子聽了這話，一下子摸不著頭腦，小心翼翼的問道：「爸爸，您是不是氣壞腦子了？」陳先生聞言大笑道：「你這小子，老爸有那麼沒度量嗎？我只是想通一個道理。兒子，你想想啊，一個跑在最後的人還能有什麼負擔呀，你不用再擔心別人會超過你，你只要往前跑，那就是在進步！」

兒子聽完後大受啟發，一想，對啊！就是這個道理啊！在寓言《龜兔賽跑》裡，烏龜還能跑第一呢！於是，他心裡高興起來、輕鬆起來。第二次考試，他的成績是全班的第十五名。

這次，陳先生更是滿面笑容了，他拿過考試卷子興奮的對兒子說：「太好了，兒子！比上回已經前進十幾名了！」聽了這話，兒子很高興，也產生了繼續前進的動力。

緊接著的第三次考試，兒子考到了全班的第五名，爸爸激動的說：「太好了！兒子，你真了不起！離第一名就差四個人了！」

「後來，我兒子的成績一直是全班第一名！」講到這裡，陳先生的臉上洋溢著一種滿意的笑容。

陳先生的育子經歷很有教育意義。的確，無論孩子出現什麼問題，父母都能微笑著解決，那麼，何愁孩子不會快樂呢？當然，要做到這一點不是一件容易的事情，先不說父母在現實生活中難免會遭遇各種不如意、不順心之事，不可能總是面帶笑容，也不可能總是保持快樂的心情。最關鍵的問題還是在孩子身上，試問，有那一位父母不希望自己的孩子學習好、聽話、懂事、不給自己惹麻煩呢？一旦孩子在這些方面出現問題，比如成績考砸了，把家裡的東西弄壞了等等，這種情況下，父母不暴跳如雷就是萬幸了。從這一點上說，上文陳先生的做法的確值得所有的為人父母者好好學習。

五、讓孩子帶著祕密成長

兒童文學家冰心曾說過這樣一句話：「讓孩子像野花一樣自然生長！」

而有一位網友則用精彩的描述延伸了這句話的意義：野花應當長在野地裡，所以為孩子創造一片「野地」是最為重要的！

那麼，如何理解這個「野地」呢？所謂野地就是自由的成長空間、民主的空間、信任的空間，允許孩子有自己的祕密。教育要自然和諧，也就是遵循規律，帶著祕密成長就是孩子的一個規律。

在家庭生活中，不少父母出於對孩子的關心，對於孩子所有的事情都要了解，都要干預，有時不顧孩子的切身感受，強行了解孩子的小祕密，給孩子造成了心理傷害。這是很不合適的，因為孩子雖小但畢竟是人，人就有人的人格。不管是誰都應尊重別人的起碼人格，也包括自己孩子在內。孩子在很小的時候就已經有了自己的思考方法，已經開始有思想，他們心中有一些祕而不宣的東西，並不喜歡他人知道，更不願意別人干涉，隨著年齡的增長，這種感受變得越來越強烈。做父母的要尊重孩子的這些隱密，不要去追問他們。當孩子認為這些「祕密」需要他人了解的時候，會告訴父母和他人的。如果父母一味的，甚至做出有傷孩子心理意願的事情，那孩子一定十分傷心。他可能認為自己在家中沒有地位，沒有得到應有的重視，而放棄對美好事業的追求，心灰意懶，喪失不斷進取的積極性。

有一位媽媽偷看了上國中的女兒的日記，看了以後大發雷霆，因為她發現女兒在日記裡寫了她的性幻想。她對女兒狠狠的說：「妳真不要臉，這麼小的年紀就想到這些問題，丟死人了！」最後，這位母親還說要把女兒的日記告訴老師、同學。女兒感到十分憤怒，和她媽媽爭辯，可是這位母親怎麼樣也不道歉，而且執意要告訴學校。結果女兒被逼無奈，離家出走，母女關係鬧僵了。

這位母親的做法是愚昧的，是錯誤的。錯在哪裡？第一，她侵犯了孩子的隱私，孩子的隱私權是不能侵犯的，隱私就是

她不願意告訴別人的事情；第二，她不但偷看了女兒的日記，而且還揚言把日記的內容告訴老師，那麼她這就犯了第二個錯誤，把女兒的隱私通告給別人，更是錯上加錯了。

孩子心中的「祕密」五花八門：有的「祕密」是暫時的，他們想讓父母或別人在他們的成績面前感到驚訝。但有些「祕密」則是比較長久的，深藏在內心深處的。比如，電影《泉水叮咚》中那個叫「木頭」的小女孩，對後母存有戒心，她很愛自己的生母，對生母的感情很深，在自己的小盒子裡珍藏著媽媽的照片和禮物。這種「祕密」是藏在內心深處的，不輕易暴露，只有細心觀察才能感覺到。對這種事情不要急於追問，或動輒打罵，這無益於孩子心理意願的轉化。這樣的孩子需要用行動和情感去感化。當「木頭」經過若干事情，真正體會到後母對自己的一片深情後，也就自然的吐露了心中的「祕密」。孩子心中的「祕密」也可能會有不夠健康的東西，這更需要父母尊重孩子的「祕密」，更多的去關心和理解他們，更多的進行正面教育。這樣，孩子才會自覺接受父母的批評，並心悅誠服的改正。

那麼身為父母，怎麼才能做到相信孩子，並讓其帶著祕密健康成長呢？

教育專家給出了自己的建議：

(一) 身為父母，應該給孩子一個獨立的空間

如果家庭有條件的話，可以給孩子一間獨立的房間，或者給孩子一個只有他自己才能開啟的抽屜，允許孩子有一個較

自由、安全的空間，並讓孩子知道，父母相信他，不會破壞屬於他自己的空間，這樣能讓孩子在家裡找到一個有安全感的地方，不至於向外尋求安全，從而遠離家庭，遠離父母。

(二) 父母以身作則

父母之間可以有一些小祕密，相互尊重對方的隱私，不要相互指責、猜疑。必要的時候，把自己的祕密拿出來和孩子分享，聽聽孩子的意見。

(三) 不打擊孩子

即使知道了孩子的祕密，也不要像抓住小辮子一樣對孩子進行打擊、批評，要像幫助朋友一樣幫助孩子，為他們出主意想辦法。

電子書購買

國家圖書館出版品預行編目資料

母「礙」父「害」，父母的溺愛對孩子來說是傷害：你口中的為了孩子，到底對誰有好處？ / 孫桂菲，趙建，鄒舟主編 . -- 第一版 . -- 臺北市：崧燁文化事業有限公司，2022.04
面；　公分
POD 版
ISBN 978-626-332-268-4(平裝)
1.CST: 親職教育 2.CST: 家庭教育 3.CST: 子女教育
528.2　　111003714

母「礙」父「害」，父母的溺愛對孩子來說是傷害：你口中的為了孩子，到底對誰有好處？

臉書

主　　編：孫桂菲，趙建，鄒舟
發 行 人：黃振庭
出 版 者：崧燁文化事業有限公司
發 行 者：崧燁文化事業有限公司
E - m a i l：sonbookservice@gmail.com
粉 絲 頁：https://www.facebook.com/sonbookss/
網　　址：https://sonbook.net/
地　　址：台北市中正區重慶南路一段六十一號八樓 815 室
Rm. 815, 8F., No.61, Sec. 1, Chongqing S. Rd., Zhongzheng Dist., Taipei City 100, Taiwan
電　　話：(02) 2370-3310　　傳　　真：(02) 2388-1990
印　　刷：京峯彩色印刷有限公司（京峰數位）
律師顧問：廣華律師事務所 張珮琦律師

定　　價：375 元
發行日期：2022 年 04 月第一版
◎本書以 POD 印製